IPK 연구총서 18-1

백두산 영봉에 통일꽃은 피는가

- 한반도 완충지역화와 동북아 비핵화가 한민족 평화 · 번영의 길이다 -

이종수

도서출판 대영문화사

이 책은 방일영문화재단의 지원을 받아 저술되었음.

프롤로그

역사의 획을 그은 남북 정상의 맞잡은 손…"천지에 새 전설이 생겼다"

출처: http://www.hani.co.kr/#csidxcaa0a41eda68eee8a9ffd81f47a684b

백두산 천지에서 두 손을 맞잡은 문재인 대통령과 김정은 북한 국무위원장의 모습은 통일이 성큼 다가왔음을 실감나게 했다. 남・북한 사회에 널리 확산된, "월악산 영봉에 뜬 달빛이 호수에 비치고

30년 뒤에 여왕이 등극하면 3－년 뒤 통일이 된다"는 탄허(呑虛) 스님의 1975년의 예언과 "(김일성 주석의) 손자 대에는 통일이 가능할 것"이라고 했다는 김 주석 부친 김형직(金亨稷, 1894～1926)의 예언이, 천지에서 손 맞잡은 두 정상의 사진과 오버랩되면서 "정말 통일이 갑작스럽게 찾아올 지도 모른다"는 희망이 보수 진영 인사들에게까지도 일고 있다.

2018년 3차에 걸친 남・북정상회담과 뒤이은 북・미정상회담은 그야말로 세계를 놀라게 한 역사적 사건들이다. 1950년 한국전쟁 발발 이후 70년 간 적대 관계를 유지해온 남・북한의 두 지도자가 만나 한반도의 비핵화와 정전 선언, 평화협정 체결 등 항구적 평화체제 구축을 위한 토대를 마련하기로 약속, 한민족은 물론 전체 세계인의 평화에 대한 희망을 한껏 부풀게 했다. 그러나 한반도 평화체제 구축의 길은 험난한 길임에 틀림없다.

미국 동켄터키대학(Eastern Kentucky University)의 곽태환 명예교수는 2017년 6월 발표한 '중립화를 통한 통일 한국의 비전(One Korea Unification Vision through Neutralization)'이라는 글에서, 대한민국의 김대중 대통령과 조선민주주의인민공화국의 김정일 국방위원장이 2000년 6월 15일 발표한 '6・15 공동성명' 이후 20년 가까운 세월이 흘렀으나 남・북한 당국은 아직 공동성명의 두 번째 문장조차 논의하지 못하고 있다고 지적하였다. 그는 한반도의 주변 4강국, 즉 미국・중국・일본・러시아의 최상의 이익(their best interests)이 반영될 수 있는, 설득 가능한 방안으로 '중립화 통일 안'을 제시했다.

그의 한반도 중립화 안은 주변 4강국이 중립화되고 독립적이며 평화로운 통일 한반도를, 분단되고 불안정한 한반도보다 선호할 것이라는 가정 위에 놓여 있다. 그는 통일된 한반도는 동북아시아의 '전반적인 전략적 힘의 균형(overall strategic balance of power)'을 깨뜨리지 않을 것이라고 하면서, 주변 4강국은 그들에게 최상의 이익을 가져다 줄, 완충지역화된 통일 한반도를 지지할 것이라고 말한다(Cai, 2012; Kaseda, 2012; Kim, 2012; Zhebin, 2012).

한반도 중립화 통일의 길은 멀고 험난하다. 그것을 위한 6자회담(Six-Party Talks) 등 국제적 장치들은 아직 제대로 작동하지 않고 있다. 2018년 세계적 이목을 끈 4·27 남·북정상회담과 뒤이은 '판문점선언'과 '평양선언', 그리고 북·미정상회담은 그야말로 역사적 사건이다. 그러나 이와 같은 '보여주기식 사건'들의 실효성에 대해서는, 미국과 한국의 일부 보수 진영에서 회의의 눈초리를 보내고 있는 것도 사실이다.

차제에 평양 지도층의 생각도 더듬어 볼 필요가 있을 것이다. 그들은 호랑이 등에서 내리는 순간 잡아먹힐 수도 있다는 우려에서 기존 체제의 유지에 매달릴 수밖에 없을 것이다. 1971년 평양을 방문, 친근감을 느끼고 있던 루마니아의 국가원수 차우세스쿠(Nicolae Ceauşescu, 1918~1989)의 처형은 북한 지도층에 큰 충격을 주었다. 비밀경찰과 특별보안군 '세쿠리타테(Securitate, Departamentul Securităţii Statului)'에 의존하여 24년 간이나 철권을 휘둘러 왔던 차우세스쿠의 크리스마스 날의 처형 장면을 그야말로 충격 그 자체였다.

한편 제7장에서 살펴본 바, 미국의 대외 정책 기조도 평양의 지도층은 충분히 인지하고 있을 것으로 추정할 수 있다. 트럼프(Donald

John Trump, 1946~) 행정부가 2017년 12월 18일 발표한 새로운 '국가안보전략(National Security Strategy: NSS)' 등에 의하면, 미국은 압도적 군사력 우위를 통해 중국이 미국과 대등해지는 것 자체가 불가능할 뿐만 아니라, 대등해지려고 하는 노력이 중국에 막대한 비용을 초래할 것이라는 점을 주지시킴으로써 미국 주도의 단극(單極) 체제를 공고화하려는 의도를 드러낸 것으로 보인다. 이러한 미국의 전략과 입장을 감안할 때, 평양의 지도층은 북한이 미국에 군사적으로 맞선다는 것이 불가능할 뿐만 아니라 바로 파멸의 길이 될 것이라는 점을 충분히 인지하고 있을 것으로 추정하는 것이 합리적일 것이다. 이와 같은 관점에서 김정은 위원장의 남・북정상회담에서의 파격적 언행을 이해할 수도 있을 것이다.

현시점에서 한반도 평화체제를 가로막는 주된 저해 요인은 무엇보다 북핵(北核)과 북한의 장거리 미사일이라고 할 수 있다. 균형된 관점에서 볼 때, 북한의 비핵화와 평화체제 구축 과정(peace-regime-building processes)은 동시에 추구되어야 할 것이다.

한반도 통일 과정에서의 주요 경기자들(key players)은 어디까지나 남・북한 주민들이다. 그러나 중립화된 통일 한반도를 만들기 위해서는 주변 강대국들이 한반도 중립화를 지지하도록 설득해야 한다. 다시 한 번 강조하거니와, 중립화를 통해 한반도에 선진화된 새로운 복지 사회를 건설하기 위해서는 '중립화'를 지향하는 국가지도층과 국민들의 '중립화 실현 의지'가 확고하고, 주변 4강국의 전폭적인 지지와 협력이 필요하다는 사실을 명심해야 할 것이다.

이 책의 다음에서는, 이제까지와는 전혀 다른 새로운 국면을 맞고 있는 한반도 상황의 전개 방향을 가늠해보고, 이와 관련된 이슈들을 깊이 있게 분석·천착해 보고자 한다. 한반도 상황은, 누구나 예측할 수 있듯이, 한반도의 비핵화와 북한 체제의 보장·발전을 향해 선형적 진행을 하기보다는 새로운 체제와 구체제로의 회귀 동력이 서로 부딪치면서 나선적(螺線的) 진화를 거듭할 것이다.

현 시점에서 아쉬운 점을 지적하면, 힘의 정치가 난무하는 국제정치의 각박한 메커니즘을 감안한다 하더라도, 현실에 매몰된 지나치게 좁은 시각에서 대안을 찾는다는 점이다. 긴박성을 감안한다면 현시점에서 비핵화 논의의 초점이 북핵(北核)문제에 모아질 수밖에 없다는 점을 인정한다 하더라도 동북아 지역의 장기적·안정적 평화체제 구축을 위해서는, 한반도만의 비핵화가 아닌, 동만주와 연해주 일대, 그리고 일본까지 아우르는 '동북아시아 지역의 비핵화' 시각에서 광역적으로 접근되어야 할 것이다. 그러한 접근은 거시적 차원에서 '핵 없는 세계'를 향한 발걸음도 촉진할 수 있을 것으로 생각된다. 현재 논의되고 있듯이, '한반도만의 비핵화'에 초점을 두고 '미군 철수'를 겨냥한 평화체제 구축 차원에서 해결책이 모색된다면, 앞으로 동북아시아의 세력 균형이 요동치는 순간 강대국들의 이해관계에 따라 한반도는 또다시 격랑에 휩싸일 수밖에 없을 것이다.

'비핵화'의 구체적 진전이 없는 상황에서도 대북 경제협력 구상들이 봇물 터지듯 발표되고 있다. 금강산 관광 재개와 개성 공단 재가동 같은 문제는 익히 알려진 문제이나, 그 밖에도 설익은 경제협력 아이디어들이 우후죽순같이 제시되고 있다. 여기서 지적하고자 하는 점은 새로 추진되는 경제협력 사업이 경제적 측면뿐 아니라 지역 안보 측면에서도 실효성을 거두기 위해서는 한국·북한·미국·중국·러시아·일본, 그리고 가능하다면 유럽 국가들까지 공동으로 참여하는 '국제적 경제 특구 방식'으로 개발되는 것이 바람직할 것이라는 점이다. 특히 한·만·러 국경지역의 경제 특구는 '국제적 경제 특구 방식'으로 재구상되어야 할 것이다.

이와 같이 넓은 시각에서 접근하는 것이 남·북한에 대한 미국·중국 등 일부 국가의 지나친 영향력과 간섭을 견제·차단하는 데 효과적일 것이다. 관련국 간에 '개방된 이해 구조'를 만드는 것은 궁극적으로 남·북한의 이익을 지키는 데 도움이 될 것이다.[1] 오스트리아의 중립화 사례에서 보듯이, 1919년 '베르사이유 조약'의 기반이 된, 미국 윌슨(Thomas Woodrow Wilson, 1856~1924) 대통령이 제시한 소위 '14개조'의 첫 번째 조항이 바로 '비밀외교 금지' 조항이다.

한반도 문제의 구체적 해결 방안을 찾아보면, 기존에 형성된 6자회담의 틀을 동북아 '다자안보 및 경제협력 체제'로 발전시킬 수 있을 것이다. 2005년 발표된 6자회담 제4차 공동성명 제5항에는 동북아에서의 안보와 협력을 위한 방법을 찾아보자는 데 합의한 규정이 들어 있으며, 제6항은 "한반도의 영구적인 평화를 위해 적절한 별도의 포럼에서 협상한다"는 내용을 담고 있다. 다시 말하면, 6자회담의 틀을 동북아 지역의 안보·경제 협력체로 공고하게 제도화·발전시키기 위해 6개국 외무장관 및 국방장관 회담은 물론 '정상회담'까지 상설화할 필요가 있을 것이다.

---

1) 구한말 대한제국 시절과 같이, 쌍무협정을 통한 주변 강대국들의 이권 탈취 기도와 같은 상황을 막기 위해서도 '공개적인' 국제적 경제 특구 방식이 효과적일 것이다.

한반도의 안정적 평화체제 구축을 위해서는 또한 장기적 관점에서 '한반도의 완충지역화'가 긴요하다는 인식이 확산되어야 한다. 다시 말하면, '한반도 중립화'라는 큰 틀에서 접근해야 한반도의 안정적인 안보가 확보될 수 있을 것이다.

'동맹체제'는, 특히 비대칭동맹의 경우, 약소국이 강대국으로부터 주권적 자율성을 침해받을 수 있다는 점에서, 그리고 약소국의 희생 위에 강대국들만의 이익이 추구될 수 있다는 차원에서 경계되어야 한다. 역사가 증언하듯이 비대칭 관계의 동맹 체제에 기댄 안보 전략은, 약소국이 동맹국의 선봉(先鋒)을 맡아 강요된 전쟁을 대신 수행하거나, 강역(疆域)을 전쟁터로 내주는,[2] 그것도 아니면 무기력하게 영토 분할, 즉 할지(割地)를 당하게 된다는 점을 명심해야 할 것이다. 기대할 수 있는 최량의 상태라야 반(半) 주권국가로 끊임없는 내정 간섭을 당하면서, 안보를 빌미로 경제적 이익을 침탈당하는 상태가 초래될 것이다.

각국의 이익이 첨예하게 부딪치는 국제 정치의 영역은 개인들 간의 도덕 원칙이 적용되는 선의(善意)의 영역이 아니다. 향후 북・미 회담이 순조롭게 진행되어 비록 일시적인 한반도 평화체제가 구축된다 하더라도 그것은 어디까지나, 기존의 동맹체제에 기대 열전(熱戰)을 연기(延期)하는 잠정적인 미봉책(彌縫策)에 불과할 것이다.

물론 한반도 중립화는 험난하고 어려운 길이다. 한국전쟁 당시

2) 갑오농민전쟁(1894~1895) 당시 청국군과 일본군이 한반도에 진주, 그 결과 한반도는 국제 대리전의 전쟁터로 전락하였다. 1950년 발발한 한국전쟁도 이와 같은 관점에서 이해할 수 있을 것이다.

미국 정부 일각에서 제기된 '한반도 중립화 안'이 남한 사회에서 이승만 정부에 의해 거부된 이래 용공의 딱지가 붙여지면서 원천 봉쇄되어 온 상황에서, 중립화 추진의 동력을 한반도 내부에서 찾기는 쉽지 않을 것이다. 또한 한반도 중립화를 위해서는 주변 강대국들의 안보적·경제적 이익이 균형화되어야 한다는 관점에서 보더라도 한반도 중립화의 여건은 녹녹치 않다.

그러나 미국·영국·독일·러시아·일본 등 한반도에 이해관계를 가진 강대국들은 대한제국 이래 국제적 균형이 크게 흔들릴 때마다 한반도 중립화 안을 각각 들고 나왔다. 한반도에 직접적 이해관계를 가진 러시아와 일본까지도, 특히 자신들의 세력이 불리하다고 느끼는 국면에서는 중립화를 제안한 바 있다.

한반도 중립화 안은 미국 정부 관계자 및 식자들에 의해, 대한제국 시절은 물론 제2차 세계대전이 끝난 뒤, 그리고 지금 현재까지도 미국의 세계 전략 차원에서 꾸준히 제안·검토되고 있다. 대한제국 시절 고종의 궁내부 고문관(1899~1904년)을 지낸 미국의 샌즈(William Franklin Sands)가 대표적 인물이다. 대한제국 주재 미국공사관으로 부임하여 고종의 고문으로 활약한 그는 본국 정부에 대한제국의 중립화 안을 여러 차례 건의하고, 한성주재 러시아공사와 대화를 나누는 등 끊임없이 노력한 인물로 알려지고 있다.

그러나 미국의 '정부 차원'에서 한반도 중립화를 진지하게 검토한 것은 제2차 세계대전 이후의 일이다. 전후 미·소 군정 시기, 1953년의 휴전협정 체결기, 그리고 1970년대의 닉슨 독트린(Nixon Doctrine) 선언 시기에 주한미군 철수의 대체 방안으로 한반도 중립화 안이 미국 정가에서 진지하게 논의·추진된 바 있다. 한반도 비핵화를 위한 북·미정상회담이 추진되는 21세기의 이 시점에도 키신저 학파들은 한반도 중립화 안을 만지작거리고 있다.

한반도 중립화는 시각을 바꿔 생각한다면, 주변 강대국들의 세력 균형을 깨지 않으면서 그들의 군비 경쟁과 안보 부담을 덜어줄 수 있다는 차원에서 설득 가능할 것이다. 한반도를 둘러싼 세력들이, 잠정적인 균형 상태를 이루고 있어 가까운 장래에 어느 일방의 지배적 헤게모니를 기대할 수 없는 상황에서는 더욱 그러하다. 이러한 상황에서 한반도 중립화는 상호 경쟁관계에 있는 강대국들에게는 경쟁 확대(escalation)에 따르는 위험 부담을 경감할 수 있는 외교적 탈출구를 제공할 것이며, 남·북한에는 주변 강국의 경쟁적 내정 간섭을 완화 내지 제거하는 제도적 장치로서 활용될 수 있다는 측면에서 바람직하다고 할 수 있다.

한반도의 완충지역화는 또한 지역 안보 측면에서 뿐만 아니라 경제 개발과 번영에 크게 이바지할 수 있다는 측면에서도 바람직하다고 할 것이다. 동북아시아는 경제 발전에 필요한 요소들을 두루 갖추고 있다. 천연가스·석탄·석유와 같은 지하자원은 물론 좋은 교육을 받고 잘 훈련된 노동력도 풍부하다.

한반도 중립화와 관련된 교훈과 시사점을 얻기 위해 이 책에서는 스위스, 오스트리아와 같은 성공한 중립화 사례와 라오스, 벨기에 등 실패한 중립화 사례 및 서유럽과 러시아 사이에서 중립을 유지하는 핀란드 사례도 깊이 있게 분석해 보고자 한다.

다시 강조하거니와, 한반도의 안정적 평화체제를 구축하기 위해서는 한반도 및 동북아에서의 냉전 구조가 근본적으로 해체되어야 하는 바, 이를 위해서는 한반도만의 비핵화가 아닌 '동북아 지역 전체의 비핵화'가 폭넓게 추구되어야 할 것이다. 그리고 국제적인 세력 변화에 따라 깨지기 쉬운 동맹체제를 전제로 한 근시안적 접근보다는, '한반도 전체의 완충지역화'라는 거시적 관점에서 접근되어야 보다 안정적인 평화체제 구축이 가능하다는 점을 강조하고자 한다.

한반도 중립화 안은 현 시점에서 곧바로 국내·외적 동력을 얻기는 쉽지 않을 것이다. 그러나 그 길만이 한반도의 안정뿐만 아니라 동북아 지역 전체의 평화체제 구축에 기여할 것이라는 관점에서, 남·북한의 사회구성원은 물론 정치지도자들의 유전자 속에 '중립화'의 DNA를 심는 운동이 향후 수십 년 간 인내심 있게 전개되어야 할 것이다.

이 책을 펴낸 이유다.

차례

제2부
왜 한반도는 완충지역화되어야 하는가?

제 1 부

중립화와 완충지역화

제 1 장

완충지역화와 중립화의 개념

1. 완충지역과 중립의 정의

이 책에서는 '중립'의 개념을 중심으로 논의를 전개하고자 한다. 그렇지만 문맥에 따라서는, 국제법 또는 국제정치학 분야에서 오랫동안 사용되어 정착되어 온, 그러나 여러 갈래로 나뉘어 적지 않은 논란을 불러일으킬 수 있는 '중립'의 개념과 아울러, 때가 덜 묻어 의미가 더 선명한 '완충지역'이란 용어를 교호적으로 혼용하고자 한다.

완충지역(緩衝地域, buffer area)의 일상언어적 의미는 "일정한 지역을, 갈등 관계에 있는 관련 영향력들로부터 떼어놓은 중간지역"으로 정의할 수 있을 것이다. 완충지역의 가장 흔한 종류로는 비무장지역(demilitarized zone: DMZ)을 들 수 있다. “국제조약이나 협약에 의해서 무장이 금지된 지역”을 가리키는 비무장지역에는 군대의 주둔이나 무기의 배치, 군사시설의 설치가 금지되며, 일단 비무장지대의 설정이 결정되면, 이미 설치된 것을 철수 또는 철거하여야 한다. 완충지역은 지역 기준으로 설정될 수도 있으나 경우에 따라서는 국가 단위로 지정될 수도 있을 것이며, 비무장은 물론 무장화도 가능할 것이다.

중립(中立, neutralization)이란 일반적으로 갈등 관계에 놓여 있는 국가 간의 전쟁이나 분쟁에 관여하지 아니하고 중간 입장을 취하는 정책을 가리킨다. 중립의 개념은 주로 전쟁의 역사와 함께 사용되기 시작했다. 그리고 중립국이란 특정한 교전국(belligerent) 사이에서 중간적 자세를 취하거나, 장래의 갈등 상황에서 스스로 중립적 입장을 취하고자 하는 나라를 가리킨다. 그러나 모든 중립국들이 외국과의 동맹을 피하는 것은 아니다. 예를 들어, 오스트리아, 아일랜드, 핀란드, 그리고 스웨덴과 같은 나라들은 유엔 평화유지군과 적극적 관계를 가지며 유럽 연합(EU)과도 ‘정치적 동맹’을 맺고 있다.

중립화의 일반적 정의는 다음과 같다.

> 중립화된 국가란, 그 국가가 다른 국가에 적대하기 위하여 무기를 소유하지 않으며, 중립화된 지위를 ‘손상하는’ 조약의 의무 규정을 수용하지 않는다는 조건으로, 정치적 독립과 영토 보전이 초강대국의 집단적인 협정에 의해 영구히 보장되는 국가다.

…… 중립화란 어떤 특정 지역에 있어서 특정한 국가의 침입을 제한하도록 고안된 특별한 국제적인 지위다. 중립화의 지위란 그것이 전시뿐만 아니라, 평화 시에도 정당하다는 것을 함축하는 영세중립으로 설명된다(Black et al., 1968: 19; 황인관, 1988: 7).

이와 같이 정의되는 중립화는 어느 한편에 기울지 않고 중간에 선다는 일상언어적 의미에 더하여, 국제법상 국가 간의 전쟁・분쟁에 관여하지 않으며, 어떠한 군사동맹에도 가담하지 않는다는 특수한 의미를 지닌다.

중립의 역사는 인류 역사와 더불어 오래되었다. 성서에 나타나 있듯이, 기원전 8세기 예언자 이사야(Isaiah)가 히브리인에게 이웃 이집트와 아시리아 간의 싸움에 있어서 그들 민족의 중립적 태도를 강력히 주장했다고 한다(황인관, 1988: 3).

19세기 이래 중립 정책은, 강대국 간의 세력 균형의 틈바구니에서 자국의 생존을 꾀하려는 약소국에 의해 주로 채택되는 정치 외교 노선이었다. 이와 대비하여 강력한 군사력을 바탕으로 국제적 세력 균형을 꾀하는 강대국들은 중립 정책을 채택하지 않는다. 물론 오늘날 G2로 불리는 미국과 중화인민공화국도 한때 중립을 표방한 바 있다.

2. 중립화의 형태와 유사 용어

중립의 개념과 분류 형태는 다양하다. 가장 흔한 분류 방식이 '영세중립(permanent neutrality)'과 '통상중립(ordinary · customary neutrality)', 또는 '영세중립'과 '단순 · 잠정중립(simple · occasional neutrality)' 등으로 나누는 것이다. 유사 용어도 중립화(neutralization), 중립주의(neutralism), 비동맹(nonalignment) 등 다양하며, 변형된 형태도 무장중립(armed neutrality)과 비무장중립, 그리고 자기중립화(self-neutralization)와 '동맹중립(alliance neutrality)' 등 다양하다. 그러나 중립화의 가장 전형적인 형태는 영세중립에서 찾을 수 있다.

영세중립은 중립국과 보장국의 의무를 영구화하여 전시와 평시를 가리지 않고 적용되는 데 반해, 통상중립은 전시 중 제3국이 전쟁 당사국의 어느 편에도 가담하지 않고, 무력을 지원하거나 편의를 제공하지 않는 국가의 행위로, 전쟁의 종료와 함께 효력이 상실된다. 전시에 적용되는 일시적 중립을 뜻하는 '단순 · 잠정중립'은 통상중립의 의미와 유사하다고 하겠다. 영세중립은 일반적으로 조약을 통해 중립국과 보장국의 의무와 권리를 영구화하는 데 비해, 잠정중립은 전시 등 일정 기간에만 성립되기에 평시에는 아무런 권리나 의무도 발생하지 않는다는 특징을 지닌다. 잠정중립은 제2차 세계대전 이후 그 본래적 의미를 많이 상실하게 되어, 오늘날 대부분의 국가들은 중립하면 영세중립을 떠올리게 된다.

일상적으로 사용되는 중립화(neutralization), 중립주의(neutralism), 비동맹(nonalignment) 등의 용어는 유사한 의미를 지니는 것으로 이해할 수 있다. 일반적으로 사용되는 '중립주의', '비동맹' 또는 '불간섭(noncommitment)'은 같은 말이다. 1961년의 베오그라드 회의[1)]에서, 중립주의란 비동맹에 가까운 의미라고 규정된 바 있다. 그리고 그것은 과거 종속 상태에 있던 저개발국 국민들의 각성에 의해서 나타난 민족주의(nationalism)의 한 형태라고 규정되었다(Black et al., 1968: 22 - 23). 1950년대 초 인도 네루(Javāharlāl Nehrū, 1889～1964) 수상(재임기간: 1947～1964)에 의해 창안된 '비동맹 중립주의'는 외교 정책으로서의 중립주의보다 적극적인 의지를 포함하고 있으며, 미국과 소련 간의 냉전 체제에서 국가 이익의 극대화를 위해 어느 편에도 가담하지 않았던 인도, 미얀마, 인도네시아, 이집트 등 제3세계의 국가들이 여기에 해당된다.

중립주의와 비동맹은 일반적으로 한 국가의 대외 정책의 기본 원칙으로서 두 개의 대립된 집단의 어느 편에도 가담하지 않고 중립을 취하면서, 이를 국가의 대외 정책으로 택하는 것을 의미한다(강광식, 1987: 36 - 41). 중립주의는 중립을 지향하고 있는 국가가 군사적으로 어떤 블록에도 연계하지 않으면서, 자국의 안보를 위한 유효한 안전보장 장치로 선택하는 외교기조다(오기평, 1976: 277). 이는 냉전시대의 산물로서 제2차 세계대전 이후 제국주의와 식민주의를 반대한 신생독립국가들이 표방한 민족주의의 의미를 내포하고 있다. 즉, 중립주의나 비동맹은 약소국들이 자의적 결단으로 자국의 영토와

1) 1961년 유고슬라비아 베오그라드에서 개최된 비동맹정상회의(Conference of Heads of States and Chief Ministers of Nonaligned Nations)를 말한다. 비동맹회의는 공식적으로는 1961년 베오그라드에서 최초로 개최된 것으로 알려지고 있으나, 비동맹운동의 연원은 1955년 인도네시아 반둥에서 개최된 반둥회의에서 찾아진다.

주권을 보호할 목적으로 강대국들 간의 갈등과 헤게모니 대립에서 벗어나 국가 이익을 모색하는 일종의 국제 정치의 존재양식이다(정지웅, 2006: 34-35).

정치적 관점에서 볼 때, 냉전의 결과인 중립주의는 중립의 전법률적(前法律的)인 개념의 재생이며, 국가 이익에 기초한 힘과 법의 상호 작용의 결과다. 그것은 어떤 규정된 이념이 아니라, 편의와 경험에 기초한 '타협'인 것이다. 따라서 중립국가가 임의로 내세우는 주장과 일방적인 선언은 국제법에 구속되는 것이 아니라 단지 국가 정책의 선언으로 간주된다(Black et al., 1968: 32; 황인관, 1988: 14).

전형적인 영세중립은, 스위스에서와 같이 무장중립의 형태를 취한다. 비무장화란 일정 지역에 사는 사람들로 하여금 군사력을 이용하지 못하게 하는 데 그 목적이 있다. 일반적으로는 국제적으로 관리되는 지역이 비무장중립화된다. 1856년 이후의 아일랜드 섬, 1863~1891년 사이의 이오니아 섬, 1919~1935년 사이의 라인란트 지방 등이 그 예가 된다. 온전한 중립국이 되기 위해서는 이웃 국가의 침략으로부터 스스로를 지킬 수 있는 자위력을 갖춘 '무장중립국'이 되어야 함은 당연하다 하겠다.

자기중립화는 한 국가가 스스로의 결단으로 다른 국가의 보장 없이 일방적으로 중립 선언을 할 때 성립된다. 다른 국가에 의해 공식적으로 인정받지 않은 이러한 자기중립화는 당해 국가에 의해 언제든지 중립화가 포기될 수 있다. 1918년 덴마크로부터 독립을 획득한 뒤 스스로 영세중립을 선언한 아이슬란드가 이에 해당된다(황인관, 1988: 12-13).

다시 한 번 강조하면, 오늘날 중립화의 전형은 스위스와 같은 영세중립국 그것도 무장중립화에서 찾을 수 있다. 앞서 살펴본 바, 중립화에 관한 블랙 등(Cyril E. Black et al.)의 정의도 '영세중립'을 전제로 한 것을 알 수 있다.

다음에서는 성공한 중립화 사례와 실패한 중립화 사례를 고찰해 보고자 한다. 성공한 중립화 사례로는 스위스와 오스트리아를 들 수 있으며 실패한 중립화 사례는 라오스와 벨기에에서 찾아볼 수 있다. 그리고 기타 중립화 사례로 러시아에 기생(寄生)하면서 견제하는 핀란드의 줄타기 중립화 과정을 살펴보고자 한다. 여기서 성공한 중립화 사례와 실패한 중립화 사례의 전개 과정을 살펴보는 것은 그것이 '한반도 중립화'에 줄 수 있는 교훈과 시사점을 얻기 위해서다.

3. 영세중립국

영세중립국 또는 영구중립국은 교전국의 어느 편과도 동맹 관계를 맺지 않고, 영구적으로 중립을 지키는 나라를 말한다. 즉, 영세중립국은 국가 간의 조약 또는 일방적 선언에 의해 전쟁에 직·간접적으로 연루될 수 있는 국제적 의무를 지지 않을 것을 조건으로 영구히 군사적 불가침을 보장받는 국가를 말한다. 다시 말하면, 영세중립국은 전쟁에 개입될 우려가 있는 동맹조약을 체결하지 않을 의무를 지는 동시에, 중립적 지위를 조약당사국들로부터 보장받고 있는 국가를 말한다.

영세중립국은 중립국과 보장국 사이의 쌍무적 또는 다자 간 협약에 의해 성립된다. 영세중립국의 지위는 해당 국가의 일방적 선언에 의해 성립되기도 하나, 이해관계국 간의 다자 간 조약의 체결에 의해 이루어지는 것이 일반적이다. 물론 전자의 경우에도 다른 나라들의 승인이 필요하다는 차원에서 이해관계국의 동의가 필수적이라 하겠다. 1851년의 비엔나조약에 의한 스위스의 중립화, 1867년의 '런던조약'에 의한 룩셈부르크의 중립화, 1893년 및 1931년의 '런던조약'에 의한 벨기에의 중립화 등이 예에 해당된다.

영세중립국은 다른 한편 국제법상의 일정한 의무를 지는 바, 가장 중요한 의무가 다른 나라에 대해 먼저 전쟁을 개시할 수 없다는 점이다. 물론 다른 나라로부터 먼저 공격을 받았을 때는 자위 수단으로 전쟁을 수행할 수 있으며 이때에는 영세중립국의 지위를 잃는 것이 아니다. 따라서 영세중립국은 자위 수단으로 전쟁을 수행하기 위한 일정한 군비를 갖출 수 있다. '무장중립'이 필요한 이유다. 그리고 앞서 밝혔듯이, 영세중립국은 또한 전쟁에 개입될 우려가 있는 동맹조약을 체결하지 않을 의무를 진다.

영세중립국은 이러한 국제법상의 의무를 지는 데 따른 반대급부로 보장국들로부터 중립적 지위를 보장받게 된다. 보장국들은 영세중립국의 중립이 제3국에 의해 침해된 경우 영세중립국을 원조하여 그 침해를 배제할 국제법적 의무를 지닌다.

중립국의 양태와 특징은 해당국의 역사와 주변국의 상황에 따라 다양하다. 영세중립국의 전형은 스위스와 오스트리아에서 찾을 수 있다. 이 책에서는 성공한 중립화 사례로 스위스와 오스트리아의 중립화 과정을 살펴보고, 실패한 중립화 사례로 라오스와 벨기에 사례를 살펴보고자 한다. 그리고 러시아와 서유럽 사이에서 줄타기 외교를 통해 중립을 유지하는 핀란드의 중립화 과정을 살펴보고자 한다.

제 2 장

한반도 중립화사 개관

오늘날의 한반도 정세는 1세기 이전의 대한제국 시기와 닮았다는 얘기를 자주 듣는다. 비록 일부 주역은 바뀌었으나 주변 열강들의 이해관계가 얽히고설킨 한반도 정세가 그때와 유사하다는 측면에서 특히 그러하다. 실로 한반도의 역사는 외부 세력들 간의 각축장으로 점철되어 온 수난의 역사라고 할 수 있으며, 그 과정에서 한반도의 운명은 관련 외부 세력들의 경쟁 양상 여하에 따라 틀지워져 왔다는 특징을 지니고 있다.

국내의 중립화 운동이 이승만 행정부와 박정희 행정부에 의해 탄압된 이래, 특히 중립화 주장은 현실성 없는 낭만적 민족주의자들의 넋두리로 치부되기 일쑤였다. 중립화 주창자들에 대해서는 지난 반세기 동안 용공시되는 시각이 덧씌워졌다. 중립화론에 대한 부정적 이미지는 그만큼 뿌리가 깊다.

한편 남쪽의 자라나는 세대들 가운데는 요즘 들어 '통일'보다 '평화'의 가치를 우선시하여, "굳이 전쟁과 갈등을 초래할 통일을 앞세울 필요가 있느냐"고 반문하면서, '우리의 소원은 통일'이라는 노랫말에 공감하지 못한다고 얘기하는 구성원들이 점차 늘어나고 있다.[2] 더 솔직하게, 남·북한의 역대 정치지도자들은 권력 유지를 위한 통치 수단으로만 한반도 통일을 내세웠을 뿐이라고 폄하하는 사회구성원들도 적지 않다.

한반도 중립화 논의의 역사는 대한제국 이후 1세기 동안, 그리고 분단 반세기 동안 국내·외에서 지속되어 왔다. 그리고 그와 관련된 적지 않은 저서와 논문들이 국내·외에서 발간되었다. 그러나 그 대부분은 민족주의의 당위론적·낭만적 입장을 벗어나지 못하고 있다. 한반도 중립화론은 아직 안보 불안에서 벗어나지 못하고 있는 국내 현실에서는 미군 철수 주장으로 이어지는 '위험한 구상' 취급을 받거나, '시기상조'라는 비판을 받고 있다.

한반도의 중립화를 위해서는 국내·외의 여론과 생각들이 한곳으로 모아져야 한다. 마치 병아리가 알에서 나오기 위해 어미닭과 병아리가 안팎에서 동시에 쪼아야 하듯이(啐啄同機). 무엇보다 먼저

2) 연합뉴스의 2016년 11월 보도에 따르면, 국민 3명 중 1명이 "남북통일 불필요하다"고 생각하고 있는 것으로 밝혀졌다. 문화체육관광부가 월드리서치와 아젠다센터에 의뢰해 전국 성인 남녀 5천 명을 대상으로 실시한 '2016년 한국인의 의식·가치관 조사'에서 이같이 밝혀졌다. 특히 "굳이 통일할 필요가 없다"는 응답이 32.3%에 달했는데, 이는 2006년 조사 때의 응답률(16.8%)에 비해 두 배 가까이 높아진 것이다. 연령대별로는 20대의 41.8%, 30대의 38.3%가 통일이 불필요하다고 답했다.

'중립화'에 대한 남·북한 주민의 합의가 이루어져야 할 것이며, 대외적으로는 한반도 주변 강대국들의 안보 이익과 경제 이익이 한반도 중립화로 인해 침해받아서는 아니 될 것이다. 오늘날 한반도 주변의 관련 강대국 가운데는 특히 미국과 중국의 입장이 중요하다. 미국 측 인사들 가운데는 '미국의 국익 보호 차원'에서 정세 변화의 고비마다 '한반도 중립화'를 주창하고 나서는 전문가들이 적지 않다.

오늘날 동북아시아 정세, 그 가운데서도 한반도 상황은 부자연스럽고도 불안정한 상황에 놓여 있다. 특히 국가 생존 전략으로 핵보유국 지위를 인정받고자 하는 북한 권력자들과, 군사력과 경제 제재를 통해 평양의 의도를 꺾어 누르고자 하는 미국의 힘이 정면으로 부딪치고 있는 한반도 정세는 한치 앞도 내다볼 수 없을 정도로 위기가 증폭되고 있다. 그러나 관련 당사국의 노력으로 위기는 기회로 바뀔 수도 있다.

우리의 문제를, 그러나 '현재의 분단 상태를 즐기는' 주변 강대국들이 먼저 나서서 해결해 주기를 기대해서는 아무 것도 얻지 못할 것이다. 남·북한의 정치지도자와 국민들은 '한반도 중립화' 문제를 보다 주도적·주체적으로 끈질기게 주창하고 나서야 할 것이다. 즉, 낭만적 민족주의의 입장을 벗어나 냉철하게 '한반도 중립화' 문제를 분석, 해결책을 제시하고 관련국들을 설득해 나가야 할 것이다. 그것도 인내심을 갖고 장기적 시관(時觀)에서 중립화의 내외적 여건을 만들어 나가야 할 것이다.

실제로 한반도의 중립화 노력은 여러 요인에 의해 실패를 거듭했다. 중립화 반대론자들은 무엇보다 힘의 정치가 판치는 국제 정치에서 한반도의 중립화가 실현가능성이 없다는 논거에서 중립화 주장에 동의하지 않는다. 미국의 세계 전략, 동아시아에서의 미·중 및 중·일 간의 패권 다툼, 그리고 동만주에서의 러·중의 이해 충돌 등은 한반도 중립화의 저해 요인으로 작용한다.

역사적으로 볼 때 한반도 주변 4강국, 즉 미·일·중·러 등이 때때로 내놓았던 한반도 중립화 안은 일시적·편의적 수단이었을 뿐 진정한 의미의 중립화 안은 아니었다. 한반도 중립화 안의 '당사자'는 어디까지나 남·북한이며, 중립화가 주변 강대국들에 의해 거저 주어지는 것이 아니라는 점을 명심해야 할 것이다.

동북아시아의 안정된 평화체제 구축의 길을, '동북아시아 비핵화'라는 큰 틀에서 찾아보고자 하는 필자는 주변 4강국의 이해와 안전을 위협하지 않는, 오히려 그들의 국익에 도움이 될 것이라는 차원에서 '한반도 중립화 안'을 주창하고자 한다.

현실적 가능성 측면에서 한국에서는 자주론(自主論)보다는 동맹론(同盟論)이 지배적이다. 비록 그것이 전통적인 동맹론보다는 용미론(用美論)에 가깝다 하더라도. 한·미동맹을 기본 축으로 하는 외교노선이 한국의 안보와 국가 발전의 관건이 된다는 동맹론은, 특히 단기적 관점에서는, 넓은 지지를 얻고 있다. 그러나 '한·미동맹 만능주의'가 장기적 시관(視觀)에서도 과연 한반도의 이익을 보장해 줄 수 있을 것인가의 문제는 따져 보아야 할 문제다. 즉, 강대국의 이해관계가 복잡하게 얽혀 있는 동북아시아에서 한·미동맹이 언제까지, 그리고 얼마나 한국의 이익을 얼마나 보장해 줄 수 있는가 하는 문제는 따져 보아야 할 것이다.

오늘날 한반도 비핵화 이슈 특히 그 가운데 북핵문제가 시급히 해결되어야 할 핵심 과제로 부각되고 있다. 북핵문제의 해결 가능성은 우리에게 기회이자 동시에 위기로 작용할 수 있다. 차제에 기존에 형성된 6자회담의 틀을 동북아시아 집단안보 체제로 발전시키기 위한 방안과 그것을 전제로 한 '한반도 중립화' 문제를 진지하게 검토할 필요가 있다. 남・북한과 주변 4강국이 함께 참가하는 6자회담은 바로 이러한 현안 문제의 해결을 위한 필요에서 결성된 이 지역 초유의 '다자안보협의체'라는 점에서 이를 적극적으로 활용할 필요가 있다. 왜냐하면 6자회담은 북핵문제를 넘어서 동북아시아의 새로운 다자안보협력 체제 형성을 위한 제도적 틀이 될 수 있기 때문이다.

오늘날 한반도 상황은 한 켠으로는, 영구 분단을 고착화하는 방향으로 흘러가고 있다. 남쪽에는 실제로 '중립화'와 '통일'에 대한 회의론자가 적지 않다. 이는 그동안 한・미동맹을 강조해 온 역대 정권들이 '중립화 통일' 논의 자체를 금기시 해온 것이 한 원인을 이룬 것으로 풀이된다. 권력 정치가 판치는 국제 정치 분야 종사자들 간에는 특히 그러한 생각을 가진 사람들이 많다. 동북아시아의 안정적 평화체제 구축은 한반도 및 동북아시아에서의 냉전 구조가 해체됨으로써 가능할 것이다. 주변정세가 변할 때마다 그 피해를 고스란히 떠맡아 온 한반도의 운명을 바꾸기 위해서는 세대를 이어가면서 한민족의 몸속에 '중립화'라는 유전자를 각인하는 작업이 필요할지 모른다.

이 책을 펴낸 주된 목적 가운데 하나는 한반도 중립화 논의를 실질화하자는 데 있다.

제 3 장

중립화의 성공 및 실패 사례

1. 성공한 중립화 사례

스위스의 내부 단합 기반 위의 영세중립화 과정

영세중립국의 전형은 스위스에서 찾을 수 있다. 스위스의 중립화 과정은 스위스 외교사(Sherman, 1915)와 정치사 고찰로부터 시작되어야 한다. 스위스 연방(Swiss Confederation〈영어〉, Schweizerische Eidgenossenschaft〈독일어〉, Confédération suisse〈프랑스어〉)은 1815년 비엔나 회의(Vienna Congress) 이래 영세중립국의 지위를 공식적으로 인정·보증받아 온, 중앙유럽에 있는 연방공화국이다. 정식 명칭은 헬베티아 공화국(Helvetic Republic)이다.

스위스 역사를 간략하게 살펴보면 다음과 같다. 스위스의 역사는 기원전 5세기경 켈트(Celts)족의 한 갈래인 헬베티아족이 현재 지역에 정착하면서 시작된다. 이들은 기원전 1세기 중반 카이사르가 이끄는 로마군에 대패한 뒤로 급속히 로마화되었다. 중세 들어 프랑크 왕국, 신성로마제국의 일부가 되었다.

스위스가 국가 형태를 갖추게 된 것은 1291년이다. 1291년 당시 지금의 스위스 중앙에 위치한 우리(Uri), 슈비츠(Schwyz), 운터발덴(Unterwalden) 지역의 세 대표가 현재의 수도 베른(Bern)에 모여 합스부르크(Habsburg, 1273~1918)[3] 왕조에 대항하기 위해 영구 동맹을 맺은 것이 스위스 연방의 기원이 되었다. 합스부르크 가(家)는 1315년 스위스의 초기 3동맹을 무력으로 제압하고자 하였으나 실패하였다. 이후 1353년까지 글라루스(Glarus) 및 추크(Zug) 주(州, Canton)와 도시국가였던 루체른(Lucerne), 취리히(Zurich), 베른(Berne)이 초기 3동맹에 가입하게 되면서 스위스의 초기 3동맹은 그 세력을 주변으로 확장하게 된다.[4] 유럽의 맹주 합스부르크 가는 틈날 때마다 스위스를 공

3) 합스부르크 가(Habsburg Haus)는 중·근세 시기 큰 세력을 가졌던 유럽 제일의 명문가(名門家)를 말한다. 10세기경 알자스에서 북(北)스위스에 걸친 소영주(小領主) 군트람에서 비롯되었고, 11세기 스위스에 산성 합스부르크(매의 성)를 쌓은 후로 합스부르크 백(伯)이라 불렀다. 독일(신성로마제국)에 황제가 없었던 대공위시대(大空位時代) 이후 실력 있는 국왕의 출현을 꺼린 독일 제후(諸侯)인 프리드리히 2세가 1273년 합스부르크 집안의 루돌프 1세를 독일의 국왕으로 선출하였다. 루돌프 1세는 보헤미아의 영토를 병합함으로써 합스부르크 가문(家門)이 번영할 수 있는 기초를 닦았다.

4) 이 주(州, Canton)들과 도시국가들의 연합체를 '스위스 구연합(Old Confederacy)'이라 부른다.

〈스위스 구연합 지도〉

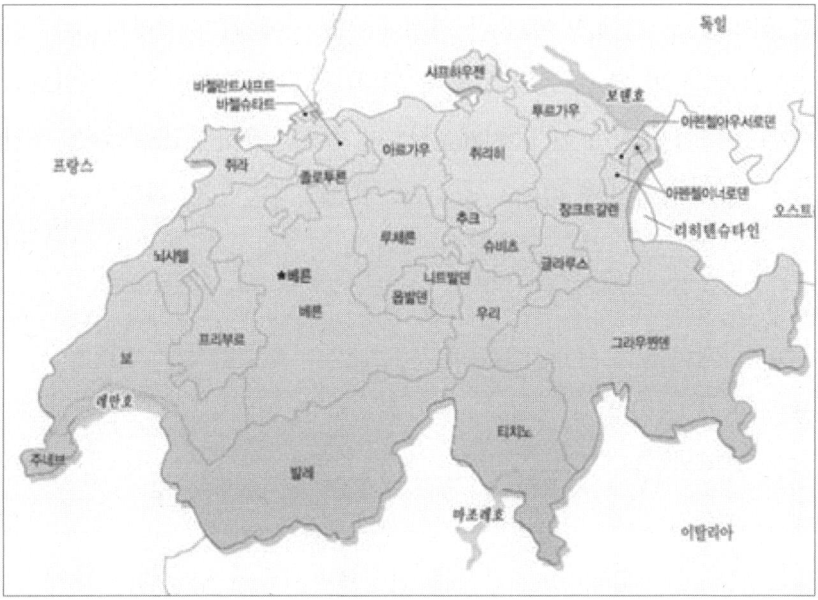

출처: https://www.google.com/maps/@46.8852093,9.0459187,6z

격했으나, 1386년의 젬파흐(Sempach) 전투,[5] 1388년의 네펠스(Näfels) 전투[6] 등에서 패하였다.

합스부르크 가와의 연이은 전쟁에서 승리한 '스위스 구연합(Old Confederacy)'은 더욱 강력해졌으나 내부적으로는 서로 대립하게 되었다. 이러한 대립은 결국 내란으로 번져 1436년 취리히 전쟁(Old

5) 젬파흐 전투는 1386년에 스위스와 오스트리아가 스위스 루체른 주 젬파흐에서 운명을 걸고 싸운 전투로, 스위스가 승리해 실질적 독립을 쟁취했다.

6) 네펠스 전투는 스위스가 네펠스에서 오스트리아에 맞서 대승을 거둔 전투로, 스위스는 글라루스 주의 네펠스 마을 고지를 점령하고 오스트리아의 알브레히트 3세를 공격해 대승을 거두어 실질적인 독립을 이루었다.

Zurich War)이 일어나게 된다. 슈비츠(Schwyz)를 주축으로 한 동맹들과 취리히 주 간에 벌어진 이 전쟁에서 열세에 처한 취리히 주는 합스부르크 가와 다시 동맹을 맺게 된다. 그러나 이 동맹은 스위스의 다른 주들이 다시 굳게 뭉치게 하는 계기를 제공하였고, 스위스 구연합은 이 전쟁에서 승리하여 스위스 연합을 지켜냈다. 취리히는 1450년 결국 오스트리아(Austria)와의 연합을 중단하고 미래에도 다시 연합하지 않을 것에 동의했다.

이를 계기로 강성해진 '스위스 구연합'은 1460년 합스부르크 세력을 라인강 좌안(左岸)에서 완전히 축출하고 현재의 스위스 북부 국경을 확정지었다. 이후 '스위스 구연합'은 합스부르크 가와의 두 차례 전쟁을 승리로 이끌었다.

'스위스 구연합'은 1499년에는 신성로마제국의 영향력 아래에 있는 도시의 기사들이 제국의 평화를 위해 조성한 스와비안 동맹(Swabian League)[7]과의 전쟁에서도 승리하여 신성로마제국으로부터 사실상 독립하게 되었다(Dame, 2001: 231－232, 245－246; 박후건, 2007: 39－40). 즉, 신성로마제국의 황제가 된 합스부르크 가문의 막시밀리언 1세(Maximilian I, 1459～1519, 재위 기간: 1493～1519)가 1499년 다시 스위스를 공격하였으나 패함에 따라 스위스는 결국 독립을 인정받게 되었다.

스위스는 1648년의 베스트팔렌 조약(Peace of Westphalia)[8]에 의해

7) 1488년 자유 황제 도시(free Imperial cities) 등 황제의 영지를 방어하고 평화를 지키기 위해 합스부르크 가의 황제 프레데릭 3세에 의해 결성된 동맹체를 말한다.
8) 1648년 5월 15일과 10월 24일 신성로마제국 베스트팔렌 지방의 두 도시, 오스나브뤼크와 뮌스터에서 체결된 평화조약을 말한다.

독립을 공식적으로 승인받았으며, 1815년의 비엔나 회의(Vienna Congress)[9]에서 영세중립국의 지위를 획득했다. 1847년 가톨릭 분리주의를 추구한 존더분트(Sonderbund)[10]와 통일을 위한 내전을 겪은 이후 최초로 스위스에는 연방 정부가 들어섰지만 힘은 여전히 각 주의 지방 정부보다 약했다.

스위스는 1848년의 연방 헌법에 따라 직접민주주의 제도를 채택하고 있으며, 정부 형태는 기본적으로 내각제에 바탕하고 있다. 연방 정부는 연방 평의회라고 불리는데, 의회에서 선출되는 7명의 각료(장관)들로 구성된다. 그리고 연방 평의회의 의장을 대통령으로 부르는데, 7명의 각료들이 1년씩 번갈아가며 맡는다. 스위스 대통령은 연방 평의회를 주재하지만, 다른 장관들과 상하 관계가 아닌 대등한 관계에 있다. 스위스 연방은 서로 대등한 관계에 있는 7명의 각료들이 집단지도 체제로 정부를 운영한다.

1515년부터 사실상 영세중립국이었던 스위스는 1815년 비엔나 회의에서 열강들에 의해 중립국으로서의 지위를 국제적으로 공인받았다. 스위스는 이러한 외교 정책에 따라 유럽 연합(EU)에도 가입하지 않고 있다. 국제연합(UN)에도 가입을 미루다가 2002년 국민투표 결

9) 비엔나 회의는 나폴레옹 전쟁의 결과를 수습하기 위해 오스트리아의 재상 클레멘스 폰 메테르니히의 주도 하에 영국, 프로이센, 오스트리아, 러시아 등이 모여 한 회의를 말한다.

10) 존더분트는 구교, 즉 가톨릭을 믿는 스위스의 7개 주가 조직한 동맹을 가리킨다. 정식 명칭은 Schutzvereinigung(Defense Union)이다. 존더분트가 분리주의 운동을 벌여 스위스 통일 전쟁이 발발하였으나, 개신교를 믿는 개혁주의 세력에게 패하여 진압되었다. 존더분트의 패배로 스위스에서는 예수회가 추방당하고 헌법으로 예수회의 활동이 금지되었다.

과에 따라 정회원국으로 공식 가입하였다. 국제연합 등의 많은 국제기구가 스위스의 중립 정책에 따라 본부를 스위스에 두고 있다.

스위스 중립화의 특징 가운데 하나는 '무장중립' 형태를 취하고 있다는 점이다. 주변 강대국들로부터 승인받고 있는 스위스의 무장중립은 강력한 민병대의 무력에 기반하고 있다. 스위스의 무장중립국 지위는 그러나 2006년 연방 정부의 무기 수출 결정 사례가 독일어권의 한 일간지에 의해 폭로되면서 크게 흔들린 바 있다. 그 신문은 "스위스 연방 정부가 장갑차 180대를 아랍에미리트 정부에 판매하기로 했다"고 폭로했으며, 프랑스어권 일간지 〈트리뷴 드 주네브(*Tribune de Genève*)〉도 스위스가 대한민국과 조선민주주의인민공화국에 군사 장비 거래 실적을 갖고 있다고 보도했다. 심지어는 카슈미르에서 영토 분쟁을 벌이고 있는 인도와 파키스탄에 장갑차와 대공방어 시스템을 수출한 것으로 보도되었는데, 현재 스위스 법에는 "분쟁 지역 및 전쟁 지역으로의 군사 장비 수출을 금지한다"고 되어 있다. 즉, 영세중립국으로서 다른 나라의 분쟁에 개입해서는 안 되는 나라가 무기를 판매하는 자체 모순을 보인 것이다. 한편 스위스 사회민주당 등 진보 정당을 지지하는 청년들은 '무기 없는 스위스를 위한 모임'이라는 시민운동 단체를 결성하여, 스위스의 무기 수출에 반대하면서 스위스를 '비무장중립국' 체제로 바꾸는 운동을 벌이고 있다.

스위스의 중립 추구 동기는 국내적 요인과 국제적 요인으로 나누어 살펴볼 수 있다. 스위스 중립 정책의 필요성은, 15세기 중엽부터 시작된 각 주(州, Canton) 간의 치열한 영토 확장 전쟁을 방지하기 위한 수단이라는 대내적 측면에서 1차적으로 찾아볼 수 있다. 즉, 스위스 중립화 정책은 각 주 간의 갈등과 대립을 종식시킬 수 있는 수단으로 고안된 것이다.

스위스는 1436년부터 각 주의 영토 확장을 위한 내전을 계속하였다. 즉, 스위스의 각 주들은 잘못된 토지 제도로 인해 각자의 소유권을 주장하는 다툼을 지속하였다. 베른(Berne) 주는 바우드(Vaud) 지역에서 프라이부르크(Friburg)와 충돌했고, 알가우(Argau) 지역에서는 루체른(Lucerne)과도 충돌했다. 취리히(Zurich) 북부는 샤프하우젠(Schaffhausen)과 경쟁했다. 취리히는 1439년부터 1446년까지 계속된 소위 '구 취리히 전쟁(Old Zurich War)' 기간 중 오스트리아와의 연합에도 불구하고 그의 영유권을 관철하는 데 실패했다. 스위스 연방은 지방을 약탈하고 노략질을 자행한 주루가우(Thrugau)를 평정하고 합병했다. 취리히는 1467년 빈테르주르(Winterthur) 지방의 자치권을 획득했다(Fahrni, 1994: 26-28; 강종일, 2014: 36-37).

이러한 역사적 환경에서 스위스는 건국 초부터 각 주의 자치권을 존중하는 전통을 확립하였으며, 내부적으로 단합을 이루고 외부적으로 어느 누구와도 동맹을 맺지 않게 되었다. 즉, 스위스 연방 정부는 각 주 간의 전쟁을 종식시키기 위해 각 주가 다른 주들의 전쟁에 개입하지 않는 중립이 필요하다는 인식을 갖게 된 것이다.

스위스의 중립화 정책을 뒤받치고 있는 이러한 대내적 요인은 남북으로 나뉘어 갈등을 빚고 있는 한반도 상황에 시사하는 바가 많다. 스위스는 각 주(Canton)의 자치권과 중립성을 헌법으로 보장하는 연방주의(federalism)[11]를 채택하고 있다.

스위스 중립화 요인의 다른 하나의 전통은 대외적 조건에서 찾아진다. 프랑스·독일·이탈리아·오스트리아 등 강대국에 둘러싸여 강력한 압박을 받아 온 스위스의 지정학적 조건은 영세중립국이 될 수 있는 충분조건을 갖추고 있다. 한반도를 둘러싸고 전개된 역사적 사건들은 한반도의 지정학적 조건도 스위스와 유사하다는 점을 증언해 준다.

스위스는 1515년 프랑스의 프랑소와 왕과 벌인 마리그나노(Marignano) 전투에서 이탈리아-스위스 연합군이 참패한 뒤, 국제 분쟁에서 어느 한쪽 편을 드는 것이 큰 위험 부담을 초래하게 된다는 중요한 교훈을 얻게 된다. 이 사건을 계기로 스위스는 향후 외교에서 중립 노선을 추구하기 시작했다. 스위스는 1536년 각기 주권을 가진 13개주(13 Old Cantons)가 연합하여 현대적 연방 국가가 되었다(Fahrni, 1994: 12-13; Hwang, 1987; 홍정표 역, 1988: 37-39).

스위스의 공식적인 중립 표방은 1546년의 세날칼디언(Senalcaldian) 전쟁 기간에 발표되었다(Baumgarter, 1917: 14; 황인관, 1988: 26). 스위스는 이후 유럽의 헤게모니 경쟁에 더 이상 참여하는 것을 포기하였다. 스위스는 그 뒤 유럽의 30년 전쟁(Thirty Years' War, 1618~1648),[12]

---

11) 남한의 역대 정권들은 북한에서 '연방제'를 먼저 주장하였다는 등의 이유로, 통일의 일정한 단계에서 '연방제' 도입이 필요하다는 등의 학문적 주장까지 용공시하고 있다.

12) 30년 전쟁은 유럽에서 로마 가톨릭교회를 지지하는 국가들과 신교를 지지하는 국가들 사이에서 벌어진 종교 전쟁이다. 이 전쟁은 당초 신성로마제국의 종교 정책을 지지하는 제후국과 반대하는 제후국 간의 다툼으로 발발했으나, 전쟁이 지속될수록 종교적 색채는 옅어지고 유럽의 정치 구도에서 합스부르크 가문과 프랑스의 대결 구도로 바뀌었다. 전쟁 결과 참전국 대부분은 파산 위기에 몰렸지만, 유럽 내부에서는 신흥 강대국들이 등장하기도 했다. 1648년 베스트팔렌 조약 이후 네덜란드 공화국

루이 14세(Louis XIV, 1638~1715)가 치른 다양한 전쟁[13]들, 7년 전쟁(Seven Years' War, 1756~1763)[14] 등 어느 전쟁에도 참여하지 않았다. 스위스의 초기 '3주 동맹'이 확대된 '스위스 구연합(Old Confederacy)'은, 로마 가톨릭 구교와 프로테스탄트 신교 간의 3년 간에 걸친 내전 및 30년 전쟁 등을 겪으면서 중립 정책의 필요성을 다시 한 번 절감하게 되었다.

스위스는 그러나 프랑스 혁명(1789년) 발발 이후[15]와 나폴레옹 전쟁 기간 중[16] 프랑스, 오스트리아, 러시아의 연속적인 침공을 받은 뒤 한동안 중립 정책을 포기했다. 1803년의 프라이부르크 조약(Freiburg Treaty)에 따라 스위스 정부는 자국 군대 2만 4천 명을 프랑

은 독립을 공인받아 급격히 성장했다. 이 전쟁으로 신성로마제국의 권위는 추락하게 되었으며, 잉글랜드 왕국・프랑스・스웨덴 제국이 상당한 영토를 보유하게 된 유럽의 새로운 강대국이 되었다.

13) 루이 14세는 프랑스의 힘과 세력을 확장시키고자 일생 동안 세 번의 주요 전쟁, 즉 프랑스-네덜란드 전쟁, 아우크스부르크 동맹 전쟁과 스페인 왕위계승 전쟁을 치르고 두 번의 작은 분쟁, 즉 상속 전쟁, 재결합 전쟁 등을 치렀다.

14) 7년 전쟁은 오스트리아 왕위 계승 전쟁에서 프로이센에게 패배해 독일 동부의 비옥한 슐레지엔(Schlesien)을 빼앗긴 오스트리아 합스부르크 가가 그곳을 되찾기 위해 프로이센과 벌인 전쟁을 말한다. 전쟁 결과 영국의 지원을 받은 프로이센이 최종적으로 승리를 거두어 슐레지엔의 영유권을 확보하게 되었다.

15) 1798년 프랑스 혁명군이 스위스의 많은 지역을 점령하게 되면서 그동안 강대국 사이에서 균형을 유지하면서 독립을 지켜왔던 스위스는 처음으로 강대국의 지배를 받게 된 바, 이것은 후에 스위스가 영세중립(permanent neutrality)으로 가게 되는 중요한 계기가 되었다.

16) 나폴레옹 시절 스위스는 프랑스가 영국・오스트리아・독일 등과 벌인 첫 번째 전투(1792~1797)와, 영국・오스트리아, 그리고 러시아와 벌인 두 번째 전투에서 프랑스 동맹군으로 참전했다. 스위스(헬베티아 공화국)는 이 두 전쟁으로부터 많은 피해를 입었다. 즉, 스위스 국토는 프랑스・헬베티아 동맹군과 연합군의 주요 전투지가 되었기 때문에 전쟁의 피해는 고스란히 스위스 시민들이 안게 되었다. 이후 스위스는 이웃 국가들과의 전쟁에 휩쓸려 피해와 고통을 당한 주된 원인이 중립 노선을 포기한 데 있다는 점을 절감, 다시 중립 노선으로 선회할 것을 결정하게 된다.

스 군대에 배속시켰다. 영국 등 연합군은 이를 구실로 1813년 라이프치히 전투에서 승리한 뒤 스위스를 위협하자 스위스 의회는 모든 교전국들에 대한 엄정중립을 선언하기 위한 특별의회를 소집했다.

영국 등 반(反) 나폴레옹 4개 동맹국들은 1815년 3월 20일, 스위스 연방의회가 쇼몽 조약(Chaumont Treaty)[17]의 조항들에 찬성한다면, 연합국들은 스위스의 영세중립을 인정하고, 보장하는 조항을 준비할 것이라고 선언했다(Sherman, 1915: 224). 스위스에 대한 연합국들의 이 선언은 같은 해 스위스 연방의회에서 승인되었으며, 프랑스는 1814년 5월의 파리 조약[18] 규정에 따라 동의했다.

앞서 살펴보았듯이, 스위스의 영세중립국 지위는 나폴레옹 전쟁을 종결하는 비엔나 회의(Vienna Congress, 1814.9~1815.6)[19]에서 처음 국제적으로 인정되었다. 유럽 국가들은 비엔나 회의(Vienna Congress)에서 헬베티아 공화국 이전의 '스위스 구(舊)연합'이 취했던 중립 정책이 유럽 평화에 기여했다는 점을 재확인하고 스위스의 중립을 다

17) 쇼몽은 마른 강(river Marne)변에 위치한 도시로, 1814년 3월 영국, 오스트리아, 프러시아, 러시아 등 반(反) 나폴레옹 4개 연합국은 이 도시에서 소집된 회의를 통해, "스위스 연방은 나폴레옹 전쟁 이전의 경계선을 중심으로 국경을 재설정하고, 그 독립을 강대국들이 보장해야 한다"는 비밀 조약 내용을 발표하였다.

18) 파리 조약은 영국, 오스트리아, 프러시아, 러시아 등 4개 연합국과, 나폴레옹 양위 이후 재집권한 프랑스의 부르봉 정부 간에 1814년 체결된 조약이다.

19) 비엔나 회의는 오스트리아 재상 메테르니히(Klemens Wenzel Lothan Fürst von Metternich-Winneburg zu Beilstein, 1773~1859)의 주도 하에 나폴레옹 전쟁의 결과를 수습하기 위해 소집되었다. 메테르니히는 이 회의의 의장 역을 맡았다. 비엔나 회의는 스위스의 권리와 책임을 다음과 같이 규정했다. 즉, 스위스는 어떠한 전쟁에 종사하거나 개입하지 말아야 하며, 엄중한 중립성을 유지하고, 스위스의 영세중립을 보장하는 국가에 대해 어떠한 적대행위나 적대가능성이 있는 정책과 행위를 하지 못하는 책임을 지며, 연합국으로부터 정치적 독립과 영토의 통합을 보장받으며 침공받지 않을 권리를 가진다(Bonjour, 1952: 60).

시 인정하고 보증해 주었다(Oechsli, 1922: 1, 220 - 228, 316 - 329; Dame, 2001: 231 - 232, 245 - 246, 270, 295; 박후건, 2007: 37 - 46). 이와 같이 스위스의 영세중립 정책은 다른 국가들의 동의와 보장[20]으로 확립되었다.

스위스가 1815년 주변 국가들로부터 영세중립국으로 국제적 승인을 받은 것은 이전까지는 자체적으로 중립을 선언한 통상중립(customary neutrality) 국가에서 영세중립(permanent neutrality) 국가의 국제적 지위를 획득한 것을 의미하며, 스위스 자체의 영토 통일과 주변 국가들로부터 불가침을 보장받는 영세중립국으로 새롭게 탄생되는 계기를 제공한데서 그 역사적 의의를 찾을 수 있다(강종일, 2014: 39).

스위스는 제1차 세계대전이 끝나고 1919년 6월 28일 개최된 베르사이유 조약(Treaty of Versailles)[21]과 생제르맹 조약(Treaty of Saint - Germain - en - Laye)[22]에서도 조약당사국들로부터 영세중립의 지위를 승인받았으며, 제2차 세계대전 중에도 철저한 '무장중립'을 유지하였다.

스위스는 영세중립 국가로서 어떠한 국가와도 안보를 위한 방위

---

20) 당초 스위스의 영세중립국 승인에 참여한 연합국은 영국, 프랑스, 프러시아, 오스트리아, 러시아, 포르투갈 등 6개국이었으나, 나중에 스페인, 스웨덴이 참여했다(Bonjour, 1952: 60; 정대화 역, 1988: 31).

21) 제1차 세계대전이 끝난 뒤인 1919년 6월 독일제국과 연합국 사이에 맺어진 평화조약을 말한다. 패전국 독일에 대한 제재를 담고 있는 이 조약에 의해 국제연맹이 탄생했다.

22) '생제르맹 조약'은 제1차 세계대전이 종결된 뒤인 1919년 연합국과 오스트리아 사이에 체결된 단독 강화 조약을 말한다. 이 조약으로 오스트리아 - 헝가리 제국이 해체되고 오스트리아와 헝가리는 분리되었을 뿐 아니라 체코슬로바키아, 유고슬라비아, 루마니아에게 영토를 할양당했다. 그리고 오스트리아의 군비 축소가 강제되었고 독일에의 합병도 금지되었다.

동맹을 맺을 수 없으며, 집단안보 조약에도 참여할 수 없는 의무를 가진다. 스위스는 이러한 외교 정책에 따라 제1·2차 세계대전을 비롯하여 어떠한 전쟁에도 참여하지 않았으며 어느 국가와도 동맹을 맺지 않았다.

제1차 세계대전이 끝난 뒤 결성된 국제연맹(League of Nations)[23]에는 주창국인 미국까지 상원의 인준 거부로 처음부터 불참하였으며, 영국·프랑스 간에도 이견이 좁혀지지 않는 등 열강의 이해관계가 다시 첨예하게 부딪치게 되자, 스위스는 1938년 절대중립을 선언하고 국제연맹에서 탈퇴하였다. 스위스가 국제연맹에서 탈퇴한 이듬해인 1939년 9월 1일 독일의 폴란드 침공으로 제2차 세계대전이 시작되었으나, 스위스는 제2차 세계대전 중에도 철저한 무장중립을 유지하였다.

제2차 세계대전 당시 독일이 폴란드를 침공하자 스위스군 총사령관 앙리 기장(Henri Guisan) 장군은 43만 명의 군대를 신속하게 동원하여 침공에 대비하자 독일은 스위스를 섣불리 침공하지 못했다. 1940년 5월 11일에는 독일이 벨기에를 침공하자 기장 장군은 이번에는 1만 5천 명의 여성까지 군대로 동원하는 등 스위스 내 모든 군대에 비상경계령을 내리고 독일의 침공에 대비해 만반의 준비를 다 했다(http://en.wikipedia.org/wiki/Switzerland; 박후건, 2007: 48).

스위스는 심지어 냉전 시대에 소련 등 동구권에 맞서기 위해 결

23) 국제연맹은 제1차 세계대전이 끝난 뒤인 1920년 당시 미국의 대통령이었던 윌슨(Thomas Woodrow Wilson)의 제안으로 만들어진 국제기구다. 그러나 당초 제안국이었던 미국은 상원의 베르사이유 조약 비준 동의 거부로 참여하지 않았으며, 독일과 소련도 처음에는 가입을 거부당하는 등 출발부터 문제가 있었다.

성된 북대서양조약기구(NATO)에도 가입하지 않았다. 또한 유럽 연합(EU)이 스위스의 자치권을 침해할지 모른다는 등의 이유로 각 주(Canton)들이 반대하자 스위스는 유럽 연합에도 가입하지 않았다. 스위스는 제2차 세계대전 종전 뒤 출범한 국제연합(UN)에도 가입을 미루다가, 국민투표 결과에 따라 2002년 정회원국으로 공식 가입하였다.

스위스는 영세중립국으로서 어떠한 동맹이나 경제협력에도 참가하지 않음을 원칙으로 경제동맹, 관세동맹은 물론 국제적 안보연합에도 가입을 피해 왔다. 그러나 냉전 종식과 함께 국제 사회와의 긴밀한 협력의 필요성이 증가함에 따라 스위스는 국제 사회의 일원으로서 세계 평화에 기여할 수 있는 역할을 모색하려는 움직임을 보이고 있다. 스위스 국민들은 2001년 3월 10일 실시한 국민투표에서 국제평화유지활동(PKO)을 통해 국제 사회에 이바지하고, 자국 군대를 북대서양조약기구(NATO) 군대와 합동으로 작전 활동을 수행함으로써 스위스 민방위군의 전력을 증강하고자 하는 안(案)에 대해 찬성하였다(강종일, 2014: 40－40).

스위스의 영세중립국 지위 획득 과정에서 얻을 수 있는 시사점은 다음과 같다. 스위스의 영세중립국 지위는 기본적으로 각 주(Canton) 간의 내적 갈등과 대립을 종식시키고자 하는 대내적 열망과, 외세의 영향으로부터 자국의 생존·발전을 지키기 위한 대외적 열망이 어우러져 가능하게 되었다는 점이다.

다른 말로 하면 스위스의 중립은 외부로부터 강요된 수동적 조건뿐만 아니라, 연방 국가 발전 과정의 대내적 생존 원리에 의해 조성된 독특한 사례라고 할 수 있다. 즉, 스위스의 중립화 정책은 유럽의 보편적 이익에 합치되지만 그 환경이 타국에 의해서만 조성되었다고 볼 수 없다는 것이다. 쉽게 얘기하면, 스위스의 중립화 정책은 특이한 지정학적 환경 속에서 국익을 지키고자 하는 정치외교의 수단으로서 뿐만 아니라, 국가 통합의 도구로 발전해 온 것이다.

스위스와 같이 내부적으로는 다민족 사회를 이루고 있고, 외부적으로는 강대국에 둘러싸인 나라에서 내부적인 단합을 이루어내지 못하고 칸톤(Canton)끼리 서로 대립·분열하게 된다면 각 칸톤들은 가까운 주변 강대국에 흡수되어 연방 체제가 깨어질 가능성이 높다. 스위스는 그 해답을 직접민주주의와 연방주의의 접목에서 찾았다. 각각의 칸톤들이 해당 지역의 상황과 실정에 맞는 정책을 만들어내고 책임을 지는 직접민주주의와 칸톤 간의 권력 분담을 허용하는 연방주의는 자칫 소홀해질 수 있는 작은 칸톤들의 권익과 독립성을 보호해 주는 장치가 될 수 있다(박후건, 2007: 56).

스위스 국민들은 또한 스위스의 지정학적 환경을 냉철하게 인식, 국제 분쟁에서 어느 한쪽 편을 드는 것이 엄청난 참화를 초래할 수 있다는, 동맹 정책의 맹점을 세대를 이어가면서 공감하게 되었다고 할 것이다. 로슈몽(Charles Pictet de Rochemont)[24]과 같은 지도자들은 스위스 영토의 불가침과 스위스의 외세로부터의 독립이 전 유럽에 이익이 된다는 점을 역설했다.

24) 로슈몽(Charles Pictet de Rochemont, 1755~1824)은 1815년 개최된 비엔나 회의에 스위스 대표로 참석한 스위스의 정치가 및 외교관으로 그는 이 회의에서 강대국들에 의해 승인된 스위스의 영세중립선언문을 작성하였다.

스위스의 중립화는 역사상 최초의 성공적인 사례다. 스위스는 영세중립 전통에 의해 중립 선언 이후 적대적인 군대로부터 침공을 받지 않았다. 위기가 없었던 것은 아니다. 1830년과 1847~1850년의 혁명기에, 그리고 1859년, 1870~1871년, 1914~1918년, 1939~1945년 사이의 전쟁 시기에 그러한 위기가 발생하였다. 그러나 스위스는 중립화된 국가로서 절대적이고 배타적인 권한을 충분히 행사할 수 있었다. 중립에 대한 스위스의 기본적인 태도는 오스트리아와 이탈리아의 전쟁 시기인 1859년의 행정선언에 잘 나타나 있다. 그 내용은 다음과 같다.

> 연방 평의회는 가장 공식적인 방법으로 다음과 같이 선언한다. 만일 유럽의 평화가 방해를 받는다면, 스위스 연방은 그의 관할에 있는 모든 수단을 다해서 영토의 보존과 중립을 방어 및 유지할 것이며, 영토에 대해 스위스는 그에 걸맞은 독립국가로서의 권리를 갖는다. 독립국가로서의 그 영토와 중립 보존의 사명 — 그것은 1815년 전 유럽 제 조약에 의해서 승인된, 또 우리 스위스 국민이 방어하여야 할 의무와 권리가 있는 — 은 공평하고 정당하게, 그리고 충실히 이행될 것이다(Sherman, 1915: 229 - 230).

영세중립의 특성과 스위스 영세중립의 특징을 종합적으로 이해하기 위해서는 스위스 연방 정부 정책부가 1954년 11월 26일 작성한 '스위스의 공식적인 중립선언'을 살펴볼 필요가 있다. 이 선언의 'Ⅲ항'은 다음의 내용을 담고 있다(Schweizerisches Jahrbuch, 1957: 195 - 199; 황인관, 1988: 172 - 174).

영세중립국의 두 가지 중요한 의무는, 평화 시에는 더 많은 설명을 필요로 하지 않는다. 그러나 소위 선결조건을 고려할 때, 정치적이거나 군사적 또는 경제적인 성격의 의무가 생길지도 모른다는 사실을 잘 분석해야 한다.

1. 정치적 중립은, 한 국가가 어떠한 전쟁에도 개입하지 않는 방법으로, 그 나라의 외교 정책을 수행하려는 중립국가의 의무를 구성 요소로 한다. 특히 정치적 중립은 전쟁에 있어서 상호간에 영향력을 가진 공격 동맹이나 방위조약, 보장조약, 집단안보에 관한 협정 등에 대하여 국가에 의무를 부과하는 모든 조약을 피해야 한다. 이러한 의무는 모든 다른 것과 마찬가지로 제한적으로 적용되어야 하며, 오직 외교 정책의 문제에만 관련되어야 한다. 그러나 정부의 기타 기능(예컨대, 어떤 국가의 국민에 대해 우호적인 민간 활동, 정치 활동에 대한 내국인들 사이의 교육적인 홍보 활동, 정부구조에 대한 소개 등) 등에는 영향을 미치지 않는다. 소위 도덕적인 중립에 대한 의무가 존재하지 않는다는 것이 명백하다. 개개의 시민은 국제법 하에서 중립의무를 지지 않는다(따라서 중립은 주로 언론의 자유에 대해서 어떤 형태이든 제한을 가하지 않는다). 그 구별은, 국제회의와 국제기구에 참가함으로써 생기는데 이러한 회의나 기구가 1차적으로 정치적이냐, 아니면 경제적, 문화적이냐 또는 기술적인 양상을 띠느냐에 달려 있다. 만일 그 회의나 기구가 1차적으로 정치적인 특징을 보인다면, 그리고 주된 문제가 보편적인 성격을 띤다면 그러한 것에는 참가해도 상관이 없다. 아주 중요한 두 개의 대표적인 정치단체가 항쟁, 대결할 때에도 스위스는 어느 쪽에도 개입해서는 안 된다.
그 반면에 중립국가들은 선행과 봉사를 하며, 전쟁 기간 동안에도 중재를 할 권리를 가진다. 이러한 특권의 행사는 분쟁 중인 당사자들의 어느 쪽에 의해서도 적대행위로 간주되면 안 된다[1907년 10월 18일자 국제 분쟁의 평화적 해결을 위해 별정(別定)된 헤이그 협정].

2. 군사적인 중립은, 일반적으로 영세중립국이 다른 국가들과 어떤 군사적인 협정의 조인에도 참가하지 않아야 한다.
3. 경제적인 중립은, 타국과의 어떠한 관계나 무역협정이 그 중립국의 독립을 위협할 때 한해서만 성립된다. 그렇게 가정하는 것은 일반적으로 중립국이 이러한 관계에 있어서 약자의 입장에 서게 되므로 강한 상대방에게 종속될 우려가 있기 때문이다. 이러한 사실은 그러한 협정에 법적 동결 조항이나 특별 전쟁 조항이 있다 할지라도 막기 어렵고 변치 않는 것이다.

   중립국이 분쟁 중에 있는 일방에게 분명히 그 군사력과 정치력의 증가를 위하여 경제적 협조를 주고 있다는 것이 사실이라면 경제적 중립은 존재하지 않는다. 그것은 전시에 편파적이고 불공평하다는 인상을 주기 때문이다.

   일반적으로, 영세중립국은 중립에 위반되는 행위, 즉 전시에만 존재하고 효력을 발생하는 일시적 중립에 관한 제 규정에 어긋난 행동을 강요하는 국가와는 어떠한 관계도 맺어서는 안 된다고 말할 수 있다.

결론적으로 얘기하면, 스위스의 영세중립은 강대국들 자신의 이익뿐만 아니라, 모든 외세의 영향으로부터 독자적으로 자국을 보존하려는 스위스 국민의 타고난 열망에서 야기되었다는 것이다. 1815년 11월 20일 유럽 국가들이 스위스의 영세중립을 인정한 마지막 선언은, 중립 시행 이전에 상당 기간 지속되어 온 상황을 단순히 제도적으로 확립하고 영구화한 것에 지나지 않는다.

내부 결속 통해 중립국 지위를 획득한 오스트리아의 중립화 과정

〈오스트리아와 주변국〉

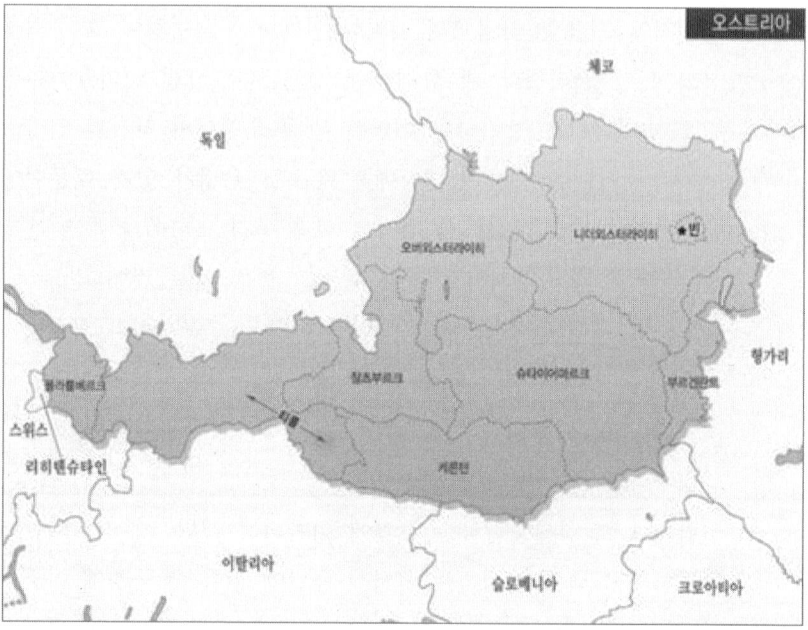

출처: https://www.bing.com/images/search?view=detailV2&ccid=fNKGzVOs&id=3BACDB29583F1EC7B6EBFFCDEB5CED22C1C11991&thid=OIP.fNKGzVOsIIPEiG6skyitPgHaFj&mediaurl=http%3A%2F%2Fpostfiles10.naver.net%2F20091123_281%2Fson0334_1258959225660tWdbz_jpg%2F%EC%98%A4%EC%8A%A4%ED%8A%B8%EB%A6%AC%EC%95%84%ED%96%89%EC%A0%95%EA%B5%AC%EC%97%AD%EB%8F%84_son0334.jpg%3Ftype%3Dw2&exph=386&expw=515&q=%ec%98%a4%ec%8a%a4%ed%8a%b8%eb%a6%ac%ec%95%84&simid=608004643799630796&selectedindex=13&ajaxhist=0

오스트리아 공화국(Republik Österreich〈독일어〉)은 중앙유럽 알프스

산맥에 위치한 내륙국으로 인구 847만 명의 중소 국가다. 유럽의 중앙에 위치해 서쪽으로는 스위스, 리히텐슈타인, 북쪽으로는 독일, 체코, 동쪽으로는 헝가리와 슬로바키아, 남쪽으로는 이탈리아 및 슬로베니아와 국경을 이루고 있다. 오스트리아는 1955년 국제연합(UN) 회원국이 되었으며 1995년 유럽 연합(EU)에 가입한 영세중립국이다.

오늘날의 오스트리아는 비엔나를 중심으로 한 도시국가로 출발했으나 서기 976년 신성로마제국의 식민지가 되었고, 1292년 독일 합스부르크 왕조(Habsburg dynasty)[25]의 지배를 받는 왕정국가가 되었다. 1804년 나폴레옹이 프랑스 황제로 즉위하여 프랑스 제1제국 성립을 선포하자, 이에 대항하여 오스트리아 황제 프란츠 2세(Franz II, 1768~1835)가 오스트리아 제국을 수립하였다.

---

25) 합스부르크 가(Haus Habsburg)는 유럽 왕실 가문들 중 가장 영향력 있던 가문 가운데 하나다. 1438년부터 1740년까지 신성로마제국의 황제는 연달아 합스부르크 가문에서 나왔다. 특히 오스트리아 왕실을 거의 600년 동안 지배한 것으로 유명하다. 합스부르크 왕가는 프랑스 왕을 제외한 거의 모든 유럽의 왕실과 연결되어 있었다. 프랑스 왕도 외가로는 합스부르크 가와 연결되어 있었다. 합스부르크라는 이름은 슈바벤 지방(현재의 스위스)에 세워진 합스부르크 성 또는 하비히츠부르크 성(매의 성)에서 유래했다고 한다. 이 가문은 독일의 남부 지방에서 점점 영향력을 확대하여 신성로마제국에서 큰 세력으로 부상하였다.

1700년 에스파냐의 합스부르크 왕가의 대가 끊기자 에스파냐 왕위계승 전쟁이 발발하였고, 1740년 오스트리아의 합스부르크 왕가의 대가 끊기자 오스트리아 왕위계승 전쟁이 벌어졌다. 그러나 오스트리아 합스부르크의 마지막 계승자인 마리아 테레지아가 로트링겐(로렌)의 공작 프란츠 스테판과 결혼함으로써 비엔나의 합스부르크 가문은 합스부르크 로트링겐 왕가로 바뀌게 되며, 합스부르크의 정통 왕가는 단절된다.

1804년 합스부르크 로트링겐 왕가의 프란츠 2세는 스스로를 오스트리아 황제로 칭하였다. 1918년 합스부르크 로트링겐 왕가는 제1차 세계대전과 함께 몰락한다.

〈합스부르크 왕조 전성기의 영토〉

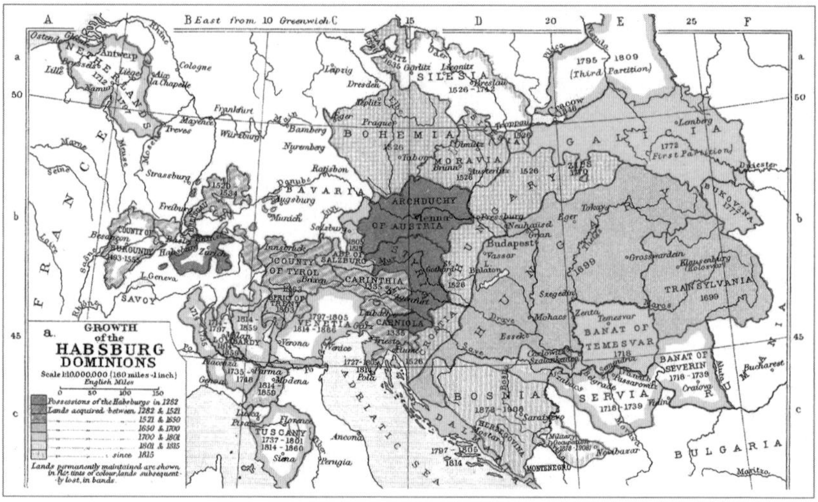

출처: https://en.wikipedia.org/wiki/File:Schweiz_Frühmia_Adel.svg

오스트리아는 1809년 프랑스와의 전쟁에서 패함으로써 다시 프랑스의 식민지가 되었으나 나폴레옹과 대적한 연합국의 일원으로 참전하여 1812년부터 대부분의 국토를 회복하게 되었다. 오스트리아의 합스부르크 왕조는 1815년 나폴레옹 전쟁을 종결하는 비엔나 회의에서 전승국으로서 독립과 함께 부활하게 되었다. 합스부르크 왕조가 건설한 오스트리아-헝가리 제국(Österreich-Ungern Mornarchie)[26]

26) 오스트리아-헝가리 제국은 1867년부터 1918년까지 존속했던 합스부르크 왕조의 국가다. 1867년 오스트리아 제국의 황제와 헝가리인 귀족들 사이의 대타협(Ausgleich)으로 성립되었다. 이 타협으로 헝가리는 큰 자치권을 누리게 되었고 헝가리인은 오스트리아인과 함께 지배민족이 되었다. 오스트리아-헝가리 제국의 공식 명칭은 [제국회의에 대표된 왕국들과 영토 및 신성 헝가리의 성 이스트만 왕관령(Die im Reichsrat vertretenen Kōnigreiche und Länder und die Länder der heiligen ungarischen Stephanskrone)]이다.

〈오스트리아-헝가리 제국의 구역 지도〉

출처: http://wiki.dcinside.com/wiki/오스트리아-헝가리 제국

은 제1차 세계대전의 패배로 붕괴되었다.

오스트리아는 이후 독일 지역의 주도권을 놓고 프로이센과 대립하였으나, 1866년 프로이센-오스트리아 전쟁에서 패배함으로써 독일에서의 영향력을 잃게 되었다. 이듬해인 1867년 오스트리아 정부와 헝가리 귀족들이 아우스글라이히(Ausgleich)[27]를 맺어 오스트리아-헝가리 제국이 성립되었다. 이 타협안에 의해 오스트리아 황제는 헝가리 왕, 보헤미아 왕을 겸하게 되었으며, 헝가리는 외교, 국방

27) 1867년 2월 8일 오스트리아 제국과 헝가리 왕국 사이에서 체결된, 헝가리인의 자치권을 대폭 향상시킨 오스트리아-헝가리 타협안을 말한다. 이 타협안에 따라 오스트리아-헝가리 제국이 수립되었다.

이외의 분야에서 자치를 누리게 되었다.

이후 오스트리아는 공화국을 선포하여 '오스트리아 제1공화국(Erste Republik, 1919~1934)이 탄생했다. 1919년 9월 생제르맹(Saint-Germain) 조약 이후 탄생한 '오스트리아 제1공화국'은 1934년 파시스트가 정권을 장악하게 되면서 종말을 맞았다. 나치 독일은 1938년 3월 12일 오스트리아로 진군, 같은 해 4월 10일에 오스트리아의 병합을 선언했다.

오스트리아는 1945년 나치 독일의 패망 이후 나라를 되찾았으나 오스트리아 제2공화국으로 유지됨에 따라 나치 독일의 일부로 간주되어 패전국이 되었기 때문에 1955년까지 연합군에 의해 분할·점령되었다. 오스트리아는 1955년 이후 현재의 영토를 유지하고 있으며, 1995년부터 유럽 연합(EU)의 회원국으로 있다.

오스트리아가 '오스트리아'라는 정체성을 갖게 된 것은 제2차 세계대전이 끝난 이후의 일이다. 불과 70년도 되지 않았다. 현재 오스트리아가 위치하고 있는 지역은 유럽에서 가장 큰 영향력을 갖고 있었던 합스부르크 왕조가 약 600여 년 간 지배했던 곳이다. 전성기 때의 합스부르크 왕조는 동쪽으로는 오스만터키 제국과 국경을 맞대고 서쪽으로는 이베리아 반도의 스페인까지 통치하고 있었던 대제국이었다.

제2차 세계대전이 끝난 뒤에 중립화된 오스트리아의 중립화 과정은 다른 중립국의 사례와 크게 다르다. 다음에서는 오스트리아의 중립화 과정을 더 잘 이해하기 위해 오스트리아-헝가리 제국의 형성 과정, 그리고 오스트리아 제1공화국(1919~1934)[28]과 제2공화국

(Second Republic, 1955~현재)의 형성 및 붕괴 과정 등을 자세히 살펴보기로 한다.

합스부르크 제국은 원래 중심을 이루는 독일 민족 이외에 폴란드인, 체코인, 마자르인, 이탈리아인, 세르비아인, 크로아티아인, 그리고 루마니아인 등을 포함하는 다민족 제국이다. 16세기에 전성기를 맞은 합스부르크 가는 18세기 프랑스 시민혁명기를 거치면서 통치력이 약화되었다. 합스부르크 가는 요제프 2세(Joseph II, 1741~1790)에 이르러 합리주의에 바탕을 둔 개혁정치를 펼쳤으나 기울어져 가는 제국을 다시 일으키기에는 역부족이었다.

당시 널리 확산되고 있던 게르만 민족주의의 여파로 프러시아(Prussia)를 중심으로 독일 연방(German Confederation) 제국이 만들어졌다. 프러시아는 독일 지역에서 강자를 자처하며 합스부르크 가(家)에 도전하였는데, 1866년 프러시아와의 전쟁에서 합스부르크 가가 패함에 따라 독일 지역의 패권이 프러시아로 넘어갔다. 결국 1867년 합스부르크 가는 헝가리의 마자르인 귀족과 타협하여 오스트리아-헝가리 제국이 성립되었다(박후건, 2007: 59-61).

앞서 살펴보았듯이, 1918년 제1차 세계대전에서 오스트리아-헝가리 제국이 패전국이 되자, 오스트리아-헝가리 제국은 해체되었다. 오스트리아-헝가리 제국 지역 중 독일어 사용 지역에는 1918년 사회민주당 주도로 공화국이 성립되었다. 이것이 '독일계 오스트

28) 오스트리아 제1공화국(Erste Republik)은 1919년 9월 생제르맹 조약 이후부터 1934년 나치 독일에 의한 공화국 정권 장악 때까지의 오스트리아를 일컫는 데 쓰이는 말이다. 오스트리아는 1938년 결국 독일로 합병당하고 만다.

리아 공화국(Republik Deutschösterreich)'이다. 오스트리아 국민의회(Nationalrat)의 결의문에 "독일계 오스트리아는 독일공화국의 한 구성 요소"라고 명기되었으나, 이 조항은 전승국들의 승인을 얻지 못했다.

'독일계 오스트리아'는 1919년의 생제르맹 조약에 의해 해산되었다. 오스트리아는 '오스트리아 공화국(Republik Österreich)'으로 부르도록 결정되었다. 생제르맹 조약에 의해 주데텐란트(Sudetenland) 내 독일계 주민 거주 지역은 체코슬로바키아에, 티롤(Tyrol) 내 독일계 주민 거주 지역은 이탈리아에 할양되었다. 또한 남쪽 지역 일부는 유고슬라비아왕국으로 흡수되었다. 이것이 '오스트리아 제1공화국'의 출범이었다. 제1공화국은 다른 나라에 빼앗길 뻔하였던 카린티아(Carinthia)의 남동부 지방과 부르겐란트 주의 두 지역을 가까스로 자국 영토로 유지할 수 있었다. 부르겐란트 주 지역은 1647년부터 헝가리 왕국의 영토였는데, 헝가리는 '서헝가리'로 불리는 이 지역의 영유권을 주장하였다. 생제르맹 조약에 의해, 이 지역은 1921년 오스트리아 제1공화국의 영토가 되었다.

제1차 세계대전 종전 이후 승전 연합국은 패전국들에게 일련의 가혹한 조약들을 체결하도록 강요했다. 이러한 조약들은 패전국인 독일, 오스트리아-헝가리, 오스만투르크, 불가리아의 영토 상당부분을 빼앗고 이들로 하여금 거액의 배상금을 지불하도록 만들었다. 이 전쟁의 결과로 오스트리아-헝가리, 오스만 제국은 더 이상 존재하지 않게 되었다. 생제르맹 조약을 통해 합스부르크에서 떨어져 나온 민족 가운데 독일계, 오스트리아계가 주축이 되어 다시 세운 나라가 오스트리아 제1공화국이다(https://ko.wikipedia.org/wiki/오스트리아_제1공화국).

1919년의 생제르맹 조약은 연합국과 오스트리아 사이에 체결된 단독 강화 조약이다. 이 조약으로 인해, 오스트리아는 오스트리아-헝가리 제국의 해체를 선언, 오스트리아와 헝가리는 분리되었고, 체코슬로바키아, 유고슬라비아, 루마니아에게 영토를 할양당했다. 또한 오스트리아의 경제력은 약화되었으며, 군비가 축소되었고 독일과의 합병도 금지되었다. 생제르맹 조약의 주된 취지는 새롭게 출범한 오스트리아가 독립성을 추구하지 못하도록 하는 것이었다. 헝가리는 독립국가가 되었다. 이러한 제약은 "게르만주의자"의 숙원이자 오스트리아 출신의 히틀러(Adolf Hitler)와 그의 국가 사회주의(나치)당의 목표인 오스트리아와 독일의 통합을 효과적으로 방지했다.

미국, 영국, 프랑스 및 이탈리아 등 '4대 강국'은 독일을 분쟁의 주요 선동자로 보고, 패전국 독일에 대해 특히 엄격한 조약상의 의무를 부과했다. 1919년 5월 7일 전승국인 연합국이 독일 정부에 강요한 베르사이유 조약은 독일의 영토를 벨기에, 체코슬로바키아, 그리고 폴란드로 제한하도록 강제했다.

패전국 독일에 강제된 조약 중 가장 굴욕적인 부분은 "전쟁에 관한 유죄 조항"으로 알려진 제231조로, 이것은 독일이 제1차 세계대전 발발에 대한 전적인 책임을 받아들이도록 규정하고 있다. 이에 따라 독일이 모든 물적 손실에 대한 책임이 있다고 판단하여, 특히 프랑스 대표 조르주 클레망소(Georges Benjamin Clemenceau, 1841~1929)[29]는 독일은 천문학적인 배상금을 지불해야 한다고 주장했다. 독일이 이러한 천문학적 부채를 지불할 능력이 없을 것임을 인식한 프랑스는 이러한 상황에도 불구하고 독일의 빠른 복구와 프랑스에 대한 새로운 전쟁 가능성에 대해 크게 두려워했다. 따라서 프랑스는 독일이 경제력을 회복하고 재무장하고자 하는 노력을 제한하기 위한 전후 시스템을 추구하였다. 독일군은 10만 명으로 제한되었으며, 징병제는 금지되었다.

1919년 체결된 평화조약에 바탕을 둔 이른바 '베르사이유 체제'는 1929년의 대공황이 일어날 때까지 약 10년 간 지속되었다. 그러나 제국주의 전쟁의 종결로 탄생한 베르사이유 체제는 그 자체가 모순과 불균형의 화신이 됨으로써 결국 제2차 세계대전을 불러오게 되었다. 제1차 세계대전의 전후 처리 문제를 논의하기 위해 1919년 1월, 27개 전승국 대표가 파리에서 회동하였다. 파리강화회의의 중심인물인 미국의 윌슨(Thomas Woodrow Wilson, 1856~1924) 대통령은 미국의회에 보낸 교서(教書)에서 파리평화조약의 지도 원리로 채택된 14개조를 제시하였다. 윌슨이 제시한 14개조의 내용을 간단히 소개하면 다음과 같다.

① 비밀외교의 금지, ② 경제장벽의 철폐(통상의 자유), ③ 해양의 자유, ④ 군비 축소, ⑤ 식민지 문제의 공정한 해결, ⑥ 러시아 문제에 대한 공정한 해결, ⑦ 벨기에의 주권 회복, ⑧ 프랑스의 부흥과 알사스・로렌스의 회복, ⑨ 이탈리아 국경의 재조정, ⑩ 오스트리아-헝가리 제국 내의 제 민족의 자결, ⑪ 발칸 제국을 복구하고 세

29) 제1차 세계대전 때 레몽 푸앵카레(Raymond Poincare, 1860~1934) 대통령과 함께 대독일 강경정책을 추진하였으며, 전시 내각의 총리가 되어 전쟁을 승리로 이끈 프랑스의 언론인이자 정치가다. 제1차 세계대전이 끝난 뒤 파리강화회의에서 프랑스의 전권 대표로 참석하였다.

르비아에 해항(海港)을 줄 것, 발칸의 민족·정치 문제의 공정한 해결과 안전 보장, ⑫ 투르크 영내(領內) 제 민족의 자결 및 다다넬스(Dardnelles) 해협(海峽)[30]의 개방, ⑬ 폴란드의 독립과 바다로 나가는 출구의 보장, ⑭ 대소(大小) 국가의 구별 없이 정치적 독립과 영토 보전의 상호 보장을 목적으로 한 국제연맹의 설립 등이다(조경래, 1990: 327-329).

난항을 거듭하던 파리강화회의는 1919년 5월 초 대독강화조건(對獨講和條件)만을 완성시켜 5월 7일 독일에 수교(手交)하였다. 6월 28일 베르사이유 궁전에서 조인식이 거행되었으며, 독일은 7월 9일 이 조약의 비준을 완료하였다. 이 조약의 서두에는 다음과 같이 기록되어 있다.

"연합국과 이에 동조한 정부들은 독일과 그 동맹국들의 침공으로 인해 강요된 전쟁의 결과로 연합국과 이에 동조한 정부 및 그 국민들이 입은 모든 손실과 피해에 대한 책임이 독일과 그 동맹국에 있음을 확인하고 독일은 이를 인정한다."

그러나 베르사이유 조약에서 전쟁에 관한 유죄조항, 배상금 지불 의무, 그리고 독일 군대에 대한 제한 등은 대부분의 독일인 입장에서는 과중하다고 생각되었으며, 이것이 국제 정치에서 불안정한 요소로 작용했다.

결국 1938년 3월 12일 나치 독일은 오스트리아로 진군, 같은 해 4

30) 보스포루스(Bosphorus) 해협과 함께 터키를 아시아와 유럽 양쪽으로 나누는 해협으로, 페르시아 제국의 크세르크세스 1세와 마케도니아 왕국의 알렉산드로스 대왕은 정복을 위해 이 해협을 건넜다. 비잔티움 제국에게 이 해협은 콘스탄티노폴리스를 지키는 아주 중요한 길목이기도 했다.

월 10일 오스트리아의 병합을 선언했다. 역사가들은 1919년부터 1938년까지의 공화국 기간 중 1934년부터 1938년 독일과의 병합 전까지의 오스트리아를 '오스트리아 파시즘(Austrofaschismus)' 통치시기로 일컫기도 한다.

나치 독일은 오스트리아 합병 이후 오스트리아에서 오스트리아적 요소를 제거하는 데 모든 힘을 기울였다. 오스트리아인들은 독일인들과 똑같이 독일군대로 징집당하였고, 제2차 세계대전이 발발하자 오스트리아는 독일군의 일원으로 전쟁에 참여하여 독일이 무조건 항복을 했던 1945년 5월까지 독일 측에서 싸웠다(Eric, 1993; 박후건, 2007: 65).

오스트리아는 1945년 나치 독일의 패망 이후 나라를 되찾았으나 나치 독일의 일부로 패전국이 되어 1945년부터 1955년까지 연합군에게 분할·점령되었다. 오스트리아는 이후 1955년까지 연합국 군정기를 거친 뒤 정치지도자들의 각고의 노력으로 국가를 재건하는데 이를 '오스트리아 제2공화국'이라 한다.

오스트리아는 제2차 세계대전 동안 엄청난 인명과 재산을 잃었다. 제2공화국 건국 당시 오스트리아가 처한 시대적 상황은 다음과 같다. 제2차 세계대전 동안 엄청난 인명과 재산의 손실을 입은 오스트리아인들은 전쟁이 끝난 뒤 기근에 가까운 심각한 어려움을 겪게 된다. '국제연합 구호 및 부흥청(UN Relief and Rehabilitation Administration: UNRRA)'과 같은 국제기구의 도움이 없었다면 많은 수의 오스트리아인이 기근으로 목숨을 잃을 정도로 상황은 심각했다. 오스트리아는 독일과 같은 편이었기 때문에 국토는 4등분되어 미국, 영국,

프랑스, 그리고 소련의 분할 지배를 받게 되었다. 비엔나 시도 또한 네 점령 지역으로 분할되었다.

외국 점령 하의 오스트리아 국가 목표는, 가능한 한 4강대국의 점령을 종식시키고 완전 독립을 성취하는 것이었다. 이 목적을 위해 오스트리아와 동맹국 사이에 하나의 '국가조약(State Treaty)'이 필요했다. 오스트리아는 이전의 적국으로서 점령되지 않았음에도 불구하고 10년 동안 국가조약을 통해 완전한 주권을 얻으려고 노력해야 했다.

오스트리아 영세중립의 착안은 점령을 종식시킬 국가조약을 체결하고 독립한 오스트리아를 탄생시킬 협정의 근거를 찾으려는 4개 점령국의 노력의 부산물이었다. 소련의 입장은 4강대국에 의한 오스트리아 점령이, 어떤 평화조약에 독일이 서명할 때까지 지속되어야 한다는 것이었다. 그러나 1954년의 4개 동맹국 외상회의에서, 소련의 몰로토프(Vyacheslav Mikhailovich Molotov, 1890～1986) 외무장관은 오스트리아의 독립을 인정하는 기초로서 현존하는 유럽의 세력 균형을 깨트리지 않는 중립화된 오스트리아의 가능성을 제안했다. 그는 3개월 내에 다음과 같은 노선에 따라 '국가조약'의 마지막 초안을 다음과 같이 제안할 것을 촉구했다. "그 조약은 오스트리아가 어느 진영이나 군사동맹에도 참가하지 않고, 그 영토 내에 외국군의 기지를 제공하지 않으며, 외국 군사고문단의 봉사를 허락하지 않을 것을 약속하는 보충 조항을 포함해야 한다. 4강대국은 또한 이 약속들을 지킬 것이다."

그러나 소련 외의 다른 3점령국들은 벨기에와 룩셈부르크 이후 모형화된, 강대국 보장 하의 공식적인 중립화에 호감을 가지지 않았다. 그리하여 소련과 오스트리아는 같은 해 봄 양자 교섭을 통해, 오스트리아 정부는 어떠한 군사동맹에도 참여하지 않으며, 그 영토 내에 외국의 군사기지 창설을 허락할 의사가 전혀 없다는 것을 천명하였다. 이 협상의 결과가 '1955년 4월 19일의 모스크바 각서'다. 결과적으로 영국・미국・프랑스는 오스트리아 중립 보장을 제시한 이 각서의 규정에 동의하였으며, 1955년 5월 15일 '독립 민주주의 오스트리아의 재건을 위한 국가조약'을 비준했다. 마지막 외국 군대가 오스트리아를 떠난 같은 해 10월 25일, 오스트리아 의회는 오스트리아 중립에 관한 연방 헌법 규정을 통과시켰으며, 이 법은 1955년 11월 15일 발효되었다(Siegler, 1969: 19).

소련공화국 연방과 오스트리아 대표 간에 합의한 '모스크바 각서'의 제1장은 다음과 같이 규정하고 있다(New York Times, 1955; 황인관, 1988: 41－42).

1. 1954년 베를린 회의에서 오스트리아는 어떤 군사동맹에도 참여하지 않을 것이며, 오스트리아의 영토에 어떠한 군사기지도 허락하지 않을 것이라고 발표한 성명의 정신에 입각하여, 오스트리아 연방 정부는 오스트리아에 대하여 국제적인 의무를 지우는 형태로, 오스트리아는 스위스에 의해서 유지되어 온 것과 같은 형태의 영세중립을 유지할 것이라고 선언할 것이다.
2. 오스트리아 연방 정부는, 연방 헌법의 규정에 따라 이 선언을 오스트리아 국가조약에 대하여 직접적으로 오스트리아 의회의 승인을 얻기 위해서 제안할 것이다.

3. 오스트리아 연방 정부는 오스트리아 의회에 의해서 이의 승인을 얻은 이후 이 선언의 국제적인 인정을 확보하기 위한 모든 타당한 방법들을 강구할 것이다.
4. 오스트리아 연방 정부는 오스트리아 영토의 보전과 불가침에 대한 4강대국에 의한 보장을 환영할 것이다.
5. 오스트리아 연방 정부는 4강대국으로부터 그러한 보장 선언을 요구하기 위해서 프랑스 · 영국 · 소련 · 미국에 대표를 파견할 것이다.
6. 소련 점령 지역에 있는 독일 재산을 오스트리아에 옮긴 이후에, 오스트리아 연방 정부는 사법상의 또는 공법상의 사람들을 포함한 외국 국민의 이러한 재산의 양도를 선도할 수단을 취할 것이다. 정부는 이전의 USIA(УСИА) 기업 또는 전 소련 석유회사 OROP의 기업 또는 DDSG에 고용된 사람들에 대하여 차별적인 어떠한 조치도 적용시키지 않기 위해 노력할 것이다.

한편 소련은 이 각서의 제2장에서 다음과 같이 할 것을 천명했다. 즉, 소련은 ① 오스트리아 중립에 관한 선언을 인정하며, ② 스위스 모델에 따른 오스트리아 영토의 불가침과 보전에 대한 4강대국의 보장에 참가한다.

오스트리아 헌법은 이와 같은 각서에 기반하여 제1조의 제1항 및 제2항에서 다음과 같이 규정하고 있다. 즉, 제1항: 국가 독립의 지속적인 유지와 중립의 불가침 목적을 위해서, 오스트리아는 자유로운 의지로 자국의 영세중립을 선언한다. 오스트리아는 그 재량 하에 있는 모든 수단을 다하여 이를 유지 및 방어할 것이다. 제2항: 다가올 모든 미래에 이 목적을 보장하기 위해, 오스트리아는 어떠한 군사동맹에도 가입하지 않을 것이며, 자국의 영토 내에 어떠한 외국 군사기지의 설립도 인정하지 않을 것이다.

오스트리아는 앞에 살펴본 이러한 과정을 거쳐 제2차 세계대전 이후 중립화되었다. 그러나 그 과정에서 독립된 주권국가를 건설하고자 하는 오스트리아 정파들의 단합된 노력이 뒷받침되었음을 간과하지 말아야 할 것이다. 즉, 소련과 서방연합국 군대가 동서 냉전의 한 가운데 함께 주둔하고 있는 상황에서 오스트리아는 또다시 점령군 간의 전쟁에 휩쓸릴 위험에 놓여 있었으나, 다양한 이해관계를 지닌 각 정파 지도자들의 단합된 노력에 의해 위기를 벗어나 중립화된 독립국가를 건설할 수 있었던 것이다.

〈제2차 세계대전 이후 연합국 점령 하의 오스트리아 지도〉

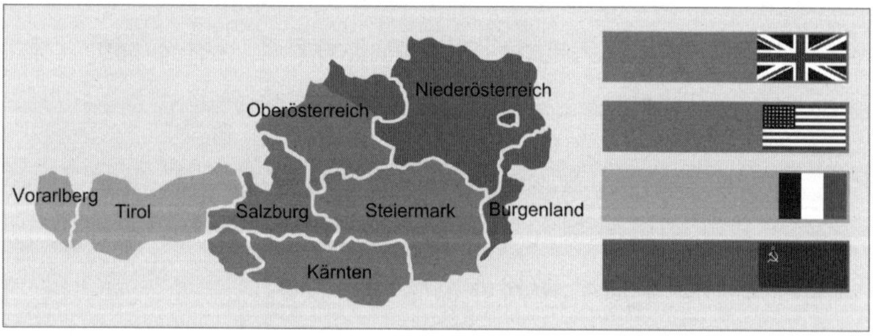

출처: https://commons.wikimedia.org/wiki/File:Austria_1945-55.svg

1955년 당시 오스트리아 연립 정권의 총리였던 줄리어스 라압(Julius Raab)은 소련과 서방연합국에, 오스트리아가 어떠한 군사 블록에도 참가하지 않을 것을 약속하는 제안을 하게 되었으나, 처음에는 라압의 제안을 불신한 소련과 서방연합국 모두가 그 제안을 거부했다. 그러나 오스트리아 연립 정부 대표들이 합심해서 소련과 서방연합국의 설득에 나서자, 결국 소련과 서방연합국들은 오스트리아의 독립과 영세중립화를 인정하게 된 것이다(Eric, 1993; 박후건, 2007: 67－74).

오스트리아와 소련 및 서방연합국이 합의한 '오스트리아 국가조약(Austria State Treaty)'은 오스트리아의 독일과의 합병 금지, 원자무기・미사일・세균화학무기 등의 제조・소유・실험금지, 점령군의 철수 등을 명시하고 있다. 오스트리아는 갖은 우여곡절을 겪은 끝에 1955년 10월 25일 결국 주권을 회복하면서 영세중립국이 되었다.

오스트리아의 독립과 중립화 과정은, 앞서 고찰한 바와 같이, 패전 이후 점령 연합군 간의 타협에 의해 수동적으로 주어진 것이나, 그 과정에서 이념을 달리하는 오스트리아 연립 정부의 각 정파들이 뜻을 모아 소련과 서방국가들을 설득한 것이 효과적이었음을 알 수 있다. 특히 오스트리아 정부가 미국, 영국, 프랑스 등 서방 국가와 소련 등 4대 점령국을 상대로 펼친 외교 정책과 협상 기술은 중립 정책을 지향하는 국가들에게 적지 않은 시사점을 준다. 그 특징을 살펴보면 다음과 같다.

첫째, 오스트리아 정부는 무엇보다 먼저 주변 점령국들에 대해, 스위스와 같은 영세중립 정책을 지향하겠다는 분명한 의지를 천명하고, 국민들의 의사를 영세중립 정책으로 결집하는 데 주력하였다. 다시 말하면, 4대 점령국들이 오스트리아의 전후 처리 문제와 관련된 견해 차이로 교착 상태에 직면할 때 오스트리아 정부는 통일과 독립을 위해 스위스와 같은 영세중립 정책이 바람직하다는 대내적 의사를 통합하는 데 주력하였다.

둘째, 오스트리아 정부는 분명하게 탈이념 정책을 선택하였다. 오스트리아는 동구권과 같은 공산주의 국가가 되는 것을 방지하기 위해 서방국가가 주도하는 국제 협력에 능동적으로 참여하면서 서방 점령국가들에게 오스트리아가 영세중립 노선을 지향하는 것을 의도적으로 선전하였다. 오스트리아는 소련의 견제를 무릅쓰고 미국이 주도하는 마셜 플랜(Marshall Plan)[31]에 가입하였다(강종일, 2014: 46).

오스트리아의 중립화 과정에서 얻을 수 있는 교훈은 오스트리아의 영세중립화는 오스트리아 내부의 결속 없이는 불가능한 것이었다는 점이다. 이와 같은 관점에서 볼 때, 한반도의 중립화를 위해서는 무엇보다 먼저 남한의 보수 진영과 진보 진영, 그리고 남・북한의 정치지도자들 간에 '한반도 중립화'에 대한 뜻을 모으는 것이 중요하다고 할 것이다.

---

31) 1947년 6월 미국 주도로 조직화된 유럽 부흥 계획(European Recovery Program: ERP)을 말한다. 마셜 플랜은 제2차 세계대전 이후 황폐화된 유럽의 동맹국들을 위해 미국이 계획한 재건 및 원조 계획이다. 미국의 국무장관 조지 마셜(George Catlett Marshall, 1880~1959)이 제창했기 때문에 마셜 플랜이라고도 불리며, 공산주의의 확산을 막는 것이 목적이었다.

러시아와 서유럽 사이에서 균형을 취하는 핀란드의 동맹 중립

〈핀란드와 주변국 지도〉

출처: https://www.bing.com/images/search?view=detailV2&ccid=wpah%2bnHs&id=A5FA211FB0E13A2F2DB2BE338E2F796CD415C643&thid=OIP.wpah-nHslbRnZssO0heaXgHaHa&mediaurl=http%3a%2f%2fdicimg.naver.com%2f100%2fsub%2fnation%2fbmap_184537.jpg&exph=515&expw=515&q=%ed%95%80%eb%9e%80%eb%93%9c&simid=608047653606394027&selectedIndex=0&ajaxhist=0

핀란드는 러시아 및 스웨덴과 국경을 접하고 있는 북국권 국가로 러시아의 영향 하에 있으나 서유럽과 러시아 사이에서 사실상 중립을 유지하고 있는 인구 약 500만 명의 국가다.

핀란드인의 인종적 기원은 기원전 수천 년 중앙아시아 지역으로부터 이주해 와 지금의 핀란드 일대에 정착한 핀족인 것으로 알려지고 있다. 터키, 몽골 등과 같이 우랄어족 언어를 사용하는 핀족은 바이킹의 후손인 스칸디나비아인은 아니다. 그리고 슬라브 계통도 아니다.

12세기 중엽부터 7백여 년 간 스웨덴의 지배를 받아온 핀란드는 19세기 초부터 1917년까지 1백여 년 간 러시아의 지배를 받았다. 12세기 중엽 스웨덴 왕 에리크 9세(Erik IX, 1120년경~1160년, 재위 기간: 1156~1160)의 십자군이 핀란드에 쳐들어옴으로써 스웨덴의 핀란드 지배 역사가 시작되었다. 이후 스웨덴의 역대 왕들은 기회마다 핀란드에서 그 영토를 넓혀갔다. 1397년 포메라니아의 에리크(Erik av Pommern, 1382~1459)가 스웨덴-노르웨이-덴마크의 연합왕으로 즉위할 때 핀란드도 이에 편입되었다.

17세기 초 스웨덴을 북방 강국으로 만든 구스타브 2세 아돌프(Gustav II Adolf, 1594~1632, 재위 기간: 1611~1632)는 핀란드를 동방 공략의 전초 기지로 활용하였다. 1700년 스웨덴 국왕 칼 12세(Karl XII, 1682~1718, 재위 기간: 1697~1718)는 러시아와 대북방 전쟁을 일으켜 나르바 전투(Battle of Narva)에서 크게 이겼다. 그 후 칼 12세는 러시아의 동맹국인 폴란드를 침공해 1706년 폴란드를 러시아와의 동맹에서 이탈시키는 데 성공했다. 칼 12세는 그러나 1709년 동(東)우크라이나에서 벌어진 폴타바 전투(Slaget vid Poltava〈스웨덴어〉)에서 러시아 군에 대패한 뒤 오스만 제국으로 망명하였다. 그는 1715년 스웨덴으로 돌아왔으나, 1718년 11월 30일 현 노르웨이의 할렌(Halden〈노르웨이어〉)[32]에서 포위 공격을 감시하던 중, 유탄에 맞아 전사하였다. 그의 사후 스웨덴은 적대국들과 화평을 맺음으로써 전제군주제와 황제 시대는 종말을 고하였다.

한편 칼 12세가 죽고 나서도 스웨덴은 러시아 및 덴마크와의 전쟁을 멈추지 않았으나 20년이 넘는 장기간의 전쟁에 대한 반대 여론에 밀려 1721년 뉘스타드 조약(Freden i Nystad〈스웨덴어〉)[33]을 통해 러시아와 전쟁을 끝냈다. 이 조약으로 스웨덴은 17세기에 획득한 발트해안 지방과 북독일 지방의 대부분을 잃어버렸다.

그 뒤 나폴레옹 전쟁 중에 핀란드 영토를 둘러싼 열강의 외교전이 펼쳐진 끝에 1809년 러시아가 핀란드를 점령하였고, '핀란드 러시아 대공국(Grand Duchy of Finland)'이라는 이름으로 통치하게 되었다. 프랑스는 1807년 러시아와 동맹을 맺고 유럽의 여러 나라들과 전쟁을 벌였는데 나폴레옹은 당시 북유럽의 강자 스웨덴 왕국과 대영제국의 동맹을 막기 위해 러시아로 하여금 스웨덴을 공격할 것을 종용하였으며, 러시아는 1808년 스웨덴과 전쟁을 벌였다. 러시아의 차르 알렉산더 1세(Александр I〈러시아어〉, 1777~1825)[34]가 당시 스

32) 노르웨이 외스트폴 주(østfold fylke〈노르웨이어〉)에 위치한 도시로 면적은 180.04km^2, 인구는 2,182명(2010년 기준)이다. 1665년 덴마크 국왕 프레데릭 3세(Frederik III, 1609~1670)에 의해 건설되었으며, 1716년 7월 4일 스웨덴 국왕 칼 12세가 이끄는 군대의 침공을 받던 당시 주민들이 자신이 살던 집을 불태웠다는 이야기가 전해진다.

33) 1721년 9월 10일 스웨덴 뉘스타드(Nystad, 현재 핀란드의 우시카우풍키〈Uusikaupunk〉)에서 러시아 차르국과 스웨덴 제국 사이에 체결된 평화조약을 말한다. 1700년부터 1721년까지 일어난 대북방 전쟁을 종식시킨 이 조약에 따라 러시아 차르국은 스웨덴 제국으로부터 에스토니아, 리보니아, 잉그리아, 카렐리야의 일부를 획득했다. 또한 러시아 차르국은 스웨덴 제국에 200만 은 탈러(銀 Thaler)를 지불하는 대신에 러시아가 대북방 전쟁 기간 동안에 점령했던 핀란드를 스웨덴에 반환했다.

이 조약에 따라 스웨덴 제국은 30년 전쟁 이후 지켜왔던 북유럽의 지배자로서의 지위를 상실하게 되었으며, 러시아의 표트르 1세는 스웨덴이 점유하고 있던 북방 영토를 빼앗고 발트 해로 가는 출구를 열게 됨으로써 러시아를 본격적인 유럽 열강 중 하나로 발돋움시켰다.

웨덴 영토였던 핀란드 지역을 점령하고 스웨덴과 1809년 하미나 조약(Treaty of Hamina)을 맺으면서, 핀란드는 그 뒤 러시아의 지배를 받게 된다. 핀란드는 러시아가 사회주의 혁명을 겪는 1917년까지 백여 년 넘게 러시아의 지배를 받게 되는데, 역설적으로 이 시기는 핀란드가 민족국가로서의 정체성을 확립해 간 시기이기도 하다(Singleton, 1998: 61).

당시 러시아는 핀란드를 효과적으로 통치하기 위해 핀란드를 합병하지 않고 총독을 파견하여 다스렸다. 총독은 핀란드의 자치권을 보유하고 있었기에 러시아 대공국의 지위를 갖게 된 것이다. 따라서 핀란드는 스웨덴 왕국의 일부로 있었던 시기와 동일한 제도, 종교, 그리고 사회구조를 그대로 유지하면서 자신들의 중앙집권적 통치 기반을 역사상 처음으로 가지게 되었다. 핀란드에 대한 러시아의 이와 같은 특별 대우는 이 시기에 핀란드로 하여금 자신들의 국가적 정체성, 국내 시장 건설, 그리고 의회민주주의를 키울 수 있는 기회를 제공하였다(박후건, 2007: 89).

러시아의 배려와 핀란드의 러시아 황제에 대한 충성심으로 러시아와 핀란드의 관계는 19세기 말까지 큰 문제가 없이 평화로웠다. 그러나 러시아에서 알렉산더 3세(Александр III, 1845~1894)가 등극하자 상황은 달라졌다. 1853년 10월에서 1856년 3월까지 약 2년 반 동안 크림반도와 흑해를 둘러싸고 러시아와 오스만투르크·영국·

34) 러시아 제국의 황제(재위 기간: 1801~1825)로, 본명은 알렉산드르 파블로비치 로마노프(Александр Павлович Романов〈러시아어〉)이다. 로마노프 왕조의 열 번째 군주다.

프랑스·프로이센·사르데냐 연합군 사이에 일어난 '크림 전쟁(Crimean War)'이 러시아의 선진화 추진 계기를 제공하게 된다. 이 전쟁에서 러시아는 패배하고 러시아 제국 내에서 차르 통치 체제는 큰 위기를 맞게 된다. 알렉산더 3세는 자치 정책을 지속할 것을 약속하였으나, 핀란드에서 일어나고 있는 민족 운동에 대해서는 극도로 경계하였다. 러시아는, 즉 고조되고 있는 핀란드의 민족 운동 세력이 독일 제국과 연대하여 러시아를 위협할 수 있다는 점을 우려한 것이다. 알렉산더 3세는 결국 1899년 2월 핀란드 자치 정책을 수정하여 핀란드의 모든 법령과 입법행위에 대한 러시아 정부의 감독을 강화하는 러시아화 정책(Russification policy)을 취하게 된다(Singleton, 1998: 93).

핀란드인들은 알렉산더 3세의 이와 같은 대 핀란드 정책 전환에 반발했으나, 알렉산더 3세는 이를 무시하고 러시아화 정책을 더욱 강화하였다. 한편 핀란드인 가운데는 알렉산더 3세의 이러한 정책을 수용하자는 파와 반대하는 파로 나뉘게 된다(Jutikkala, 1984: 212-213). 그러나 저항 방식은 달랐으나, 핀란드인들이 공동으로 러시아화에 반대하자, 차르는 결국 핀란드의 러시아화 정책을 보류하고 모든 핀란드인에게 보통선거(universal suffrage)권을 부여하는 등 개혁 정책으로 선회하였다.

1905년의 러시아 혁명과 핀란드 개혁에서 자극받은 핀란드의 사회민주당(좌파)은 더욱 급진적이 되고, 사회민주당의 이러한 급진적 성향은 핀란드의 부르주아적 우파를 긴장시켜 이들로 하여금 백위대(White Guard)를 조직하게 만든다. 이에 좌파는 자신들의 민병대인

적위대(Red Guard)를 조직하여 우파의 백위대에 맞선다. 이들은 1906년의 무력 충돌을 거쳐 전면적인 대립과 내전의 길을 걷게 된다.

1917년 소련의 10월 혁명 뒤인 동년 12월 핀란드는 독립을 선언하고 원로원 중심의 임시정부를 수립하였다. 그러나 임시정부 수립 후에도 좌파와 우파 간의 갈등은 지속되었다. 좌파인 사회민주당이 다수당을 차지하고 있는 '입법부'와 임시정부가 정부 형태를 둘러싸고 갈등을 빚자, 임시정부는 의회를 해산하고 총선을 실시하게 되었다. 선거 유세 과정에서 노동자가 중심이 된 좌파와 중산층 중심의 우파는 납치, 살인, 방화 등의 극단적인 방법으로 서로를 공격하는 등 좌우 대립은 내전의 양상으로 치닫게 되었다.

이 선거에서 다수당이 된 우파는 좌파를 배제하고 우파만의 정부를 수립했다. 우파 정권은 1918년 1월 9일 백위대를 핀란드 보안대(security force)로 삼아 치안과 질서를 유지하려 하였고, 이에 좌파는 전면 봉기로 맞섬으로써 핀란드는 우파와 좌파 간의 본격적인 내전으로 치닫게 되었다(Jutikkala et al., 1984: 224). 이 내전으로 인해 약 3만 명의 핀란드인이 목숨을 잃었다(Solsten, 1988). 이는 전체 인구의 1% 가까운 수가 고작 2개월의 내전으로 사라진 것으로서 내전의 참상을 간접적으로 나타내주고 있다. 이 내전에서 독일의 막강한 발틱 사단(Baltic Division)의 지원을 받은 우파 백위대가 내전 초기 적위대를 지원하다 이내 떠나버린, 러시아가 지원한 좌파 적위대에 승리하였다(Solsten, 1988; 박후건, 2007: 95).

극좌파와 극우파 간의 갈등은 1937년의 선거 결과 사회민주연립(social democratic coalition) 정부가 들어서면서 해소의 계기가 마련되었다. 핀란드의 대다수 국민들은 극좌적 혁명 노선과 극우적 파시즘을 외면한 것이다. 1937년 대통령으로 선출된 교스티 칼리오(Kyösti Kallio, 1873~1940)[35] 대통령(재임 기간: 1937~1940)은 농민연맹(Agrarian League) 등 여러 정파가 참여한 연립 정부를 수립했다.

그러나 1939년 8월 23일 소련의 몰로토프(Вячеслав Михай лович Молотов, 1890~1986) 외무장관과 독일의 외무장관 리벤트로프(Ulrich Friedrich Wilhelm Joachim von Ribbentrop, 1893~1946) 사이에 독일-소련 불가침 조약(Deutsch-Sowjetischer Nichtangriffspakt)[36]이 체결되었다. 독일과 소련이 각각 중부 유럽을 분할하기로 하는 이 비밀의정서에 따라 소련은 핀란드 등을 침공하여 핀란드와 폴란드 동부, 라트비아, 에스토니아, 루마니아 북부의 베사라비아를 소련의 영향권 아래 두게 된다.

당시 영국 등 서방국은 소련과 연합하여 히틀러의 나치 독일을 저지하려 했으나, 제1차 세계대전 때와 같이 서부 전선과 동부 전선에서 동시에 전쟁을 수행하는 사태가 오는 것을 두려워한 독일의 히틀러는 외무장관 리벤트로프(Ulrich Friedrich Wilhelm Joachim von Ribbentrop, 1893~1946)를 소련으로 보내 1939년 8월 23일 모스크바에서 소련과 불가침 조약을 맺었다. 소련이 독일과 불가침 조약을 맺은 이유는 스탈린(Joseph Stalin)이 믿을 수 없는 서방연합국과 동맹을 맺

35) 칼리오는 폭력적 수단보다는 입법적 수단에 의존하고자 한 반(反) 공산주의자(anti-communist)였다.

36) 1939년 8월 23일 나치 독일과 소련이 맺은 상호 불가침 조약을 말한다. 조약에 서명한 인물의 이름을 따서 몰로토프-리벤트로프 조약(Molotov-Ribbentrop Pact)이라고도 부른다. 이 조약은 그러나 2년 뒤인 1941년에 나치 독일이 소련을 침공하여 독·소전쟁이 벌어지면서 파기되었다.

기보다는 히틀러와 손을 잡는 것이 소련에 더 이익이 된다고 여겼기 때문이다. 1939년 9월의 두 번째 밀약에서 리투아니아도 소련의 몫으로 추가되었다.

1939년 11월 30일 소련이 핀란드를 침공하자 핀란드와 소련 간에 이른바 '겨울 전쟁(Talvisota〈핀란드어〉, 1939년 11월 30일~1940년 3월 13일)'이 발발한다. 이 전쟁에서 소련군이 승리, 핀란드의 국경 지대가 소련에 병합되었으나 소련군의 피해도 막심하였으며, 소련군의 평판도 손상되었다. 이 전쟁을 통해 핀란드는 소련의 병합 계획으로부터 독립을 지켜냈다. 즉, 스탈린은 1939년 말까지 핀란드 전체를 장악하게 될 것으로 생각했으나, 핀란드는 1940년 3월까지 버텼으며 양자는 모스크바 평화조약을 맺었다. 이 조약에 따라 핀란드는 소비에트 연방에 카렐리야 동부 지역(핀란드 영토의 10%, 산업 능력의 20%에 해당)을 넘겨주었으며, 소비에트 연방은 이 땅과 카렐리야 소비에트 사회주의 자치 공화국을 합쳐 카렐리야-핀란드 소비에트 사회주의 공화국을 세웠다. 핀란드는 이 전쟁을 통해 이웃한 발트 3국과는 달리 소련에 흡수·통합되는 운명은 면했다.

이어 1941년 6월에는 나치 독일이 소련을 침공하면서 핀란드가 독일의 동맹군이 되어 소련을 공격한 '계속 전쟁(Jatkosota〈핀란드어〉)' 혹은 '제2차 소련-핀란드 전쟁'이 발발하였다. 핀란드에서는 1940년에 종전한 '겨울 전쟁(제1차 소련-핀란드 전쟁)'에 이어 1년 만에 양국이 다시 전쟁에 들어갔다고 하여 '계속 전쟁'이라고 부른다. 1941년 6월에 발발하여, 1944년 9월에 끝났다. 이 '계속 전쟁'에서 핀란드군의 임무는 핀란드로 진주한 독일 산악 군단과 더불어 북부 소련의 무르만스크를 점령하여 바렌츠 해를 통해 서방연합국이 소련을 지원하는 것을 막는 일이었으나, 전력이 열세였던 탓에 목적을 달성하지 못했다. '계속 전쟁'에서 핀란드는 '겨울 전쟁' 때 잃었던 동카렐리야 땅을 다시 회복하였다.

1944년 이후 전세가 바뀌어 소련이 거꾸로 핀란드로 침공해오자 핀란드는 독일과 맺었던 동맹을 파기하고 독일군을 공격하게 된다. 이른바 '라플란드 전쟁(Lapin sota〈핀란드어〉)[37]이 시작된 것이다. 라플란드 전쟁은 핀란드 입장에서는 '계속 전쟁'과 같은 또 하나의 별개의 전쟁이었지만 독일 입장에선 자작나무 작전과 북극광 작전 등으로 이어지는 일련의 북유럽 탈출 작전의 일부였을 뿐이다. 당시 핀란드는 소련과 휴전하는 조건으로 군대 해산이 진행 중이었기 때문에 독일군을 몰아내는 데 어려움을 겪었다. 독일군은 핀란드를 벗어나 노르웨이 북부로 탈출했고 핀란드는 소련과 단독으로 모스크바 휴전 협정을 체결했다. '제1 · 2차 소련－핀란드 전쟁'과 '라플란드 전쟁'은 두 강대국 사이에 낀 핀란드로서는 어쩔 수 없는 선택이었다(https://ko.wikipedia.org/wiki/라플란드_전쟁 2018년 6월 21일 검색).

독 · 소 불가침 조약은 결국 1941년 6월 22일 독일이 소련을 침공, 독일과 소련이 전쟁을 시작하면서 폐기되었다. 이로 인해 제2차 세계대전이 격화되게 된 것이다.

마무리하면, 핀란드가 진정한 하나의 통합된 국가로 자리 잡을 수 있었던 것은 소련과의 전쟁을 치르면서부터다. 역사적으로 핀란

37) 1944년 9월에서 1945년 4월 사이에 핀란드 최북단 라피(Lappi) 지역에서 핀란드 방위군과 독일 국방군 사이에 벌어진 전쟁을 말한다.

드인들에게는 러시아에 대한 깊은 불신이 있었다. 핀란드는 1백 년이 넘는 기간 동안 러시아의 지배를 받았던 데다가 제2차 세계대전 와중에는 소련이 핀란드를 침공, 핀란드의 영토 일부를 빼앗아 간 과거가 있어 국민감정이 그렇게 좋은 편이 아니다.

핀란드의 러시아에 대한 불신은 알렉산더 3세부터 시작된 러시아화 정책과 독립 이후 핀란드 내전에 대한 소련의 관여 및 내전 이후 극좌 혁명 노선을 걷는 핀란드 공산당에 대한 지원 등으로 더욱 커지게 되었다. 또한 핀란드에서 일어난 반(反) 공산주의 운동은 소련을 긴장시켰고 지리적으로 레닌그라드를 사정거리에 두고 있는 핀란드를 항상 위험 요소로 보고 있었다. 소련은 특히 핀란드에서 극우 세력의 반공산주의 운동인 라퓨아 운동(Lafua movement, 1929~1932)[38]이 한창일 때 양국 간의 모든 무역을 중단시키고 핀란드 내 정치 움직임을 주시하고 있었다.

그러나 제2차 세계대전 종전 이후 핀란드가 친소 중립국으로 지내면서 소련이 핀란드의 주요 무역상대국이 되었고, 소련은 핀란드를 통해 서구의 소비재와 문화들을 수입해 오는 등 관계가 밀접해졌다.

핀란드의 외교 노선은, 즉 동맹 중립의 전형이다. 핀란드는 중립국의 지위를 인접국으로부터 승인받고 있으나 러시아와 대륙의 주

38) 1929년 11월 핀란드 북부의 보수적인 도시 라퓨아에서 시작된 반(反) 공산주의 운동을 말한다. 당시 라퓨아에서 공산당원들이 시위를 하고 있을 때 극우주의자들이 공산당 시위를 무력으로 해산하는 것을 도화선으로 핀란드에서 모든 공산 세력을 몰아내자는 운동이 시작되었는데 이것이 라퓨아 운동이다. 라퓨아 운동을 주도했던 극우 세력은 공산당원에 대한 무자비한 테러뿐 아니라 자신들의 극우 노선을 지지하지 않는 정치인들에게도 위협과 테러를 가했다.

요 국경선을 접하고 있기 때문에 항상 러시아의 침공에 대비하는 외교 정책에 우선순위를 두고 있다. 소련의 침공을 피하기 위해 소련과의 교린 정책을 채택한 핀란드의 외교 기조는 1947년의 파아시키비 독트린(1947 Paasikivi Doctrine)으로 공식화되었는데 그것은 다음과 같다.

> 우리의 정책은 평화 정책이다. 이 지역에 대한 평화 유지의 필요성은 지난 10년 동안 소련의 지도자들이 결코 강조하기를 포기하지 않았다. 그들은 성명과 요구를 통해 그들 자신의 안보와 핀란드를 통한 침략의 위험을 종식시킬 것을 언급했다(Freymond, 1963: 82).

핀란드의 중립과 그 외교 정책에 대한 소련의 간섭을 억제하려는 정책은 1947년 크렘린(Kremlin)과의 평화조약에 의해 합의되었다. 핀란드는 이 조약을 통해 어떠한 침공도 삼가고 어떠한 동맹에도 가입하지 않으며, 또 소련에 대항하는 어떠한 협력에도 참여하지 않을 것에 동의했다. 핀란드는 이어 1948년 4월 6일 소련과 '핀란드－소련 우호협력 상호원조 조약(Treaty of Friendship, Co－operation, and Mutual Assistance)'을 체결함으로써 동맹중립국의 국제적 지위를 유지하여 왔다. 동 조약은 1970년과 1990년 2회에 걸쳐 유효 기간의 수정 없이 자동 연장되었으므로 동맹을 통한 중립 정책을 유지하고 있다(Freymond, 1963; 황인관, 1988: 54; 강종일, 2014: 55).

핀란드는, 즉 소련과의 전쟁을 통해 핀란드 전 국민이 하나로 뭉쳐 소련이라는 외부의 적과 맞서 싸움으로써 고질적인 병과 같은 내부의 좌우 이념 대결을 극복하고 비로소 하나의 국가로 탄생할 수 있었다. 다시 말하면, 핀란드는 소련과의 두 차례 전쟁을 통해, 소련과의 친선 유지가 핀란드 생존 유지의 필수 조건임을 깨닫게 되고 이것을 바탕으로 한 핀란드의 외교 노선을 정립하여 소련이 몰락하는 1980년대 말까지 이 노선을 줄곧 유지하게 된 것이다.

이 노선은 1946년 대통령이 되어 1956년까지 10년 간 통치한 파아시키비(Juho Kusti Paasikivi, 1870~1956)에 의해 정립되고, 그 후임인 케코넨(Urho Kaleva Kekkonen, 1900~1986)에 의해 완성되었다. 이것을 '파아시키비-케코넨 외교 노선'이라 한다. 이 노선의 기본적인 골자는 소련과의 친선 관계를 바탕으로 한 중립 노선이다. 핀란드는 이 노선을 따라 사실상의 중립을 유지하고 소련의 위성국이 되는 것을 방지하였다(황인관, 1988: 54; 박후건, 2007: 100-105).

핀란드 정부는 오늘날 소련과 서유럽 사이에서 중립을 표방하면서 경제 발전에 힘을 쏟고 있다. 냉전 시대에는 친소 관계를 유지, 소련의 의향에 따라 마셜 플랜(Marshall Plan)의 혜택[39]을 받지 못했고 북대서양조약기구(NATO)와 유럽공동체(EC)에도 가입하지 않았다. 그리고 바르샤바조약기구(Warsaw Pact)에도 가맹하지 않았다. 그러나 소련 해체 이후에는 서방과의 관계를 강화하고 있으며 유럽 연합(EU)에도 가입했다. 그렇지만 동시에 러시아와도 좋은 관계를 유지하고 있으며, 러시아인들이 이주해 오는 경우도 늘어나고 있다.

39) 오스트리아가 소련의 견제에도 불구하고 마셜 플랜에 가입한 점과 대비된다.

2. 실패한 중립화 사례

외세 침공과 내부 분열로 실패한 라오스의 중립화

라오 인민민주주의공화국(République démocratique populaire lao〈프랑스어〉)은 북서쪽으로 미얀마와 중화인민공화국, 동쪽으로는 베트남, 남쪽으로는 캄보디아, 서쪽으로는 태국과 국경을 접하고 있는 인도차이나 국가다. 인구는 2013년 기준으로 약 680만 명 정도로 추정된다.

라오스는 역사적으로 수많은 외침을 받았을 뿐 아니라, 많은 내부 갈등과 내전을 겪은 나라다. 여러 세기 동안 라오스는 자신보다 더 강력한 인접국들인 버마(현 미얀마), 안남(현 베트남), 샴(현 태국)으로부터 시달림을 당해왔다.

라오스의 역사는 13세기 중국 남부에서 살던 민족의 하나인 라오족이 지금의 라오스 영토로 이주해 온 것에서 시작한다. 이들은 메콩강 유역에서 살았으며, 특히 비엔티안, 루앙프라방, 참파삭 지역을 중심으로 발전했다. 1353년 파움 왕의 주도로 메콩강 유역에 란쌍 왕국이 등장하여 크게 번영했지만, 17세기 초 급격히 몰락하여 란쌍 왕국은 앞의 3개 지역 왕국, 즉 비엔티안 왕국, 루앙프라방 왕국, 참파삭 왕국으로 분열되었다(이채진, 1973: 252; 강종일, 2014: 69). 이후 라오스는 친 태국 세력과 친 베트남 세력으로 나뉘어 이들 두 파벌의 대립으로 나라가 크게 어지러워졌다.

1860년대에 프랑스가 베트남과 캄보디아를 식민지화하면서, 프랑스는 당시 라오스 영토의 대부분을 차지하고 있던 태국 정부로부터

〈라오스와 주변국〉

출처: https://www.bing.com/images/search?view=detailV2&ccid=0Y9YIUwJ&id=6E0AEB904925A8E5EEC5B236A1A84FDCF1CDDE37&thid=OIP.0Y9YIUwJHQqbRn1Yt35dTwHaD_&mediaurl=http%3a%2f%2fcfile25.uf.tistory.com%2fimage%2f244AA44654EC36CB322D81&exph=388&expw=720&q=%eb%9d%bc%ec%98%a4%ec%8a%a4+%ec%a7%80%eb%8f%84&simid=608019418400820455&selectedIndex=16&qpvt=%eb%9d%bc%ec%98%a4%ec%8a%a4+%ec%a7%80%eb%8f%84

메콩강 동쪽 영토의 지배권을 인정받게 되는 데 이 영토가 현재의 라오스가 되었다. 프랑스는 1893년 라오스의 3개 지방, 즉 비엔티안 왕국, 루앙프라방 왕국, 참파삭 왕국을 합쳐 루앙프라방 왕국을 만들어 보호령으로 선포했다. 다시 말하면, 1893년 프랑스-샴 조약으로 프랑스 보호령이 되면서, 라오스는 1945년 일본이 침공할 때까지 —'프랑스 평화'의 그늘 아래에서— 비교적 평화로운 후진 국가가 되었다. 19세기에 태국과 베트남은 라오스를 팽창을 위한 전쟁터로 만들면서 라오스 장악을 위해 싸웠다. 일본이 프랑스를 패배시키고 같은 해 세새봉 봉 왕(King Sesavong Vong)이 라오스 독립을 선언하도록 설득하였다. 그러나 일본이 패배한 뒤 프랑스 군대는 인도차이나에 되돌아와서 그들의 식민지 정권을 새로이 세웠다. 인도차이나에 새로 수립된 프랑스의 식민지 지배는 곧바로 아시아 민족주의의 도전을 받았다(황인관, 1988: 50).

좀 더 자세히 얘기하면, 라오스는 제2차 세계대전 당시인 1945년 3월 일본군의 잠깐 동안의 점령을 받은 이후 잠시 독립을 했으나, 제2차 세계대전이 끝나면서 다시 프랑스의 통치를 받았다.[40] 1945년 일본의 패망으로 외세 의존적이던 라오스는 급격히 혼란에 빠졌다. 베트남 공산정권인 베트남 민주공화국과 긴밀한 유대 관계를 맺고 있던 공산주의 계열 라오이사라(Lao Issara)[41]는 라오스 임시정부를 수립하였다. 이후 라오이사라를 주축으로 한 라오스 독립파와 프랑스 간의 전쟁은 갈수록 심해졌다.

프랑스는 결국 1949년 7월 19일 프랑스 연방의 일원이 된다는 조건으로 라오스를 독립시켰지만, 프랑스가 여전히 국방, 외교, 재정권을 장악하고 있었다는 점에서 형식적인 독립에 불과하였다. 라오스에서는 독립 이후 곧바로 좌우익 간의 갈등과 대립이 시작되었다. 프랑스는 식민 초기부터 라오스의 수바나 푸마, 수바누봉 등 왕족들이 결속하여 정치적 독립을 요구하자 1949년 프랑스 연방의 일원이 된다는 조건으로 라오스의 독립을 승인하였다. 그러나 수바누

40) 프랑스는 이때 라오스는 물론 베트남과 캄보디아를 포함한 옛 프랑스령 인도차이나의 나머지 지역을 다시 점령하였다.

41) 라오이사라는 1950년 라오스 내의 여타 공산 세력과 결합하여 파테트 라오(Pathet Laos)로 확대 · 개편되었다.

봉은 1950년 라오스 내에 있는 월맹 간부들의 지원을 받아 수바나 푸마 등 온건파 민족지도자들과 연립하는 것을 거부하고, 중공과 월맹의 지지를 받아 파테트 라오를 결성하고 라오스의 정부군에 대항하였다. 미국과 프랑스의 지지를 받는 수바나 푸마 연립 정부와 파테트 라오 간의 내전은 곧 국제전 양상으로 발전하게 되었다(강종일, 2014: 69).

프랑스와 공산 월맹 간 독립 전쟁이 한창이던 1950년에는 월맹 정규군이 라오스 내 공산 계열인 파테트 라오 군과 합동으로 라오스로 진격하였다. 라오스는 1953년 10월 22일, 프랑스-라오스 조약에 의해 완전 독립을 달성했다. 그러나 라오스는 독립 이후 곧바로 좌파(파테트 라오), 우파, 중간파로 나뉘어 장기간 내전을 겪게 된다. 1954년 2월에는 월맹군과 파테트 라오 연합군이 라오스 국토의 절반을 장악하고 인구의 3분의 1 이상을 통치하게 되었다.[42] 그 뒤 스위스의 제네바에서 라오스의 왕실 유지, 파테트 라오가 참여하는 정부 수립을 골자로 한 평화조약이 맺어졌지만 중립은 실패하였고 다시 내전이 시작되었다.

라오스 내전 종식을 위해 미국, 영국, 프랑스, 소련의 외무부 장관들은 1954년 4월 26일 스위스 제네바에서 회의를 개최하였다. 동년 5월에는 미국, 영국, 프랑스, 소련, 월맹, 월남, 캄보디아, 라오스 등 9개국이 참가한 국제회의가 개최되어, 라오스의 중립화 문제를

42) 미국은 라오스의 공산화를 방지하기 위해 1955년부터 라오스 군대에 대한 훈련을 강화하면서 경제 원조를 시작했다. 라오스에 대한 미국의 군사 지원에도 불구하고 라오스 정부군과 파테트 라오 간의 소규모 게릴라전이 계속되면서 라오스 내 공산화된 지역이 계속 확대되었다.

논의하게 되었다. 이 회의에서 참가국들은 인도차이나에서 격화되고 있는 국제 전쟁을 중지하고, 라오스·베트남·캄보디아의 주권과 통일, 그리고 독립을 존중하며, 라오스에 대해서는 연합국들로 하여금 라오스의 영토권을 존중하고 간섭을 배제하기 위해 영세중립국으로 한다는 데 합의했다(이채진, 1973: 256-257; 강종일, 2014: 69-70).

라오스 정부도 중립 정책에 위배되는 어떠한 군사동맹에도 가입하지 않을 것이며, 동시에 자체의 국방과 안보가 위협을 받지 않는 한 무력을 사용하지 않으며 자국 영토 내에 외국의 군사기지를 제공하거나 외국군의 주둔을 허용하지 않을 것이라고 선언했다.

1954년의 제네바 회의 결과 라오스는 법률상으로는 단일 정부 형태로 되어 있었으나, 실제 정치에 있어서는 두 개의 정부와 세 개의 경쟁적 정치 당파로 나뉘어 있었다. 두 개의 정부는 왕립 라오스 정부(Royal Laotian Government)와 파테트 라오의 지배 아래 있는 두 개의 정부였으며, 세 개의 정치 당파는 북베트남·중국·소련의 지원을 받는 공산주의 정파, 즉 파테트 라오(pro-Communist), 중립화 조건의 엄격한 이행을 옹호하는 중간파(neutral factions), 그리고 미국과 태국에 의존하는(pro-American) 반공 우파들이었다.

그러나 제1차 제네바 협정 이후에도 라오스의 중립과 영토의 보전은 북베트남군과 그 동맹군들에 의해 계속 침해당했다. 미국도 라오스의 공산화를 막기 위해 라오스에 계속 개입했다. 북베트남군은 이른바 '호찌민 통로(Ho Chi Minh Trail)'를 통해 군수 물자를 라오스 전선에 수송하였다.[43] 미군은 라오스의 일부 소수민족을 용병으로 고용하여 내전을 부추기면서 호찌민 통로를 차단하기 위해 비밀리에 라오스 전 국토를 폭격하였다. 1964년부터 1973년까지 58만 회의 폭격이 이뤄졌고, 2백만 톤 이상의 폭탄이 투하되어 전 국토가 황폐해졌다. 미국은 베트남 전쟁이 끝날 때까지 라오스 폭격과 내전 개입을 부인함으로써 라오스 내전은 '미국의 비밀 전쟁(America's secret war)'으로 불리기도 했다.

라오스에서 1960년 말까지 내전이 이어지자,[44] 미국은 1961년 4월 24일 제네바 회의를 다시 소집하여 라오스의 휴전을 요구하게 되었다.[45] 다시 소집된 제네바 회의는 1962년 7월 23일 라오스의 '중립화' 조건을 이전보다 더 세밀하게 규정한 '라오스 중립에 관한 선언과 제네바에서 서명된 의정서(International Agreement on the Neutrality of Laos)'를 채택했다. 이 의정서의 작성에는 라오스를 포함하여 미얀마 연합 정부, 캄보디아 왕국, 중화인민공화국, 베트남 민주공화국(Democratic Republic of Vietnam: North Vietnam), 베트남 공화국(Republic of Vietnam: South Vietnam), 인도 공화국, 폴란드 인민공화국, 타이 왕국, 소련 사회주의 공화국 연방, 대영제국, 프랑스, 캐나다, 미합중국 등 14개국 대표들이 참가하여 그들 모두가 협정의 당사자가 되었다(Modelski, 1962; Black et al., 1968: 29－31; Czyzak and Salans, 1963: 300－

43) 일부 문헌들은 미국이 먼저 폭격 등을 통해 라오스 사태에 대해 개입한 뒤에, 북베트남이 남베트남의 베트콩 반군을 지원하기 위한 보급로, 즉 '호찌민 통로'를 건설한 것으로 기록하고 있다. 호찌민 통로는 라오스 영토를 길게 종단하도록 건설되었다. 호찌민 통로를 보수·유지하고 북베트남의 안보를 확보하기 위해 수천 명의 북베트남군이 라오스에 주둔했던 것으로 알려지고 있다.

44) 1960년의 라오스 내전은 미국의 지원을 받는 라오스 왕정 군대(Royal Lao Army)와 북베트남의 지원을 받는 파테트 라오 반군(Pathet Lao insurgents) 사이에 벌어졌다.

45) 라오스에서는 1960년 후반까지 외부 세력을 포함한 극단주의자들이 대규모로 내전에 참가하고 있었다.

317; Dommen, 1964; 황인관, 1988: 46-47).

이 의정서에 담긴 내용은 이전의 어떤 중립화 조약보다 훨씬 더 상세하게 명시되었다는 점에서 라오스는 명목상 가장 철저하게 중립화된 나라가 되었다. 의정서에서는 "(이 조약의 서명국들은) 라오스 왕국의 독립과 중립이 동남아시아의 평화와 안전 보장의 강화뿐만 아니라, 이 나라에 있어서 라오스 왕국의 평화적 민주 발전과 민족 화합과 통일의 성취를 도울 것이라는 사실을 깊이 확신하면서", 특히 다음 사항에 유의한다고 명기하고 있다.

> "…… (e) 그들은 군사적이든 다른 것이든 간에 라오스 중립에 일치하지 않는 어떤 군사동맹이나 협정 체결의 상황으로 라오스 왕국을 몰고 가지 않을 것이며, 또 라오스로 하여금 그러한 동맹 관계를 맺게 하거나 그러한 협정을 조인하도록 유도 내지 고무하지 않을 것이다. (f) 그들은 동남아시아조약기구(SEATO)[46]를 포함하여 어떠한 군사동맹이나 군사협력의 보호를 인정하지 않으려는 라오스 왕국의 희망을 존중할 것이다. (g) 그들은 그것이 무엇이든 간에 어떠한 형태이든 라오스 왕국 내로 외국 군대 또는 군사고문단을 받아들이지 않을 것이며, 어떠한 방법으로도 외국 군대나 군사고문단의 입국을 유도하거나 묵인하지 않을 것이다. (h) 그들은 어떠한 방법으로도 라오스 왕국에 어떤 외국 군사기지 또는 외국의 강력한 첨병(尖兵) 또는 어떤 외국 군사장비의 시설을 설치하지 않을 것이며, 또한 이를 촉진하거나 묵인하지 않을 것이다. (i) 그들은 다른 나라의 국내

46) 미국이 라오스의 공산화를 방지할 목적으로 1954년 9월 동남아시아 7개국과 협력하여 만든 지역안보기구다.

문제에 간섭하기 위해서 라오스 왕국의 영토를 사용하지 않을 것이다.……"

그리고 의정서 제5조의 규정에 따라, "라오스로부터 모든 외국 군대와 군사인단의 철수를 요구하며, 어떠한 외국 군대나 군사인단의 라오스 주재도 허락하지 않을 것"이라고 선언하였다.

그러나 이러한 이례적인 조치에도 불구하고 라오스의 중립은 실패하고 말았다. 그 선언이 있은 지 몇 달 만에 세 개 정파로 구성된 라오스 연합 정부는 와해되고 세 집단 사이의 싸움은 다시 시작되었다. 1973년 미군이 베트남에서 철수하고, 1974년 세 파벌 연합에 의한 라오스 민족 연합 정부가 성립되지만, 1975년 남베트남의 사이공이 함락되는 상황 변화를 맞게 된다. 동년 12월 결국 라오스 국왕과 수바나 푸마가 물러나면서, 라오스 연합 정부는 왕정의 폐지를 선언하고, 라오 인민민주주의공화국(République démocratique populaire lao〈프랑스어〉)을 수립하게 되었다. 이것으로 30년에 걸친 라오스 내전은 종식되고, 라오스는 중립을 포기한 공산주의 국가가 되어 현재까지 오고 있다(The Department of State, 1962; 황인관, 1988: 46－51, 179－189).

'중립화'라는 관점에서 본다면 라오스는 분명 중립화에 실패한 국가다. 중립화 실패의 주된 원인은 주변 외국의 군사적 개입 및 외부 세력과 결탁된 내부 정파들 간의 분열과 대립에서 찾아질 수 있을 것이다. 당초 라오스의 중립화 정책은 미국 등 외부 국가들에 의해 제안된 것으로, 라오스 내부의 분열된 정치 집단들은 중립화 정책을 지킬 의지도 (군사적) 힘도 결여하고 있었다. 그리고 일부 보장국들로 구성된 통제위원회도 있었으나,[47] '빈약한 강제 조치' 등으로 인해 통제위원회는 보장국 자신들에 의해 반복되는 위반 행위를 통제하는 데 효과적이지 못하였다.

공산화된 라오스는 정치·경제적으로 실패하여 1980년까지 라오스 경제는 악화되었다. 특히 태국과 미국의 경제 봉쇄로 라오스 경제는 어려워졌으며, 1980년에는 태국과 국경 분쟁을 겪기도 하였다. 1980년 라오인민혁명당은 결국 중국 공산당과 관계를 단절하였으며, 1986년에는 시장경제 체제의 요소를 받아들인 '신경제 정책'을 도입하였다.

1970년대까지 공산주의 통제경제 체제를 고수해 오던 라오스는 그러나 1990년에는 외국인 투자법을 제정하여 시장경제 체제를 받아들이게 되었다. 이러한 시장경제 정책에 힘입어 2003년부터 광물과 전기의 수출이 급격히 늘어나면서 라오스 경제는 8%대의 높고 안정적인 성장세를 이룩해 왔다. 2013년에는 경제 성장률이 가장 높은 나라 가운데 하나로 부상하기도 했다.

한반도를 '하나의 국가 체제'로 상정할 경우, 내부 분열로 중립화에 실패한 라오스 상황은 우리에게 많은 시사점을 준다고 할 것이다. 라오스 사례는 특히 동서 냉전의 한가운데 있으면서도 정치적·외교적 중립 노선을 견지하여 주변국으로부터 영세중립국의 지

47) 제네바 협정은 외국군의 라오스 철군을 포함하여 무력 충돌을 감시할 수 있는 기구로, 인도를 단장 국가로 하고 캐나다와 폴란드가 참가하는 국제감시위원단(ICC)을 조직하여 라오스의 군사적 공백 상태에 대비했다.

위를 인정받은 독립 국가로서, 그리고 내전 상황 직전까지 간 정파 간의 갈등을 민주적 코포라티즘(corporatism)[48]에 기반하여 극복, 노・사・정 3자 협력 체제를 구축하고 인민당과 사회당의 연립 정권을 성공적으로 구성하여 실업자와 인플레이션이 없는 경제 선진국으로 성장하고 있는 오스트리아 사례와 극명하게 대비된다고 하겠다.

주변국의 침공으로 영세중립을 포기한 벨기에

벨기에 왕국(Kingdom of Belgium)은 서유럽에 있는 인구 1천 1백 23만 명(2015년 어림)의 입헌 군주국이다. 벨기에는, 지도에서 보듯이 네덜란드, 프랑스, 룩셈부르크, 독일과 국경을 접하고 있는 베네룩스 3국 중 하나다. 벨기에는 1830년 네덜란드로부터 독립을 선언하였으며, 1831년의 런던열강회의[49]는 벨기에의 독립과 영세중립을 승인하였다.

벨기에는 원래 네덜란드의 남부 지역이었으나 네덜란드 독립 전쟁(1568~1648년)[50] 이후 북부와 분열되었다. 실제로 벨기에와 네덜

48) 코포라티즘(corporatism)은 우리나라의 노・사・정위원회에서 보듯이, 정부와 노동조합 등 유기적 사회 조직들의 '협의'에 의해 운영하는 정치 체제를 말한다. 개인들의 자유로운 경쟁을 보장하고 선거와 다수 형성을 통해 국가를 운영하는 자유주의 체제와 대비된다.

49) 1831년 런던열강회의의 참석국은 영국, 오스트리아, 러시아, 프러시아, 프랑스, 네덜란드 등 6개국이다.

50) 네덜란드 독립 전쟁(1568~1648년)은 네덜란드 저지대 지방의 17주가 합스부르크 에스파냐에 대항하여 벌인 독립 전쟁을 말한다. 80년 전쟁, 네덜란드 반란으로 불리기도 한다. 전쟁의 시작과 함께 네덜란드는 네덜란드 공화국을 수립하여 에스파냐로부터 사실상 독립하였으며, 1648년 베스트팔렌 조약을 통해 국제법적으로 독립의 승인이 이루어졌다.

합스부르크 가문이 지배하던 당시 스페인 제국은 유사 이래 최초로 전 세계가 무

란드에서 한 마을이 국경으로 나뉘거나 심지어 한 채의 집이 국경으로 나눠진 경우도 어렵지 않게 목도할 수 있다. 1793년 프랑스는 벨기에를 합병하였으며, 나폴레옹 전쟁 이후 벨기에는 북부의 네덜란드 연합 왕국과 합쳐지게 되었다. 프랑스에서 7월 혁명이 일어난 1830년, 이 혁명에 자극받은 벨기에 왈롱 지역(Waals Gewest〈네덜란드어〉)에서 왈롱인들이 8월 5일 혁명을 일으켰다.

벨기에 사람들은 이를 '벨기에 혁명(Révolution belge〈프랑스어〉)'이라고 부르는데, 벨기에인들은 이 날을 독립 기념일로 삼고 있다. 네덜란드가 편성한 진압군은 벨기에 혁명군을 간단하게 진압하였으나 벨기에를 병합할 야심을 품고 있던 프랑스의 무력 및 외교적 압력으로 인해 네덜란드와 벨기에는 1831년 휴전을 맺었다.

벨기에는 제1차 세계대전 당시 국토 피해를 가장 많이 겪은 나라이며, 제2차 세계대전 때도 나치 독일에 의해 점령을 당해 지배를 받은 경험이 있다. 제1차 세계대전 당시 벨기에 중부도시 루뱅(Louvain〈프랑스어〉)에서는 독일군이 자행한 학살로 많은 시민들이 죽임을 당하였다. 벨기에 사람들은 이를 루뱅 시 학살 사건이라 하여 추념하며, 루뱅에서는 지금도 독일 국기를 게양하지 못하게 하고 있다.

제2차 세계대전 기간 중의 벨기에 국왕인 레오폴 3세(Leopold III, 1901~1983, 재위 기간 1934~1951)는, 독일의 나치 군대가 벨기에를 포위한 1940년 5월 28일 자신의 군대에 항복 명령을 내렸다는 이유로

대였던 거대 제국이었다. 유럽의 영토만을 기준으로 할 때 오늘날의 오스트리아, 스페인, 포르투갈, 이탈리아 남부, 네덜란드, 벨기에, 룩셈부르크, 프랑스 서남부를 아울렀다. 네덜란드는 스페인 제국을 상대로 80년을 싸운 끝에 독립을 따냈다.

벨기에 국민들로부터 긍정적인 평가를 받지 못하고 있다. 그는 브뤼셀 근처에서 독일군의 포로로 잡혔으며, 전쟁이 끝날 때까지 오스트리아에 감금되어 있었다.

벨기에는 1993년 연방 국가로 탈바꿈했으나, 근년 들어 북부와 남부 지역 간의 갈등이 심화되고 있다. 벨기에 국왕은 정치적 영향력을 행사하는 입헌 군주로, 2008년 3월 그의 중재 아래 연립 정부가 구성되었다.

〈벨기에와 그 주변국들〉

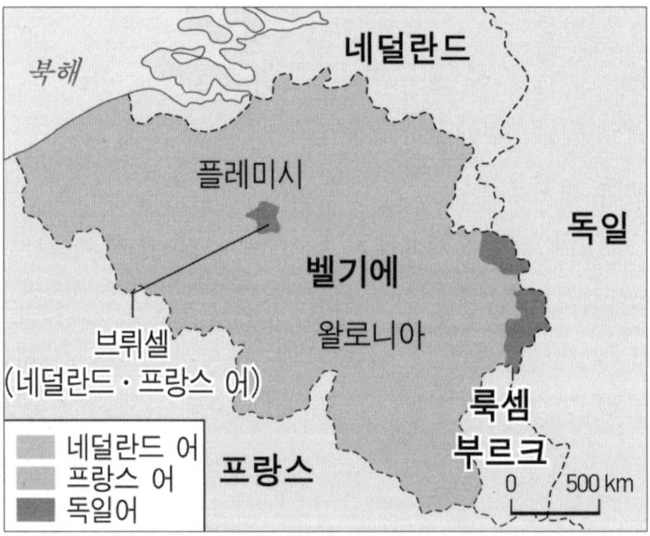

출처: https://www.bing.com/images/search?view=detailV2&ccid=EieIdcbW&id=7A77A91F09F74B837913CE1596DAAE582CF575FC&thid=OIP.EieIdcbW7PHRSPGF7JksoAHaF-&mediaurl=http%3a%2f%2fstudy.zumst.com%2fupload%2f00-W33-00-62-02%2fW34-00-62-02-%25EB%25B2%25A8%25EA%25B8%25B0%25EC%2597%2590%2520%25EC%2596%25B8%25EC%2596%25B4%25EA%25B5%25AC%25EC%2584%25B1.png&exph=636&expw=788&q=%eb%b2%a8%ea%b8%b0%ec%97%90&simid=608048473939052743&selectedIndex=6&ajaxhist=0

벨기에는 실험이 아닌 경험을 통해 중립화되었던 나라다. 벨기에는 1713년의 유트레히트 평화조약(Utrecht Treaty)[51]에 의해 스페인 통치에서 벗어나 오스트리아의 통치를 받게 되었다. 프랑스와 그레이트브리튼 왕국은 런던에서 이미 조약의 초안이 서명되고 난 뒤인, 1711년 10월에 조약의 각 항목을 논의하게 되었다. 이 조약은 우선 스페인이 소유하고 있는 유럽 지역의 영토 분할을 인정하고 받아들인다는 양해를 기초로 하고 있다. 네덜란드는 내키지 않았지만, 조약의 초안을 받아들이고 대표를 파견하는 것을 받아들이게 되었다.

당초 논의된 의제 가운데 하나는 프랑스와 스페인으로부터 그들의 왕위가 한 사람에게 물려져서는 안 된다는 보장을 받는 것이었다. 이 문제로 인해 회담은 1712년 7월 10일까지 진척되지 않았다. 스페인 왕 펠리페 5세(Felipe V〈스페인어〉, 1683~1746)[52]가 스페인과 프랑스의 왕위가 한 사람에게 양위되도록 하지 않겠다는 데 합의를 하고 영국과 프랑스가 휴전에 동의하자, 평화협정은 가속도가 붙었고, 주된 협정들이 1713년 4월 11일 최종적으로 맺어졌다.

유트레히트 평화조약의 주요 내용은 다음과 같다. 앞서 밝혔듯이,

---

51) 유트레히트 조약은 단순한 하나의 조약이 아니라 네덜란드의 도시 유트레히트에서 1713년 3월에서 5월 중에 체결된 다양한 개개 조약들의 결합을 통해 '유트레히트 평화'를 성립시킨 평화조약을 말한다. 이 조약에는 프랑스 왕 루이 14세, 스페인 왕 펠리페 5세의 대표자들과, 그레이트브리튼 왕국의 앤 여왕과 사보이 공국, 그리고 네덜란드 등 많은 나라의 대표자들이 참가하였다. 그러나 이 조약 자체는 프랑스와 스페인, 그리고 그 반대편의 영국과 오스트리아 동맹국 간에 체결되었다. 이 조약으로 스페인은 프랑스의 왕위계승권을 포기하고 스페인 영토인 벨기에를 오스트리아에 할양했다.

52) 앙주의 필리프(Philippe de Anjou〈프랑스어〉)로도 불리는 펠리페 5세는 스페인 부르봉 왕가의 초대 국왕이다. 루이 14세의 손자이자 루이 15세의 숙부이기도 하다.

벨기에는 이 조약에 의해 스페인 통치에서 벗어나 오스트리아의 통치를 받게 된 것이다. 이 조약에 의해 또한 루이 14세의 손자인 앙주 공작 필리프(Philip, duc d'Anjou)는 펠리페 5세로서 스페인의 왕으로 즉위하는 것이 인정되었다. 그러나 필립과 그의 후손들은 조약이 체결된 때부터 즉시 프랑스의 왕위 계승권을 포기하도록 강요받았다.

프랑스 혈통으로 왕위에 오른 펠리페 5세에 대해 프랑스를 제외한 유럽 각국이 달갑게 여기지 않았기 때문이다. 그리고 이에 반발한 영국・오스트리아 등 유럽 각국들은 스페인 왕위계승 전쟁을 일으켰고, 펠리페 5세의 왕위를 위협하였다. 이 전쟁은 1713년 유트레히트 조약으로 종결되었고 펠리페 5세는 스페인의 왕임을 인정받았으나, 프랑스와 스페인을 합병할 수 없으며, 지브롤터를 영국에게 넘겨주고 나폴리, 사르데냐, 플란데런, 밀라노 등을 할양하여 스페인은 해외 영토면에서 큰 타격을 입었다. 그리고 스페인은 서서히 유럽 강대국의 위치에서 몰락하기 시작하였다.

유트레히트 조약에 의해 유럽 국가들의 영토는 크게 변화되었다. 신성로마제국의 황제이자 오스트리아 대공인 카를 6세(Karl VI〈독일어〉, 1685~1740)[53]는 스페인령 네덜란드와 나폴리 왕국, 사르데냐, 그리고 밀라노 공국의 대부분을 할양받았다. 사보이는 시칠리아 섬과 밀라노 공국의 일부를 받았다. 스페인은 지브롤터와 마요르카 섬을 그레이트브리튼 왕국에 양도하였다.

53) 신성로마제국의 황제이자 보헤미아와 헝가리의 왕이기도 한 그는 시칠리아와 나폴리, 사르데냐의 왕을 겸하기도 하였다.

유트레히트 조약이 체결된 이후에도 프랑스는 바덴 조약과 라슈타트 조약(Treaties of Rastatt and Baden)으로 적대행위가 끝나기 전까지 신성로마제국의 카를 6세와 1714년까지 전쟁을 계속했다. 신성로마제국과 새로운 부르봉 왕조의 스페인은 1720년까지 평화조약을 체결하지 않고 있었으며, 스페인과 포르투갈은 1750년 마드리드 조약이 체결되기 이전까지 서로 공식적인 전쟁 상태에 있었다(https://ko.wikipedia.org/wiki/위트레흐트_조약 2018년 6월 22일 검색).

앞서 밝혔듯이, 벨기에는 1713년의 유트레히트 평화조약에 의해 스페인 통치에서 벗어나 오스트리아의 통치를 받게 되었다. 그러나 벨기에는 나폴레옹 시대에 프랑스 공화국군의 침공을 받았으며, 1795년에는 네덜란드와 함께 프랑스 제국의 일부로 편입되었다. 나폴레옹 제국이 붕괴한 뒤 1814년의 비엔나 회의(Vienna Congress, 1814년 9월 1일~1815년 6월 9일)에 모인 전승국들은 유럽 평화에 대한 갈망과, 장차 있을지도 모르는 프랑스의 침공에 대한 두려움 때문에 네덜란드를 오스트리아 왕조의 주권으로 되돌리는 대신, 완충 국가로서 벨기에를 네덜란드 왕 윌리엄 1세 통치 하의 네덜란드와 합병시켰다(황인관, 1988: 34-35).

비엔나 회의의 목적은 나폴레옹 전쟁의 혼란을 수습하고, 유럽의 상태를 전쟁 이전으로 돌리는 것이었다. 즉, 프랑스 혁명 이전의 유럽의 왕정 체제로 다시 복원하고 유지하는 것이 목표였다. 따라서 나폴레옹 전쟁과 같이 유럽의 기존 체제를 위협할 일을 예방하기 위해 프랑스가 다시 강국이 되지 못하도록 견제하는 것이 비엔나 회의의 또 다른 중요한 목표 가운데 하나였다. 그러나 전승 4개국의 분열과 프랑스 외무장관 탈레랑(Charles M. de Talleyrand, 1754~1838)의 활약으로 이러한 목표는 달성되지 못하였다. 비엔나 회의에서는, 즉 프랑스 혁명으로 몰락한 부르봉 왕가를 프랑스와 에스파냐에 복귀시키는 등 왕정이 몰락한 곳에 다시 왕정을 부활시키는 한편, 자유주의, 민족주의 운동에 대한 반대 입장을 분명히 하였다. 그리고 이 체제를 유지하기 위해 유럽 열강들은 소위 세력 균형 체제를 형성하게 된 것이다. 그것이 비엔나 체제의 또 다른 성격이다. 비엔나 회의의 결과로 형성된 비엔나 체제는 19세기 중엽까지 유럽 정치의 큰 틀이 되었다(조경래, 1990: 제1장 참조).

벨기에 및 네덜란드와 관련된 비엔나 회의의 주요 결과는 다음과 같다. 즉, 네덜란드는 나사우를 프로이센에 양여하는 대신, 오스트리아령 네덜란드와 리에주 주교령을 흡수하여 네덜란드 연합 왕국을 구성한다. 오스트리아는 남독일과 남부 네덜란드를 포기하는 대가로, 이탈리아 지역에서 보상을 얻는다. 또한 독일 연방의 가맹국이 되는 룩셈부르크 대공국은 네덜란드 연합 왕국과 동군연합을 이룬다. 러시아는 바르샤바 대공국의 대부분을 차지하며, 핀란드를 계속 보유하는 것을 승인한다(앞서 살펴보았듯이, 러시아는 1809년 스웨덴으로부터 핀란드를 빼앗은 바 있다)(https://ko.wikipedia.org/wiki/빈_회의 2018년 6월 22일 검색).

요약하면, 벨기에는 1815년의 비엔나 회의에서, 영국을 비롯한 연합국들에 의해 네덜란드에 합병되어 연방 국가를 형성하게 된 것이다.

벨기에인들은 1830년 7월 네덜란드의 통치에 반대하는 폭동을 일으켜 자주독립을 요구하면서 네덜란드인들을 브뤼셀에서 추방하였다. 네덜란드는 벨기에의 반란을 진압하기 위해 연합국에 지원을 요청했다. 연합국들은 1830년 12월 런던에서 회합을 갖고 벨기에를 네덜란드로부터 독립시킨다는 것을 전제로 조약을 체결했다. 결국 네덜란드도 벨기에의 독립을 승인할 수밖에 없었다.

7개조로 된 '런던조약'[54]은 제5조에서 벨기에의 영세중립 문제를 다루고 있다. 나폴레옹 전쟁을 경험한 유럽 국가들은 평화를 갈망하게 되었다. 특히 유럽의 3대 강국인 영국, 프랑스, 독일은 3국 간의 중간에 위치한 벨기에를, 스위스와 같은 영세중립국으로 만들어 장차 유럽에서 발생할 수 있는 국제 분쟁에 대비한 완충작용을 기대하게 되었다.

'런던조약'의 체결 과정은 여러 차례에 걸쳐 난관에 봉착하기도 했지만, 1830년 12월 벨기에의 분할을 기정사실로 인정하는 조약을 체결하게 된 것이다. 1831년의 조약안(의정서)은 벨기에 영토를 중립화하기 위한 최초의 의견을 담고 있는데, 그것은 뒤따르는 모든 협정의 기초가 되었다. 모두 8개항으로 구성된 이 조약안 중 제I·II·IV조는 신생국의 경계와 관련된 것이며, 제III조는 벨기에 영토 내에 흐르는 쉐트(the Schedt)와 다른 강 사이의 자유 항해와 관련된 것이다. 다른 4개의 조항은 다음과 같다.

> V. 벨기에는 현 의정서 제I, II, IV조에서 규정한 조정 역할의 제한에 따라 영세중립 국가를 형성할 것이다. 5대 강국들은 앞에서 언급

54) 이 조약에서 영국, 오스트리아, 러시아, 프러시아, 프랑스 등 5대 강국들은 벨기에의 영토 보전과 불가침 외에 영세중립을 보장했다.

한 제한된 범위 내에서 벨기에 영토의 보전과 불가침 외에 영세중립을 보장할 것이다.

VI. 벨기에는 호혜주의에 입각하여 모든 다른 국가들에 대하여 이와 같은 중립을 지키며, 어떠한 방법으로도 국내·외의 평온을 방해하지 않는다.

VII. 전권대사들은 벨기에와 네덜란드의 분리에 요구되는 재정, 상업 등의 일반적인 운영 원칙을 지체 없이 수립한다. 이러한 원칙을 받아들일 수 있을 때 현재의 의정서는 자연히 완성되는 것이며, 확정적인 조약으로 전환되어 이것을 유럽 제국에 전달하고 그들을 초청하여 이에 조인하게 한다.

VIII. 벨기에와 관련된 모든 협정이 완성될 때 5대 강국은 벨기에에 보장된 벨기에 중립의 이익을 인접국들에게 확장시킬 가능성에 대해서 제3국의 권리를 존중하면서 검토할 권리를 갖는다(Littel, 1920: 41-42; 황인관, 1988: 35-36).

네덜란드의 윌리엄 왕은 1839년까지 연합국이 요구한 벨기에의 독립과 영세중립화 방안에 대해 당초에는 강력하게 거부하였으나, 결국 영국과 프랑스의 압력에 따라 '런던조약'을 수용함으로써 벨기에의 영세중립은 확정되었다.

그러나 벨기에의 중립은 그 후 많은 시련을 겪게 된다. 벨기에의 중립국 지위는 1870년 보불 전쟁(普佛戰爭, Guerre franco-allemande de 1870〈프랑스어〉)[55]에서도 유지되었으나, 1914년 발생한 제1차 세계대

55) 1870~1871년 간 발발한 프로이센-프랑스 전쟁(Deutsch-Französischer Krieg〈독일어〉)을 말한다. 1866년 발발한 프로이센-오스트리아 전쟁에서 오스트리아 제국을 패배시킨 비스마르크(Otto Eduard Leopold von Bismarck)가 독일 통일의 마지막 걸

전 시 독일에 의해 침해되었으며, 유럽 열강들은 벨기에의 영세중립을 존중하지 않았다. 독일이 벨기에를 침공했을 때, 연합국들은 런던 조약에 의해 벨기에의 영토 보전과 자주 독립을 보장해 주어야 했으나 이를 보장해 주지 못한 것이다. 벨기에는 결국 제1차 세계대전 기간 중 연합국의 일원으로 전쟁에 참여, 전승국이 되었다.

1919년 6월 제1차 세계대전을 종결하는 베르사이유 조약에 의해 벨기에는 스스로 영세중립국의 지위를 포기했다. 벨기에는, 즉 영세중립국의 지위를 스스로 포기한 역사적 전례를 남긴 것이다. 벨기에는 당초 자의로 영세중립국가가 된 것이 아니라 주변국의 요구에 의해 타율적으로 영세중립국가가 된 나라다. 자율적 영세중립 의지가 결여된 벨기에는, 영세중립국의 지위를 유지하는 것이 그들에게 불리하다는 판단에 따라 영세중립국 지위를 스스로 포기한 것이다. 벨기에는 제2차 세계대전 중에도 독일의 침공을 받았다. 영세중립국의 지위를 포기한 벨기에는 북대서양조약기구(NATO)에 가입하였다(강종일, 2014: 58-60).

림돌인 프랑스를 제거하여 독일 통일을 마무리하고자 했던 목적으로 일으킨, 프랑스 제2제국과 프로이센 왕국 간의 전쟁을 말한다. 이 전쟁은 1871년 1월, 파리 교외에 위치한 베르사이유 궁전의 거울방에서 독일 제국의 성립을 선포하고, 프로이센 국왕이었던 빌헬름 1세가 초대 독일 제국 황제로 추대되는 것으로 마무리되었다. 이 전쟁으로 프로이센은 프랑스로부터 알자스로렌 지방을 획득하였으며 많은 전쟁 보상금을 받았다. 그러나 이 전쟁을 계기로 독일-프랑스 관계는 제2차 세계대전 종전 직후까지 적대적인 사이가 되었다.

제 4 장

중립화 사례들이 한반도에 주는 시사점

앞에서 살펴본 중립화의 성공 및 실패 사례는 한반도의 미래에 적지 않은 시사점을 준다. 중립화 성공 사례로는 '내부 결속과 국제 분쟁에의 참여 경험을 통해 중립화에 성공한 스위스', '내부 결속을 통해 중립국 지위를 획득한 오스트리아', '러시아와 서유럽 사이에서 균형을 취하는 핀란드의 동맹 중립'을 살펴보았다. 그리고 '외세 침공과 내부 분열로 중립화에 실패한 라오스 사례'와 '주변국의 침공을 겪은 뒤 영세중립 지위를 포기한 벨기에'를 중립화 실패 사례로 살펴보았다.

스위스 중립화의 에너지는 우선 국내적 요인에서 찾을 수 있다.

즉, 스위스 중립 정책의 제1 동인은 1436년부터 시작된 각 주(州, Canton) 간의 치열한 영토 확장 전쟁을 방지하기 위한 필요라는 국내적 측면에서 찾을 수 있다. 스위스는 각 주의 강한 자치권과 중립성을 헌법으로 보장하는 연방주의(federalism)와 직접민주주의의 강화를 통해 이러한 갈등을 해소하고 있다.

스위스 중립화 요인의 다른 하나는 대외적 조건에서 찾아진다. 프랑스·독일·이탈리아·오스트리아 등 강대국에 둘러싸여 외세의 강력한 압박을 받고 있는 스위스의 지정학적 조건은 영세중립국이 될 수 있는 충분조건을 갖추고 있다. 스위스 중립화의 전통은 1515년 프랑스의 프랑소와 왕과 벌인 마리그나노(Marignano) 전투 이후 수립되었다. 이 전쟁에서 이탈리아-스위스 연합군이 참패한 뒤, 스위스는 국제 분쟁에서 어느 한쪽 편을 드는 것이 큰 위험 부담을 초래하게 된다는 중요한 교훈을 얻게 된 것이다. 이 사건을 계기로 스위스는 향후 외교에서 중립 노선을 추구하기 시작했다.

이러한 역사적 환경에서 스위스는 건국 초부터 각 주의 자치권을 존중하고 지지하는 전통을 확립하였으며, 내부적으로 단합을 이루고 외부적으로 어느 누구와도 동맹을 맺지 않게 되었다.

강대국들에 둘러싸여 수없이 외침을 당한 한반도의 지정학적 조건은 스위스와 유사하다고 할 수 있다. 단지 스위스가 제1·2차 세계대전 등 국제적 전쟁에서 철저하게 중립을 지켜온 것과 달리, 남북으로 나뉘어 동서 양 진영의 대리전을 치른 경험을 지닌 한반도의 안보 상황은 스위스와 크게 다르다고 하겠다.

스위스 중립화의 다른 특징 가운데 하나는 '무장중립' 형태를 취하고 있다는 점이다. 주변 강국들로부터 승인받고 있는 스위스의 무장중립은 강력한 민병대의 무력에 기반하고 있다. 제2차 세계대전 당시 독일이 폴란드를 침범하자 스위스군 총사령관 앙리 기장(Henri Guisan) 장군이 43만 명의 군대를 동원하여 침공에 대비하자 독일이 스위스를 침공하지 못했다는 일화는 유명하다.

결론적으로 얘기하면, 스위스의 중립은 외부로부터 강요된 수동적 조건뿐만 아니라, 연방 국가 발전 과정의 대내적 생존 원리에 의해 조성된 독특한 사례라고 할 수 있다. 즉, 스위스의 중립화 정책은 유럽의 보편적 이익에 합치되지만 그 환경이 타국에 의해서만 조성되었다고 볼 수 없다는 것이다.

스위스와 같이 내부적으로는 다민족 사회를 이루고 있고 외부적으로는 강대국에 둘러싸인 나라에서 내부적인 단합을 이루어내지 못하고 칸톤(Canton)끼리 서로 대립 · 분열하게 된다면 각 칸톤들은 가까운 주변 강대국에 흡수되어 연방 체제가 깨어질 가능성이 높다. 스위스는 그 해답을 직접민주주의와 연방주의의 접목에서 찾았다. 각각의 칸톤들이 해당 지역의 상황과 실정에 맞는 정책을 만들어내고 책임을 지는 직접민주주의와 칸톤 간의 권력 분담을 허용하는 연방주의는 자칫 소홀해질 수 있는 작은 칸톤들의 권익과 독립성을 보호해 주는 장치가 될 수 있다.

스위스의 정치지도자들은 또한 스위스 영토의 불가침과 스위스의 외세로부터의 독립이 전 유럽에 이익이 된다는 점을 관련국에 꾸준히 역설함으로써 주변국을 설득한 점도 많은 시사점을 준다고 하겠다.

오스트리아의 중립화는 제2차 세계대전이 끝난 뒤에 시작되었다. 제2차 세계대전에서 나치 독일과 같은 편이 되어 패전국이 된 오스트리아는 전후 4개 지역으로 나뉘어 소련, 영국, 프랑스, 미국에 각기 분할 점령당한 상황에 처했다. 소련과 서방연합국 군대가 동서 냉전의 한가운데 함께 주둔하고 있는 상황에서 오스트리아는 또다시 점령군 간의 전쟁에 휩쓸릴 위험에 놓여 있었으나, 다양한 이해관계를 지닌 각 정파 지도자들의 단합된 노력에 의해 위기를 벗어나 중립화된 독립국가를 건설할 수 있었던 것이다.

1955년 당시 오스트리아 연립 정권의 총리였던 줄리어스 라압(Julius Raab)은 소련과 서방연합국에, 오스트리아가 어떠한 군사 블록에도 가담하지 않을 것을 약속하는 제안을 하게 되었다. 초기에는 라압의 제안을 불신한 소련과 서방연합국 모두가 그 제안을 거부했다. 그러나 오스트리아 연립 정부 대표들이 합심해서 소련과 서방연합국의 설득에 나서자, 결국 소련과 서방연합국은 오스트리아의 독립과 영세중립화를 인정하게 된 것이다

오스트리아의 중립화 과정에서 독립된 주권 국가를 건설하고자 하는 각 정파들의 단합된 노력이 뒷받침되지 않고, 각 정파들이 자신들의 작은 이익을 좇아 분열되었더라면 오스트리아의 중립화와 독립 국가 건설은 불가능했을 것이다. 다시 말하면, 오스트리아의 독립과 중립화는 패전 이후 점령 연합군 간의 타협에 의해 수동적으로 주어졌으나, 그 과정에서 이념을 달리하는 오스트리아 연립 정부의 각 정파들이 뜻을 모아 소련과 서방국가들을 설득한 것이 효과적이었음을 알 수 있다.

오스트리아의 중립화 과정에서 얻을 수 있는 교훈은 오스트리아의 영세중립화는 오스트리아 내부의 결속 없이는 결코 불가능한 것이었다는 점이다. 이와 같은 관점에서 볼 때, 한반도의 중립화를 위해서는 무엇보다 먼저 남한의 보수 진영과 진보 진영, 그리고 남·북한의 정치지도자들 간에 '한반도 중립화'에 대한 뜻을 하나로 모으는 것이 중요하다고 할 수 있다.

핀란드는 인접한 강대국 러시아와 친선 관계를 유지하면서 서방국과도 교류하는 동맹 중립 노선을 취하였다. 핀란드는 12세기 중엽부터 7백여 년 간 스웨덴의 지배를 받아왔으며, 19세기 초부터 1917년까지 1백여 년 간은 러시아의 지배를 받아온 나라다. 그리고 핀란드는 1939년 11월 30일 소련의 침공을 받았으나(이른바 '겨울 전쟁'), 1941년 6월에는 나치 독일이 소련을 침공하자 이번에는 핀란드가 독일의 동맹군이 되어 소련을 공격한 '계속 전쟁'이 발발하였다. 그 뒤 1944년에는 전세가 바뀌어 소련이 거꾸로 핀란드로 침공해오자 핀란드는 독일과 맺었던 동맹을 파기하고 독일군을 공격하게 된다. 이른바 '라플란드 전쟁'이 발발한 것이다.

이와 같이 근세 들어 소련과 여러 차례 전쟁을 치르고 부딪친 역사를 지닌 핀란드인들은 러시아에 대해 깊은 불신을 갖고 있다. 핀란드는, 즉 1백 년이 넘는 기간 동안 러시아의 지배를 받았던 데다가 제2차 세계대전 와중에는 소련의 침공을 받아 영토 일부를 빼앗긴 과거가 있어 국민 감정은 그렇게 좋지 않다. 그러나 제2차 세계대전이 끝난 뒤 핀란드는 친소 중립국으로 지내면서 소련이 핀란드의 주요 무역상대국이 되었다.

핀란드의 외교 노선은 동맹 중립의 전형이다. 핀란드는 중립국의 지위를 인접국으로부터 승인받고 있으나 러시아와 주요 국경선을 접하고 있기 때문에 항상 러시아의 침공에 대비하는 데 외교 정책의 우선순위를 두고 있다. 소련의 침공을 피하기 위해 소련과의 교린 정책을 우선적으로 채택하고 있는 핀란드의 외교 노선은 1947년의 파아시키비 독트린(1947 Paasikivi Doctrine)으로 공식화되었다.

파아시키비 독트린은 1946년 대통령이 되어 1956년까지 10년 간 통치한 파아시키비(Juho Kusti Paasikivi)에 의해 정립되고 그 후임인 케코넨(Urho Kaleva Kekkonen)에 의해 완성되었다. 이것을 '파아시키비-케코넨 외교 노선'이라 한다. 이 노선의 기본 골자는 소련과의 친선 관계를 바탕으로 한 중립 노선이다. 핀란드는 이 노선을 지켜 중립을 유지하면서 소련의 위성국이 되는 것을 피하게 되었다.

핀란드는 소련과의 여러 차례 전쟁을 통해 핀란드 내부의 고질적인 병과 같은 좌우 이념 대결을 극복하고 비로소 하나의 국가로 탄생할 수 있었다. 다시 말하면, 핀란드는 소련과 갈등을 겪으면서, 소련과의 친선 유지가 핀란드 생존 유지의 필수 조건임을 깨닫게 되고 이것을 바탕으로 한 핀란드의 중립적 외교 노선을 정립하여 소련이 몰락하는 1980년대 말까지 이 노선을 줄곧 유지하게 된 것이다.

핀란드 정부는 오늘날 소련과 서유럽 사이에서 중립을 표방하면서 경제 발전에 힘을 쏟고 있다. 냉전 시대에는 소련과 선린 관계를 유지, 소련의 의향에 따라 마셜 플랜(Marshall Plan)의 혜택을 받지 못했고 북대서양조약기구(NATO)와 유럽공동체(EC)에도 가입하지 않았다. 그리고 바르샤바조약기구(Warsaw Pact)에도 참여하지 않았다. 그러나 소련 해체 이후에는 서방과의 관계를 강화하고 있으며 유럽연합(EU)에도 가입했다. 그렇지만 핀란드는 동시에 러시아와도 좋은 관계를 유지하고 있다.

실패한 중립화 사례의 전형으로는 라오스와 벨기에의 경우를 살펴봤다. 라오스는 1953년 프랑스-라오스 조약에 의해 완전 독립을 달성했다. 그러나 라오스는 독립 이후 곧바로 좌파, 우파, 중립파로 나뉘어 장기간 내전을 겪었다. 1954년 2월에는 월맹군과 좌파 파테트 라오 연합군이 라오스 국토의 절반을 장악하고 인구의 3분의 1 이상을 통치하게 되었다. 그 뒤 스위스의 제네바에서 라오스의 왕실 유지, 파테트 라오가 참여하는 정부 수립을 골자로 한 평화조약이 맺어졌지만 중립은 실패하였고 다시 내전이 시작되었다.

라오스 내전 종식을 위해 미국, 영국, 프랑스, 소련 외무부 장관들은 1954년 4월 다시 스위스 제네바에서 회의를 개최하였다. 동년 5월 미국 등 9개국이 참가한 국제회의가 개최되어, 라오스의 중립화 문제를 논의하게 되었다. 이 회의에서 참가국들은 인도차이나에서 격화되고 있는 국제 전쟁을 중지하고, 라오스 · 베트남 · 캄보디아의 주권과 통일, 그리고 독립을 존중하며, 라오스에 대해서는 연합국들로 하여금 라오스의 배타적 영토권을 존중하고 간섭을 배제하기 위해 영세중립국으로 한다는 데 합의했다.

라오스 정부도 중립 정책에 위배되는 어떠한 군사동맹에도 가입하지 않을 것이며, 동시에 자체의 국방과 안보가 위협을 받지 않는 한 무력을 사용하지 않으며, 자국 영토 내에 외국의 군사 기지를 설치토록 하거나 외국군의 주둔을 허용하지 않을 것이라고 선언했다.

1954년의 제네바 회의 결과 라오스는 법률상으로는 단일 정부 형태로 되어 있었으나, 실제 정치에 있어서는 두 개의 정부와 세 개의 경쟁적 정치 당파로 나뉘어 있었다. 두 개의 정부는 왕립 라오스 정부와 파테트 라오의 지배 아래 있는 두 개의 정부였으며, 세 개의 정치 당파는 북베트남・중국・소련의 지원을 받는 공산주의 정파, 즉 파테트 라오와, 중립화 조건의 엄격한 이행을 지지하는 중간파, 그리고 미국과 태국에 의존하는 반공 우파들이었다.

그러나 제1차 제네바 협정 이후에도 라오스의 중립과 영토의 보전은 북베트남군과 그 동맹군들에 의해 계속 침해당했다. 미국도 라오스의 공산화를 막기 위해 라오스에 계속 개입했다. 북베트남군은 이른바 '호찌민 통로'를 통해 전선에 군수 물자를 수송하였으며, 미군은 소수민족을 용병으로 고용하여 내전을 부추기면서 호찌민 통로를 차단하기 위해 라오스의 전 국토를 폭격하였다. 미국은, 즉 동남아시아조약기구(SEATO)의 성립과 더불어, 동남아시아의 다른 곳에서처럼 공산주의와 대항하기 위해 라오스에 개입한 것이다. 워싱턴 당국은 동남아시아의 공산화를 방지한다는 명분으로 월남과 캄보디아뿐만 아니라 라오스까지 그 영향력 아래 두고자 한 것이다. 그러나 라오스는 라오스의 중립화 조건을 세밀하게 규정한 1962년 7월의 제2차 제네바 협정 이후 다시 냉전에 휩쓸려 들어간 것이다.

이러한 실패에도 불구하고 서로 다른 입장을 지닌 여러 국가들에 의해 모색된 라오스의 재중립화 협정은, 평화적인 수단에 의해서 국제 분쟁을 해결하려는 협력에 희망적인 단서를 제공했다(황인관, 1988: 51).

라오스의 중립화는 그러나 이와 같은 이례적 조치들에도 불구하고 결국 실패하고 말았다. 앞서 살펴보았듯이 제2차 제네바 협정이 있은 지 몇 달 만에 세 개 정파로 구성된 라오스 협력 정부는 와해되고 세 집단 사이의 싸움은 다시 시작된 것이다. 1973년 미군이 베트남에서 철수하고, 1975년 남베트남의 사이공(현 호찌민 시)이 함락되면서, 라오스는 결국 중립을 포기한 공산주의 국가가 되어 현재까지 오고 있다.

'중립화'라는 관점에서 본다면 라오스는 분명 중립화에 실패한 국가다. 중립화 실패의 주된 원인은 주변 외국의 군사적 개입 및 외부 세력과 결탁된 내부 정파들 간의 분열과 대립에서 찾아질 수 있을 것이다. 라오스 내부의 분열된 정치 집단들은 중립화 정책을 지킬 의지도 힘도 결여하고 있었다. 그리고 일부 보장국들로 구성된 통제위원회도 있었으나, '빈약한 강제 조치' 등으로 인해 통제위원회는 보장국 자신들에 의해 되풀이되는 위반 행위를 통제하는 데 효과적이지 못하였다.

공산화된 라오스는 정치·경제적으로 실패하여 1980년까지 라오스 경제는 악화되었다. 특히 태국과 미국의 경제 봉쇄로 라오스 경제는 어려워졌다. 1980년 라오인민혁명당은 결국 중국 공산당과의 관계를 단절하였으며, 1986년에는 시장경제의 요소가 포함된 '신경제 정책'을 도입하였다. 1970년대까지 공산주의 통제경제 체제를 고수해 오던 라오스는, 즉 1990년 외국인 투자법을 제정하는 등 시장경제 체제를 받아들이게 되었다. 이러한 시장경제 정책에 힘입어 라오스 경제는 8%대의 높고 안정적인 성장세를 지속하고 있다.

한반도를 '하나의 국가 단위'로 상정할 경우, 내부 분열로 중립화에 실패한 라오스 상황은 우리에게 많은 시사점을 준다고 할 것이다. 라오스 사례는 특히 동서 냉전의 한가운데 있으면서도 정치적·외교적 중립 노선을 견지하여 주변국으로부터 영세중립국의 지위를 인정받은 독립 국가 오스트리아와 극명하게 대비된다. 라오스 상황은, 즉 내전 상황 직전까지 간 정파 간의 갈등을 민주적 코포라티즘(corporatism)에 기반하여 극복, 노·사·정 3자 협력 체제를 구축하고 인민당과 사회당의 연립 정권을 성공적으로 구성하여 실업자와 인플레이션이 없는 경제 선진국으로 성장하고 있는 오스트리아 사례와 대비된다고 하겠다.

중립화 실패의 또 하나의 사례로는 주변국의 침공으로 영세중립국 지위를 스스로 포기한 벨기에를 들 수 있다. 벨기에는 1815년의 비엔나 회의에서, 영국을 비롯한 연합국들에 의해 네덜란드에 합병되어 연방 국가를 형성하게 되었다.

벨기에인들은 그러나 1830년 7월 네덜란드의 통치에 반대하는 폭동을 일으켜 자주 독립을 요구하였다. 네덜란드는 벨기에의 반란을 진압하기 위해 연합국에 지원을 요청, 연합국들은 1830년 12월 런던에서 회합을 갖고 벨기에를 네덜란드로부터 독립시킨다는 것을 전제로 조약을 체결했다. 결국 네덜란드도 벨기에의 독립을 승인할 수밖에 없었다. 유럽의 3대 강국인 영국, 프랑스, 독일은 세 나라의 중간에 위치한 벨기에를, 스위스와 같은 영세중립국으로 만들어 장차 유럽에서 발생할 수 있는 국제 분쟁에 대비한 완충작용을 기대하게 된 것이다.

벨기에의 중립국 지위는 1870년 보불 전쟁(普佛戰爭)에서도 유지되었으나, 1914년 발생한 제1차 세계대전으로 독일에 의해 침해되었으며, 유럽 열강들은 벨기에의 영세중립을 존중하지 않았다. 벨기에는 결국 제1차 세계대전 기간 중 연합국의 일원으로 전쟁에 참여, 전승국이 되었다.

1919년 6월 제1차 세계대전을 종결하는 베르사이유 조약에 의해 벨기에는 스스로 영세중립국의 지위를 포기했다. 벨기에는 당초 자의로 영세중립국가가 된 것이 아니라 주변국의 필요에 의해 타율적으로 영세중립국가가 된 나라다. 자율적 영세중립 의지가 결여된 벨기에는, 영세중립국의 지위를 유지하는 것이 그들에게 불리하다는 판단에 따라 영세중립국 지위를 스스로 포기한 것이다.

이상의 여러 사례에서 얻을 수 있는 교훈은, 특정국의 중립화에는 당사국 내부 구성원의 의지와 일치된 단합이 무엇보다 중요하다는 점이다. 스위스와 오스트리아의 성공 사례와 라오스의 실패 사례 경험이 이를 증언해 준다. 중립화는 결코 외부에서 주어지지 않는다. 주변 인접국에서 제안되는 중립화는 외부 강대국의 이해타산만을 반영할 뿐이다. 그리고 특정국의 중립화에는 주변 이해(利害) 관계국들의 이해(理解)와 동의가 필수적인 바, 당사국의 중립화가 이해관계국의 안보 및 경제 이익을 헤치지 않을 뿐만 아니라 장기적으로 이익이 된다는 점을, 내부의 각 정파들이 단합하여 설득할 필요가 있다.

제 2 부

왜 한반도는 완충지역화되어야 하는가?

제 5 장

한반도는 왜 완충지역이 되어야 하는가?

한반도는 중국, 일본, 러시아 등 주변 강대국에 둘러싸여 역사적으로 무수한 역경을 겪은 나라다. 한반도는 특히 고조선 이래 동북아시아의 주도권 장악을 둘러싸고 중국 북동부의 여러 민족과 끊임없는 다툼을 벌여 왔다. 고구려 멸망 이후에는 중국 동북부의 변방세력으로 전락, 북동부의 새로운 신흥 세력으로 부상한 몽고족, 거란족, 만주족의 침략을 끊임없이 받았다. 또한 16세기 말과 20세기에는 동아시아의 신흥 세력으로 떠오른 일본의 침략을 받았다. 격변의 19세기에 들어와서 동북아시아의 전통적 세계 질서는 근본적으로 바뀌었다. 19세기에 굳어진 동북아시아의 새로운 질서는 냉전

〈한반도의 지정학적 위치〉

출처: https://terms.naver.com/entry.nhn?docId=1108142&cid=40942&categoryId=33294

시기를 거쳐 오늘날까지 한반도의 앞길에 큰 영향을 미치고 있다.

여기서는 오늘날 한반도에 안정적 평화체제 확립을 가져다 줄 '한반도 완충지역화'의 근거 논리 및 가능성을 탐색해 보고, 한반도에 안보적·경제적 주요 이해관계를 갖고 있는 미국과 중국, 그리고 러시아와 일본의 갈등 관계를 고찰해 보고자 한다.

한반도 완충지역화의 근거 논리

'한반도는 왜 완충지역화되어야 하는가?' 하는 한반도 완충지역화의 근거 논리(rationale)는 완충지역화되는 당사국과 주변국의 입장, 그리고 안보적 측면과 경제적 측면으로 나누어 살펴볼 수 있다. 미리 얘기하면, 한반도 완충지역화는 안보적 측면에서 남·북한과 동북아시아 지역에 안정적 평화체제를 확보해 줄 수 있으며, 경제적 측면에서 남·북한과 동북아시아 지역에 번영을 가져다 줄 것이라는 기대를 할 수 있다. 즉, 한반도 완충지역화는 미국·중국·일본·러시아 등 주변국에 군비 경쟁 등 안보 부담을 덜어주고, 경제적 공동 번영을 가져다 줄 것으로 기대할 수 있다.

한반도 완충지역화의 근거 논리는 먼저 완충지역화되는 당사국인 남·북한의 안보 측면에서 살펴볼 수 있다. 완충지역화, 즉 중립화 주장의 뒤에는 한반도 완충지역화가 남·북한에 안정된 평화체제를 가져다 줄 것이라는 기대가 담겨 있다. '통일지상주의'에서 '민족주의적 열정'을 제하고 나면 안보적 이익과 경제적 편익이 남게 된다. '민족주의적 열정' 속에도 안보적 이익과 경제적 편익의 요소가 부분적으로 잠재해 있다고 볼 수 있다. 이러한 관점에서 볼 때, 남·북정상회담과 북·미정상회담을 통해 전쟁의 위험이 사라지고 평화체제가 구축될 수 있다면 굳이 '통일'을 할 필요가 있는가고 반문하는 20대 젊은이들의 비율이 50%를 넘는다는 일부 여론조사 결과에 고개가 끄덕여진다.

미리 얘기하면, 경제적 편익은 안보 이익에 비하면 부차적·종속적이다. 즉, 안보의 희생 위에 경제적 편익은 추구될 수 없다. 오늘날 우리나라의 보수 진영이 금과옥조(金科玉條)로 내세우는 국가안전보장은, 국가 운영에 있어 어느 무엇과도 바꿀 수 없는 절대적인 가치를 지닌다. 안보는 평화를 확보하기 위한 수단이다. 평화이론가인 노르웨이의 갈퉁(Johan Vincent Galtung, 1930～)[1]은 평화에 대해 다음과 같이 말한다. 즉, "평화란 모든 종류의 폭력이 감소되거나 또는 비폭력적이고 창조적인 갈등의 변형을 의미한다. 진정한 평화란 반드시 '평화적 수단에 의한 평화(peace by peaceful means)'가 이뤄져야 한다"고 강조한다. 그는 평화를 위해 전쟁을 하는 소극적 평화뿐만 아니라 개인, 사회, 국가, 국제 간의 관계에서 폭력이 없거나 폭력을 감소시키는 적극적 평화가 형성될 때 진정한 평화가 이뤄진다고 주장한다.

갈퉁은 다양한 관계의 상호작용과 상이한 이해가 존재하는 자연질서와 현상 속에서 생존하고 있는 인간의 규범과 제약 등으로 인류의 이상을 구현하는 진정한 평화는 실현되기 어렵다고 하면서, 안보 전략의 목표로서의 평화는 국가와 국가, 국가와 개인 간에 형성되고 작용하는 일반적 평화의 개념에 바탕을 두고 안보 전략에 접근해야 한다고 주장한다. 그는, 즉 안보 전략의 목표는 안보 구현 그 자체보다 국가와 개인 간의 평화와 영토 보존에 최종 목표를 둬야 하기 때문이라고 설명한다(강종일, 2014: 131).

안보 전략은 흔히 자주론과 동맹론을 대비시켜 설명한다. 국민의

---

1) 갈퉁은 노르웨이의 사회학자이자 수학자로 평화이론가로 알려져 있다.

생명과 재산을 보호하는 데 있어서는 두말할 나위 없이 자주 안보가 가장 좋은 수단이 된다. 그러나 극소수의 강대국을 제외하고는 자주론보다는 동맹론에 기대어 자국의 안보를 확보하고자 한다. 집단안보 체제가 보편화된 오늘날에 있어서는 심지어 극소수의 초강대국조차 집단안보 체제를 통해 안보를 확보하고자 한다.

앞서 밝혔듯이, 국가 안보의 기본 전략은 자주국방 전략과 동맹 전략으로 나누어 볼 수 있다.

국가 체제에서 무엇보다 중요한 가치는 '국가의 생존'이다. 국가 안보는 어떠한 가치와도 치환될 수 없는 궁극적 가치라고 할 것이다. 국가의 생존을 스스로 지키겠다는 '자주국방'은 따라서 당연히 추구되어야 할 이상적 지향이라 하겠다. 그러나 공동안보(common security)가 보편화된 오늘의 시각에서 볼 때 자주국방이라는 개념은 그 자체가 시대착오적인 낡은 개념일 뿐 아니라 현실적으로 가능하지도 않다. 제1·2차 세계대전뿐만 아니라 한국전쟁, 베트남전쟁, 걸프전쟁, 그리고 시리아 내전 등 현대사에서 쉽게 찾아볼 수 있는 전쟁은 모두 동맹의 형태로 치러졌다. 서양의 고대 펠레폰네소스 전쟁(BC 431~BC 404)과 근세의 백년전쟁 등 무수한 전쟁들도 동맹전의 형태로 치러졌다. 뿐만 아니라 중국의 통일전쟁과 임진왜란, 병자호란 등 동양의 여러 전쟁들도 정도의 차이는 있으나 동맹전의 형태로 치러졌다.

그리고 오늘날 아무리 초강대국이라 할지라도 문자 그대로 한 국가만의 힘으로 자주국방을 추구하는 나라는 없다. 마치 경영학에서 분개(分介, journalizing)를 통해 위험 요인을 분산시키고자 하는 것과 같이, 동맹국과 함께 행동함으로써 한 국가가 부담할 위험 부담을 분산시키고자 하는 것이다. 인적 자원을 직접 투입하지 않는다 하더라도, 물적 자원을 제공토록 하거나 전비(戰費)라도 분담시키는 것이 일반적인 형태다.

제2차 세계대전 이후 동서 냉전 체제를 거치면서, 그리고 특히 핵무장 시대를 맞아 자주국방이라는 개념 자체가 퇴색되고 있는 것이 사실이다.

동맹론은 현실적이다. 양육강식이 지배하는 국제 질서 속에서 동맹론은, 적어도 중・단기적 시관(時觀)에서는, 안보를 실효적으로 확보해 줄 수 있다. 다른 관점, 즉 평화가 유지되는 '기간'이라는 관점에서 보면 동맹을 통한 전쟁 억지가 더 효과적일 수 있다. 그러나 주변국의 세력 균형이 변할 때 당사국의 안전은 보장될 수 없다. 동맹 그 가운데서도 쌍무협정을 통한 안보 확보 전략은, 장기적 시관에서 볼 때는 불안정할 수밖에 없으며, 우리의 운명을 주변 보장국에 맡기게 된다는 한계를 지적하지 않을 수 없다.

동맹론의 일부 주창자들은 "동맹은 우리의 운명을 우리가 지키는 현명한 선택이지 자주권의 포기가 아니다"라고 하면서 심지어 "자주국방은 허구다"라는 주장을 편다. 그들은 자주파들에 대해 "마치 보수 세력이 자신의 운명을 남에게 맡겨 놓으려는 사대주의자들인양 정치적 공격을 하는 것은 좌파들의 선동"이라고 주장한다. 북한의 주체사상이나 비동맹 운동도 그러한 시각에서 본다.

동맹론자들은 오늘날 세계 여러 나라는 가치를 공유하는 국가들의 동맹을 통해 자국의 안전을 도모하고 있다고 하면서, 오늘날 북대서양조약기구(NATO) 소속 국가들과 바르샤바조약기구(Warsaw Pact) 국가들은 동맹을 통해 외부의 주요 위협에 대처하고 있다고 주장한다. 동맹론자들은 이들 주요 동맹체가 제2차 세계대전 이후 반세기 이상 지속되고 있으며, 탈냉전 이후 안보 위협이 크게 약화되었음에도 불구하고 기존 동맹이 오히려 강화되고 있는 현상은 동맹의 실효성을 증언해 준다고 주장한다. 특히 국가 안보와 경제가 복잡하게 얽혀 있는 오늘날에 있어서는 더욱 그러하다는 것이다.

근대 국제 체제는 주요 국가들의 상호작용 양식에 따라 작동 원리가 변화해 왔고, 그 과정에서 집단방위 체제의 핵심인 동맹체제가 주요 역할을 담당해왔다. 이런 점에서 주권 국가들 사이에서 이루어지는 공식·비공식 안보협력 체제인 동맹은 국가 안보 확보의 주된 수단으로 기능해 왔다.

'동맹체제'는 그러나 앞서 살펴보았듯이 관련국의 세력 균형이 흔들릴 경우, 함께 혼란에 휩쓸려 안보가 위협받을 수 있을 뿐만 아니라, 특히 쌍무적 동맹 관계[2]에서 비대칭동맹의 경우 약소국이 강대국으로부터 주권적 자율성을 침해받을 수 있다는 점에서, 그리고 약소국의 희생 위에 강대국만의 이익이 추구될 수 있다는 차원에서 안정적 평화체제 구축으로 볼 수 없다는 문제점을 지닌다.

대한민국은 현재 미국과 포괄적 동맹 관계를 맺고 있다. 70년 가까이 유지되고 있는 한·미동맹은, 체결 이후 오늘날까지 대한민국의 발전에서 가장 중요한 기제로 작동하고 있다. 즉, 한·미동맹은

2) 오늘날에는 다양한 형태의 '다자 간 안보공동체' 전략이 추구되고 있다.

전쟁 억지의 안보적 바탕을 제공함으로써 한국의 정치 · 경제 · 사회적 발전에 큰 기여를 해왔다는 점은 누구도 부인하지 못할 것이다.

한 · 미동맹은 제2차 세계대전 이후 미군의 남한 진주, 한국전쟁 시 미군과 유엔군의 참전, 그리고 한국전쟁 직후 '한 · 미 상호방위조약'의 체결을 거치면서 오늘날의 틀을 갖추게 되었다. '한 · 미 상호방위조약'은 1953년 10월 1일 워싱턴에서 체결되어 1954년 11월 18일 발효되었다. 이 조약에 따라 한국과 미국 간의 공식적인 군사동맹 관계가 수립되었고, 한 · 미 양국은 외부로부터의 무력 공격을 공동 방위하기 위해 한국 내에 미군을 주둔시키게 된 것이다.

'한 · 미 상호방위조약'에 근거한 한 · 미동맹은 외부 세력의 침공에 대해 공동으로 대응하기 위하여 마련된 기본 틀로서 국가 안보적 차원은 물론 정치 · 경제적 차원에서도 커다란 의미를 지닌다. 한 · 미동맹은 또한 지난 반세기 동안 한국에 대한 외부의 위협을 억제하여 장기적인 평화를 유지함으로써 한반도의 안정뿐만 아니라 동북아시아 지역의 안정에도 크게 기여하였다.

한 · 미동맹이 이와 같이 한반도는 물론 동북아시아의 지역 안정에 큰 역할을 해왔다는 점은 이견 없이 받아들여지고 있다. 그러나 강대국과 약소국 사이에 체결된 쌍무협정으로서의 한 · 미동맹은 태생적으로 비대칭적일 수밖에 없다. 왜냐하면 한국은 처음부터 동맹 상대에 대한 선택의 자유가 없었기 때문이다. 한국은 자신의 능력으로 자신의 안전보장을 확보할 수 없었으며, 초강대국인 미국의 지원이 절실히 필요하였기 때문에 한국의 입장에서는 미국과의 쌍무적 동맹 이외에는 선택의 여지가 없었다.

쌍무적 한·미동맹은 그러나 오늘날 경제 관계에도 적지 않은 영향을 끼치고 있다. 비대칭적 동맹 관계에서는 그러나 강대국의 이해관계에 따라 약소국에 대한 내정 간섭뿐만 아니라, 영토분할과 할지(割地)[3]도 서슴지 않는다는 것을 역사는 증명해 주고 있다.

남·북정상회담에 뒤이어 북·미정상회담과 후속회담이 진행되고 있는 2018년의 한반도 정세는 쌍무적 한·미동맹을 어떻게 할 것인가에 궁극적 초점이 맞춰져 있다. 한반도 평화체제 구축 문제는 궁극적으로 주한미군 문제로 연결될 수밖에 없다. 미국의 세계전략에 따라 다양한 구상이 제시되겠지만, 주요 대안 가운데 하나는 그동안 미국 조야에서 꾸준히 제기되어 온 '한반도 완충지역화'가 될 것임에 틀림없다. 미국의 전 국무장관 키신저(Henry Alfred Kissinger, 1923~)를 중심으로 한 키신저 학파들은 한반도 이슈가 제기될 때마다 '중립화 안'을 들고 나오고 있으며, 트럼프(Donald John Trump, 1946~) 대통령 또한 한반도 중립화와 연계된 미군철수 안을 '다목적 카드'로 슬쩍슬쩍 내비치고 있다.

미국은 전쟁의 위험이 상존하고 있는 한반도에서 기회가 있을 때마다 발을 빼려고 하고 있으며, 한국은 항상 미국을 붙잡는 형국이었다. 한국전쟁 직전 발표된 애치슨 라인(Acheson line)[4]이 그러하였

3) 임진왜란 당시, 조선에 원군(援軍)으로 파견된 명나라의 심유경(沈惟敬, 생년 미상~1597)과 당시 강화 담판을 벌이던 일본군 장수 고니시(小西行長, 1555~1600)는 당시 조선의 할지(割地)를 제안하였다. 즉, 대동강을 경계로 명과 일본이 조선을 분할하자는 내용이었다. 제2차 세계대전 이후 미국과 소련은 북위 38도선을 경계로 한반도를 분할 점령하였다.

4) 1950년 1월 12일 애치슨(Dean Gooderham Acheson, 1893~1971) 미국 국무장관이 발표한, 미국의 아시아 방위선을 말한다. 당시 애치슨은 소련의 스탈린과 중국 마오

고, 1969년 7월의 닉슨 독트린(Nixon Doctrine)[5]도 그러한 미국의 외교적 기본 노선을 천명한 셈이다. 또한 카터(James Earl "Jimmy" Carter, Jr., 1924~) 대통령이 1978년 밝힌 주한미군 철수 계획도 그 연장선상에서 이해할 수 있다.

포드(Gerald Rudolph Ford Jr., 1913~2006) 대통령(재임 기간: 1974~1977) 아래에서 국방부장관을 역임한 럼스펠드(Donald Henry Rumsfeld, 1932~) 또한 "한국 국민이 원하지 않으면 미군은 언제든지 떠날 수 있다"고 말한 바 있으며, 클린턴(William Jefferson "Bill" Clinton, 1946~) 행정부에서 국무차관보를 역임한 나이(Joseph Samuel Nye, Jr., 1937~) 또한 "한국인과 한국 정부가 미군이 필요 없고 떠나라고 한다면 미국은 주한미군을 지체 없이 한국에서 철수시킬 것"이라고 말한 바 있다(*The Korea Times*, 2003년 1월 2일자).

미국 정부와 학자들 가운데 적지 않은 사람들은 이와 같이 기회 있을 때마다 주한미군 철수 문제를 제기하고 있으며, 주한미군 철수의 대안으로 한반도의 중립화를 제시하였다. 중립화론은 자주론과 동맹론 가운데 변형된 자주론에 가깝다. 무장중립론은 특히 자주국방론과 연결되어 있다.

쩌둥의 영토적 야심을 저지하기 위하여 태평양에서의 미국의 방위선을 [알류샨열도－일본－오키나와－필리핀]을 연결하는 선으로 정한다고 발표하였다. 즉, 방위선 밖의 한국과 타이완(臺灣) 등의 안보와 관련된 군사적 공격에 대해서는 보장할 수 없다는 내용으로 6·25 전쟁의 발발을 촉발하는 결과를 가져왔다는 비판을 받았다.

5) 1969년 7월 미국의 닉슨(Richard Milhous Nixon, 1913~1994) 대통령이 밝힌, 미국의 대 아시아 외교 정책을 말한다. 그 내용은 아시아 각국은 스스로 안보를 책임질 수 있어야 한다는 점을 강조한 것으로 이에 따라 한국에 대해서도 '한국 안보의 한국화(Koreanization of Korea Security)'가 추진되었으며, 이후 미군 철수 및 감축은 미국과 한국 정부 간 갈등의 주요 원인이 되었다.

자주론은 그러나 남한 사회 일각에서 용공시하는 시각이 없지 않다. 즉, 북한에서 내세우는 이른 바 '주체사상'의 핵심이 자주론이며, 자주론은 필연적으로 '미군 철수' 주장으로 이어질 수밖에 없다는 논리에서다.

다른 한편 한반도 완충지역화는 남・북한뿐만 아니라 미국・중국・일본・러시아 등 관련국들의 긴장을 완화하고 군비경쟁의 악순환 등을 방지할 수 있다는 차원에서 주변 당사국들의 동의를 쉽게 얻을 수 있는 가능성이 있다. 한반도의 평화체제 구축은 바로 동북아시아의 지역 안정과 직결된다. 동북아시아의 지역적 안정은 지리적으로 닿아 있는 중국・일본・러시아뿐만 아니라 미국의 세계 전략과도 긴밀하게 연관되어 있다.

미국은 겉으로는 '한국 안보의 한국화(Koreanization of Korea Security)'를 강조하면서 아시아 각국이 스스로 안보를 책임져야 한다는 외교 정책 기조를 강조하고 있다. 그러나 중국이 G2로 빠르게 성장하면서 스프래틀리 군도(Spratly Islands)[6] 등 영유권을 둘러싸고 분쟁을 벌이는 영역이 넓어지고 있으며, 중국이 일대일로(一帶一路, One Belt and One Road: B & R)[7] 정책을 내세우면서 미국의 세계 전략과

---

6) 스프래틀리 군도(群島)에 대해서는 말레이시아, 베트남, 브루나이, 중화민국(타이완), 중화인민공화국, 필리핀 등 여러 나라가 영유권을 주장하고 있다. 중화인민공화국과 중화민국에서는 난사 군도(南沙群島), 베트남에서는 쯔엉사 군도(Quần Đảo Trường Sa, 群島長沙), 필리핀에서는 카라얀 군도(Kalayaan ng Kepulauan〈타갈로그어〉) 또는 티투 제도, 말레이시아와 브루나이에서는 스프래틀리 군도(Kepulauan Spratly〈말레이어〉)라고 부르고 있다.

이 섬 가운데 스프래틀리 섬은 베트남의 실효적 지배 하에 있고, 이투아바 섬과 중저우 암초는 중화민국의 실효적 지배 하에 있다. 그리고 존슨 남암초는 중화인민공화국의 실효적 지배 하에 있고, 티투 섬은 필리핀의 실효적 지배 하에 있다.

곳곳에서 부딪치고 있다.

한반도의 완충지역화가 가져다 줄 안보 측면의 가치를 마무리해 얘기하면, 한반도의 완충지역화는 무엇보다 남·북한의 긴장 완화와 장기적인 평화체제 구축을 가능하게 해준다는 측면에서 가치를 찾을 수 있을 것이다. 그리고 한반도의 완충지역화는 또한 주변 관련국의 군비경쟁[8]을 억제하고 긴장을 완화하는 효과를 가져다 줄 수 있을 것이다.

동북아시아 긴장의 기본적 요인은 전통적으로 중국과 일본의 패권 경쟁이었다. 그러나 일본은 오늘날 군사대국을 지향하면서도 스스로를 반주권국(半主權國)으로 비하, 미국에 기대는 입장을 취하고 있다. 이에 반해 미국의 트럼프 대통령은 '힘에 의한 평화'라는 트럼프식 안보 정책을 구체화하면서, 2018 회계연도의 국방예산을 2017 회계연도의 5,830억 달러보다 10% 증액된 6,370억 달러로 늘린다고 밝혔다. 물론 동북아시아에 국한된 군비증강은 아니지만 트럼프 대통령이 새로운 군비경쟁 시대를 앞장서서 이끌면서 동북아시아의 주전(主戰)으로 재등장한 것으로 보인다.

중국도 맞대응에 나선 바, 중국의 전국인민대표대회의 푸잉 대변

---

7) 중국의 시진핑(習近平, Xí Jìnpíng: 1953~) 주석이 주창한 중국의 경제권 구상을 말한다. 실크로드 경제벨트와 21세기 해상실크로드 계획의 두 가지로 이루어진 이 계획은 2014년 11월 중화인민공화국에서 개최된 아시아태평양경제협력체 정상회의에서 처음 발표되었다. 중국이 밝힌 통계자료에 따르면 일대일로 계획은 지구상 인구의 63%에 해당하는 44억 명의 인구를 대상으로 하고, GDP는 전 세계 GDP의 29%인 21조 달러에 달한다.

8) 군비경쟁(軍備競爭)은 여러 국가들이 군사적 우위를 점하기 위해 군비를 확장하는 현상을 말한다. 19세기 말~20세기 초의 군비경쟁의 주된 원인은 프랑스, 영국, 독일 등 유럽 강대국들이 서로 식민지를 차지하려고 한 데 있다.

인은 2017년 3월 기자회견에서 "2017년 중국의 국방비 증가 폭은 7% 안팎일 것"이라고 밝힌 바 있다. 이 경우, 중국의 2018년 국방예산은 사상 최초로 1조 위안을 뛰어넘은 1조 121억 위안(약 1,158억 달러)이 된다. 해마다 국방비를 두 자릿수로 올려온 이전에 비하면 낮은 증가율이지만, 10년 전 중국의 국방예산이 오늘날의 절반에도 못 미치는 수준이었음을 감안하면 큰 폭의 증가라고 하지 않을 수 없다.

미국과 중국 간의 이와 같은 대립의 흐름 속에서 아베(安倍晋三, 1954~) 일본 총리도 2012년 말 집권 이후 5년 연속 방위예산을 늘린 데 이어, 2017년 3월 참의원 예산위원회에서 "방위비를 국내총생산(GDP)의 1% 이하로 억제할 생각이 없다"고 선언, 일본 정부가 1976년 이후 지켜온 '방위비 1% 원칙'을 사실상 폐기하겠다는 방침을 밝혔다. 한편 그동안 한반도 상황에서 한발 비켜서 있던 러시아의 푸틴(Влади́мир Влади́мирович Пу́тин, 1952~) 대통령도 2018년 5월 모스크바에서 러·일정상회담[9]을 갖는 등 한반도 게임에 재등장할 기회를 노리고 있는 것으로 보인다. 자칫 잘못하면 한반도 상황은 1세기 전의 대한제국 시절로 되돌아갈 조짐을 보이고 있는 것이 사실이다.

주변국 안보 상황과 관련하여 한반도의 완충지역화가 주는 시사점은, 근년 들어 사드(THAAD: 고고도미사일방어체계)의 한반도 배치와 남중국해 갈등 등 아시아·태평양 지역을 둘러싼 미-중 간의 전략적 대립이 심화되면서 이 지역의 군비경쟁이 점차 노골화되고 있는

9) 아베 총리는 러·일정상회담 뒤 가진 성명 발표에서, 북한이 비핵화와 관련해 바른 길로 가도록 두 정상이 긴밀히 협력하기로 했다고 밝혔다.

것이 사실이나, 한반도의 완충지역화는 궁극적으로 이 지역의 군비 경쟁 및 안보 갈등을 완화시키는 방향으로 작용할 것이라는 점이다.

그리고 한반도의 완충지역화는 또한 경제적 측면에서, 남·북한뿐만 아니라 동북아시아 주변 국가들에게 적지 않은 경제적 편익을 가져다 줄 가능성이 높다는 점을 지적해 두고자 한다. 한반도와 중국의 동만주, 연해주 등 러시아의 동시베리아 지역, 그리고 일본을 묶어 유럽공동체(EU)와 같은 경제공동체로 발전시킨다면, 경제 발전과 번영에 필요한 여러 요소들을 두루 갖추고 있는 동북아시아경제공동체는 비약적으로 발전할 수 있을 것이다.

이 지역에는 아직 개발되지 않은 석탄, 석유, 천연가스와 같은 화석 연료와 주요 지하자원이 많이 매장되어 있을 뿐만 아니라, 남·북한과 중국에는 잘 교육받은 노동인력이 풍부하게 있다. 또한 일본과 한국에는 자본과 기술이 집적되어 있어, 관련 국가들이 상호 협력 체제를 잘 발전시킨다면 동북아시아경제공동체는 세계 어느 지역보다 역동적으로 발전하는 지역이 될 것이다. 요즈음 들어 많은 사람들이 거론하는 시베리아 횡단철도(Trans-Siberian Railway: TSR)와 중국횡단철도(Trans Chinese Railway: TCR)[10]를 통해 한반도와 유럽

---

10) 중국횡단철도(TCR)는 1999년부터 중국·카자흐스탄·우즈베키스탄 철도청이 TCR 발전에 노력하여 오늘날의 TCR 운송은 이미 정착되고 있다. 다만 북한의 연결 고리가 빠짐으로써 남한까지 연결되지 않는 문제점이 남아 있다. 러시아 정부는 2001년 8월, 모스크바를 방문한 김정일 국방위원장과 TSR, TKR(한반도종단철도) 연결에 합의하면서 다음과 같은 '절대 양보할 수 없는' 조건들을 분명하게 제시했다. 첫째, 부산항이 한국 종단철도의 출발점이 되어야 한다. 그렇지 않으면 한국과 일본의 물동량을 확보하기 어렵다. 북한의 나진이나 한국의 속초 등지에 화물 환적 기지를 건설하는 것은 경제성이 낮아서 검토하기 어렵다. 둘째, 한국의 화물이 중국을 거쳐 시베리아 횡단철도에 연결되는 것은 받아들일 수 없다. 시베리아 횡단철도와 한국

을 철도로 연결하기만 해도 이 지역의 경제는 크게 발전할 것이다.

다시 한 번 강조하면, 완충지역화된 한반도는 남·북한의 정치적, 군사적 독립성뿐만 아니라 안전보장까지 확보해 줄 수 있을 것이다. 한반도의 완충지역화는 나아가 남·북한과 동북아시아 지역에 엄청난 경제적 번영도 보장해 줄 수 있을 것이다.

한반도의 완충지역화는 또한 동북아시아 지역의 역내 국제 질서를 안정시키는 데 이바지할 것이며, 지역적 혼란을 방지하는 데 도움을 줄 수 있을 것이다. 한반도의 완충지역화는 나아가 관련국의 개입에 의해 야기될 수 있는 공공연한 적대감을 해소하거나 종식시킬 수 있는 바, 주변 관련국 간의 관계가 악화되는 것도 예방할 수 있을 것이다. 완충지역화는, 즉 '있을 수 있는' 침략자가 탐내는 전략적 영토를 제거함으로써 역내 평화에 기여하며, 전쟁이 발생할 수 있는 기회를 감소시켜 줄 수 있을 것이다.

마무리 하면, 비록 두 차례의 세계대전으로 그 중요성이 희석되고 있음에도 불구하고, 특정국의 중립 추구는 당사국의 소극성을 나타낸 것이 아니라 평화를 지향하는 독립적·적극적 의지의 표명으로 보아야 할 것이다. 더욱이 오늘날의 핵시대는 완충지역화의 중요성을 더 강화하고 외교의 도구로서의 가치를 증가시키고 있다고 하겠다. 왜냐하면 핵무기들은 정치적 목적으로 사용하기에는 너무나도 제한이 많기 때문이다.

철도 연결의 가장 큰 목적은 연해주 지역 개발이다. 연해주와 동시베리아 지역을 지나지 않는 물류의 이동은 러시아의 이익에 부합되지 않는다. 셋째, 앞의 두 조건이 충족되지 않으면 러시아는 북한 철도시설의 개·보수 등에 투자할 생각이 없다(정지웅, 2006: 46－47).

중립화 이론의 전문가 오글리(Roderick Ogley)가 지적하듯이, '중립'은 시대착오적인 것이 아니며, 금세기(20세기) 말에 도달할수록 여러 국가들이 우연히든 의도적이건 간에 더 자주 이용할 것으로 예상된다(Ogley, 1970: 205). 완충지역화는 나아가 한국과 같이 분단된 국가들의 심리적·정치적 알력을 무마, 통일을 위한 유용한 정치적인 수단이 될 수 있을 것이다.

요약하면, 앞에서 논의한 모든 논점들이 한반도 완충지역화의 근거 논리가 될 수 있을 것이다.

제 6 장

구한말의 한반도 중립화 안

한반도 중립화론은 구한말 시절과 대한민국 수립 이후의 두 시기로 나누어 살펴볼 수 있다. 다음에서는 구한말 시절의 조선과 관련국 정부 및 개인들의 한반도 중립화에 대한 다양한 입장과 견해들을 살펴보고자 한다.

구한말,[11] 즉 19세기 말은 동아시아의 전통적 세계 질서가 무너지고 서구 열강의 아시아 침략이 시작된 격변의 시기다. 즉, 청조(淸朝) 지배가 이완되고 열강의 아시아 침략이 가속화된 이 시기는 중국은 물론 그 주변의 여러 민족과 국가에 충격을 준 시기였다. 당시

11) 홍선대원군 집권시기부터 일제에 나라를 빼앗기기까지의 기간, 즉 1897~1910년 간을 말한다.

의 시대적 상황은 청·일전쟁(1894~1895)과 러·일전쟁(1904~1905) 등에서 보듯이, 한반도의 지배권을 둘러싸고 청국·일본·러시아 등이 각축을 벌이던 시기였다.

이 시기 조선과 한반도 주변의 직접적 이해관계 3국(청국·러시아·일본), 그리고 미국·영국·독일 등 2차적 이해관계국 정부와 외교관, 학자 등 다양한 사람들이 한반도의 영세중립화를 주창하거나 제의했다. 이 책의 다음에서는 조선과 관련국 정부 및 개인들의 한반도의 중립화에 관한 다양한 주장들을 구체적으로 살펴보고자 한다.

19세기 이후 한반도 및 동아시아 지역은 주도권을 둘러싸고 다툼을 벌이는 주변 3강국과 세계 전략 차원에서 접근하는 미국 등의 각축장이 되었다. 구한말은 청·일전쟁과 러·일전쟁을 거치면서 일본이 한반도에 대해 주도권을 장악하게 된 시기다. 두 전쟁에서 승리를 거둔 일본은 청국의 조선 지배를 종식시키고 이어 러시아의 한반도에 대한 영향력을 제거, 결국 1910년 한반도를 식민지로 병합하게 되었다.

그러나 제2차 세계대전이 끝난 뒤 냉전 시기에는 미·소 양국의 세계 전략과, 최근에는 새롭게 세계적 강국으로 떠오른 중국과 미국, 즉 G2[12] 간의 전략적 상충, 그리고 동아시아의 지역 패권을 둘러싸고 경쟁을 벌이는 중·일 간의 갈등 등이 얽혀 한반도 상황을 복잡하게 만들고 있다.

---

12) G2(Group of Two)는 경제적, 정치적으로 세계 2대 강국인 미국과 중화인민공화국을 이르는 말이다. 2006년 블룸버그 통신의 저명 칼럼니스트 윌리엄 페섹(William Pesek)이 "앞으로 세계 경제는 G2가 주도할 것"이라며 처음 사용했다.

1. 구한말 조선 정부 및 조선인의 한반도 중립화 안

구한말 조선의 영세중립화 노력은 다음과 같이 전개되었다.

[① 1885년 5월 20일 독판교섭통상사무(督辦交涉通商事務) 김윤식(金允植)은 젬브쉬(Otto Zembsch) 주한 독일총영사를 방문, 조선의 영세중립화 구상을 전달하고 협력을 당부－젬브쉬 본국 정부에 보고, ② 1891년 6월 고종, 일본·러시아·영국·미국에 조선의 영세중립화 제안－청국의 반대로 무산, ③ 1900년 8월 고종, 조병식(趙秉式) 특사를 일본에 파견하여 일본이 조선을 대신하여 열강국가들에 조선의 영세중립을 제의해 줄 것을 요구－일본의 고노에 아쓰마로(近衛篤麿) 거부, ④ 1900년 10월 고종, 조병식 도쿄주재 공사에게 버크(Alfred Eliab Buck) 도쿄주재 미국공사와 조선의 영세중립 문제를 논의할 것을 지시－버크 공사, 조선 정부가 미국 정부에 직접 제안하라고 전언, ⑤ 같은 해 조병식 공사, 일본 정부에 조선의 영세중립화를 도와 줄 것을 재차 요구－일본 거절, ⑥ 1901년 1월 조병식 공사, 이스볼스키(Alexander Petrovich Iswolsky) 도쿄주재 러시아공사에게 조선의 영세중립 정책을 실현해 줄 것을 요구－이스볼스키 공사, 일본에 조선의 중립화 정책 수용 의사를 타진했으나 거부했다고 전언, ⑦ 1901년 고종, 조병식 공사로부터 조선이 군대를 5만 명으로 증원할 경우 일본은 조선의 영세중립을 지원 가능하다는 '조건부 동의' 내용을 보고받고 조선주재 미국공사 알렌(Horace N. Allen)과 협의－알렌, 부정적 의견 제시, ⑧ 1903년 9월 고종, 현영운(玄暎運)을 밀사로 일본에 파견, 조선의 영세중립 방안을 일본 정부에 다시 제출－일본 거절, ⑨ 1904년 1월 20일 조선 정부, 조선이 영세중립국임을 일방적

으로 선포한 뒤 미국·일본·러시아·청국 정부에 이를 통보하고 외국의 군대는 조선에서 전쟁을 하지 말고 모두 철수할 것을 요구, ⑩ 1904년 2월 8일 러·일전쟁 발발로 고종의 영세중립 정책 실패]

조선의 영세중립화 이슈는 1880년대 초반부터 제기되었으나 당시 조선의 주변국 정세는 영세중립이 필요한 국제적 환경이 되지 못했기 때문에, 고종 정부는 영세중립에 대해 무관심한 상태였다. 그러나 1890년대를 전후하여 고종은 조선의 지정학적 환경이 스위스와 유사한 점을 감안하여 국제적 보장 아래 조선의 영세중립 지위 획득 문제를 적극적으로 고려하기 시작했다.

1885년 5월 20일 조선 정부의 독판교섭통상사무 직에 있던 김윤식(金允植, 1835~1922)은 젬브쉬(Otto Zembsch) 주한 독일총영사를 방문하여 조선의 영세중립화 구상을 전달하고 협력을 당부했다(김우현, 1983). 젬브쉬 총영사는 5월 25일 "조선 정부는 조선의 영세중립을 원한다. 조선의 영세중립화 정책은 영국이 1885년 4월 조선 남해안의 거문도를 점령한 것이 계기가 되었으며, 조선과 통상조약을 체결한 국가들의 공동 보장으로 영세중립을 실현시키려 하나 조선은 청국을 의식하여 비공식적으로 제의해 왔다"고 본국 정부에 보고했다(유명철, 2010: 87-88; 강종일, 2014: 164).

이후 조선 정부의 고종(高宗)은, 대한제국[13] 선포 이전인 1891년

13) 대한제국(大韓帝國, Great Korean Empire)은 1897년부터 10월 12일부터 1910년 8월 29일까지의 조선의 국명을 말한다. 대한제국의 성립은 근대 이전에 청국을 중심으로 한 의례상의 위계적 아시아 국제 질서를 벗어나 조선이 자주독립국가임을 내외에 천명한 것이다. 근대국가의 시발점으로 볼 수 있는 대한제국은 광무개혁 등 근대화를 추진했으나, 1910년 8월 22일 이른바 '한일합방조약'에 의해 종식되었다. 광무

6월 일본 · 러시아 · 영국 · 미국에, 조선을 스위스와 같은 영세중립국으로 만들자고 제안했으나, 청국의 반대로 무산되었다(Chay, 1990: 89).

그 뒤 1900년 8월 고종은 조병식 특사를 일본에 보내 조선의 중립화 안에 대한 일본의 입장을 타진한 바 있다. 당시 조병식은 일본 귀족원의장직에 있던 고노에 아쓰마로(近衛篤麿, 1863~1904)와의 접촉에서 조선의 영세중립 필요성을 역설하였다. 그러나 고노에는 조선의 준비 부족을 지적하면서 "국방은 일본에 위임하고, 조선은 내치에 전념하라"는 요구와 함께 거절한 것으로 알려지고 있다(김갑철, 1979: 273).

고노에는 그의 저서 『近衛篤麿日記』[14]에서, 조선 정부의 중립화 제안을 거부한 이유를 다음과 같이 밝히고 있다. "중립국이라는 것은 적어도 자위의 힘이 없으면 안 되며, 그리고 여러 나라 사이에 끼어 있으면서, 그 나라의 존폐는 곧바로 여러 나라의 이해관계에 미치는 바여야만 한다. 그렇기 때문에 어느 한 나라가 야심을 그 중립국에 두는 것이 실제로 드러나면, 다른 여러 나라는 연합하여 그를 토벌하는 약속을 맺는 것이다. 조선은 이 상태에 적합한 나라인가 하면 그렇지 않으니, 조선에 이해관계를 가진 것은 러시아와 일본뿐이다. …… 만약 러시아가 야심을 드러내려 해도, 열국은 전쟁

(光武)는 1897년 8월 17일부터 1907년 8월 11일까지 대한제국 고종 때에 사용한, 대한제국의 첫 번째 연호이다.

14) 도쿄의 鹿島硏究所出版會에서 출간된 『近衛篤麿日記』(第1卷~第5卷)에는 1895년 2월 19일부터 1903년 3월 말일까지의 고노에 아쓰마로(近衛篤麿)의 활동 내역이 일기 형식으로 정리되어 있다.

이란 도박을 해서까지 러시아와 싸울 리 없다. 그 경우 다만 물러나서 수행할 따름이다. 그때가 되어 전쟁이라도 하지 않을 수 없는 나라는 오직 일본이 있을 뿐이다"(김승국, 2008).

고노에는 특히 조선의 군사력 부족을 지적하였다. 조선의 군사력을 보면, 1894년 동학농민전쟁 당시 조선 중앙군의 병력은 3천 명에 불과했던 것으로 알려지고 있다. 1895년 9월~1900년 10월 사이의 중앙군과 지방군을 합한 조선의 총 병력 수는 2만 3백 명이었다. 그 후 1900년 10월~1905년 3월 사이의 총 병력 수는 2만 5천 2백 명(중앙군 9,900명, 지방군 15,300명)이었다. 이 가운데 유럽식으로 훈련된 군인의 수는 1만 7천 명 정도인 것으로 알려지고 있다. 이에 비해 이 시기의 일본 병력은 60만 명으로, 조선의 총 병력 수 2만 5천 명의 24배에 달했다.

고종은 1900년 10월에 다시 도쿄주재 조병식 공사에게 버크(Alfred Eliab Buck, 1832~1902) 도쿄주재 미국공사와 조선의 영세중립 문제를 협의하도록 지시하였으며, 조병식 공사는 버크 공사에게 미국 정부가 조선의 영세중립을 위해 노력해 줄 것을 요청했다. 그러나 버크 도쿄주재 미국공사는 조선의 영세중립 정책과 같은 중요한 정치 문제는 조선 정부가 워싱턴주재 공사를 통해 미국 정부에 정식 외교 문서로 제안하는 것이 바람직할 것이라고 말하면서 관련 공문서의 접수를 거부했다(U.S. Department of State, 1987: 19; Chay, 1990: 126).

일본과 미국으로부터 조선의 영세중립 정책에 대한 협조를 얻지 못한 조선 정부는 이번에는 러시아에 협력을 요청하게 된다. 조선 정부는 1901년 1월 도쿄주재 러시아공사 이스볼스키(Alexander Petrovich Izvolsky or Iswolsky, 1856~1919)를 통해 조선의 중립화 문제를 일본 정부와 협의해 줄 것을 요청했다. 러시아의 한반도 중립화 안 지지 배경에는 러시아가 점령 중인 만주를 보호하기 위한 의도가 있는 것으로 파악한 일본은 이때 '조선·만주불가분론(朝鮮·滿洲不可分論)'을 내세우며 이를 거절한 것으로 알려지고 있다. 러시아의 한반도 영세중립 제안에 대해서는 당시 미국도 냉담한 반응을 보인 것으로 알려지고 있다(강종일, 2001: 245).

일본은 러시아의 이와 같은 제안에 대해 일본이 그동안 조선에서 쌓아 올린 자국의 우월적 지위를 위태롭게 하는 동시에 만주에서의 러시아의 행동에 대한 열국의 견제를 완화하기 위한 술책으로 간주하고 원칙적으로 조선의 중립화 안을 거부했다. 그러나 만약 러시아가 한반도와 더불어 만주까지를 중립 지대로 설정하는 데 동의한다든가, 만주와 한반도를 각각 러시아와 일본의 독자적인 세력 범위로 분할하는 것에 동의한다면, 일본은 만·한(滿·韓) 문제를 두고 러시아와 협상할 의향이 있음을 비췄다. 이에 대해 러시아는 어떠한 태도 표명도 하지 않았다.

그 후 1902년 9월경 주한 러시아공사 파블로프(Aleksandr Ivanovichi Pavlow)는 일본과 미국에 주재하고 있던 자국 공사들과 협의한 끝에 한반도 문제의 유일한 해결책은 러·미·일 3국의 공동보장 하에 조선을 중립화하는 것뿐이라는 데 의견의 일치를 보고, 이의 조속한 실현을 위해 미국 측에 접근했다. 그들은 여러 외교 경로를 통해 "조만간에 일어날 것으로 보이는 러시아와 일본 간의 분쟁을 해결하기 위해서는 그 분쟁의 대상인 조선을 중립화시키지 않고서는 불가능한데, 미국만이 거중조정을 통해 조선의 중립화를 주도할 수 있는 유일한 국가임"을 지적함으로써 미국 측을 설득하려고 노력했다. 이에 대해 헤이(John Hay, 1838~1905) 미국 국무부장관은 "미국이 한반도 중립화를 주도하지 못할 이유는 없지만 현재 이를 위해 특별한 조치를 취하는 것은 미국의 전통적인 정책과 상반되는 것"이라는 자국의 입장을 밝혔다. 이것은 곧 미국이 그들의 이해관계가 크지 않은 조선 문제에 대해 일본의 반대를 무릅쓰면서까지 적극적인 입장을 취하지 않겠다는 뜻이었던 것으로 이해된다.

조선과 러시아가 제시한 한반도 중립화 안은 그 방법과 내용에 있어 거의 일치하지만, 두 나라가 이를 제기한 동기나 목적은 본질적으로 달랐다. 조선이 제기한 중립화 안은 러시아와 일본의 각축 속에서 조선의 독립과 영토 보전을 위한 자구책으로서 그 자체가 달성되어야만 할 목표이었지만, 러시아가 제의한 한반도 중립화 안은 만주에서의 그들의 배타적 지배권을 구축하는 동시에 조선 문제에 대해서는 지속적인 발언권을 유지하기 위한 하나의 방편으로서, 상황 변화에 따라서는 언제든지 변경될 수 있는 것이었다.

조선과 러시아가 제의한 이와 같은 한반도 중립화 안이 19세기 초 열강에 의해 받아들여지지 않게 된 가장 큰 이유는 일본의 강력한 반대 때문이었다. 일본은 임오군란과 갑신정변, 그리고 청·일전쟁을 전후하여 조선에서의 세력 균형이 자국에게 불리하게 전개되자 그들 스스로가 조선의 중립화를 구상했었다. 그러나 청·일전쟁 승리 이후의 변화된 국제 정세는 일본으로 하여금 조선의 중립화 안에 대한 가장 강력한 반대자가 되도록 만들었다.

한편 1900년대 초 고종은 도쿄주재 조병식 공사로부터, 조선이 군대를 5만 명으로 증원할 경우 일본은 조선의 영세중립 계획을 지원할 수 있다는 '조건부 동의' 의사를 밝혔다는 보고를 듣고 알렌(Horace N. Allen, 1858~1932)[15] 조선주재 미국공사와 이 문제를 협의했으나, 알렌은 조선의 현재 세입으로는 그러한 규모를 감당할 수 없을 것이라는 부정적 의견을 표명하였다.[16]

고종은 1903년 9월 다시 일본이 조선을 대신해서 조선의 영세중립을 실현시켜 줄 것을 요구하는 외교문서를 일본 정부에 제출했다. 그러나 당시 일본은 외교문서 자체의 접수를 거부했다. 일본은 청·일전쟁에서의 승리를 통해 획득한 기득권을 포기하고 한반도 지배에 대한 그들의 야욕을 단념하지 않는 한 조선의 중립화를 받아들일 수 없었기 때문이다.

그러자 고종은 1904년 1월 20일, 일방적으로 조선의 영세중립국임을 선포했다. 조선 정부는 영세중립국 선포와 동시에 외국의 군대가 조선에서 전쟁을 하지 말고 모두 철수할 것을 요청했다. 그러나 중립국 선포 뒤 채 한 달도 지나지 않은 1904년 2월 8일 곧바로 러·일전쟁이 발발함으로써 조선 정부의 영세중립 정책은 실패로 돌아가게 되었다(홍현익, 1999: 202).

고종은 그의 중립화 안이 일본의 강력한 반대와 미국의 냉담한

15) 알렌은 조선주재 미국의 외교관(공사)이자 선교사로, 한국어 이름은 안련(安連)이다.
16) 알렌 공사는 당시 고종에게는 조선의 '재정 상황'을 이유로 병력 증강에 대해 부정적 의견을 말했으나, 미국 국무부에 보낸 보고서에서는 조선의 영세중립이 미국의 국익에 상반되며, 조선인들이 영세중립 정책을 채택하기에는 너무 어려운 문제가 될 것이라고 지적했다(Chay, 1990: 126).

반응, 그리고 러시아의 기회주의적인 태도로 말미암아 좌절된 후 러·일 간의 전쟁이 임박해지자 우선 한반도가 전장화(戰場化)되는 것을 방지하기 위하여 열강들로부터 한반도의 전시중립에 대한 사전 보장을 얻어내려고 했다. 고종은 1903년 8월 궁내관 현상건(玄尙建)과 예식원 참서관(禮式院參書官) 고의성(高義誠)을 각각 러시아와 일본에 밀파했다. 그들은 이때 고종이 외부대신 이도재(李道宰)의 명의로 양국에 주재하고 있는 조선공사에게 보내는 비밀훈령을 지참하고 떠났는데, 그 요지는 다음과 같다.

> "만주 문제를 둘러싼 러시아와 일본 사이의 분규가 평화적으로 해결되지 않을 경우 두 적대국 사이에 놓인 조선은 전략적인 요충이 될 것이다. 따라서 우리는 러시아와 일본 정부에 대해서 조선을 중립국으로 간주할 것을 요구해야 한다. 그래야만 앞으로 양국 간에 전쟁이 발생하더라도 그들이 우리 영토 내에 어떠한 시설도 할 수 없으며, 아울러 그들의 군대가 우리 국경 내로 진입하는 것을 방지할 수 있을 것이다. 우리 영토의 보전을 위한 보장 조처로서 이에 대한 양국 정부로부터의 명백한 확답을 받아내야 할 것이다. 본 훈령은 긴급을 요하므로 열람 후 가능한 한 빠른 시일 내에 결과를 알려주기 바란다."

이때 고종의 의도는 러·일전쟁 개전 시 조선의 중립을 교전당사국들로부터 보장받음으로써 조선의 독립과 영토를 보전하려 했던 것으로 해석된다. 그러나 전시중립을 보장받기 위한 고종의 시도는 일본과 러시아는 물론이고 프랑스로부터도 호의적인 반응을 얻지 못했다.

1903년 9월 3일 주일공사 고영희(高永喜)는 조선의 중립화 문제와 관련된 일본 정부의 보장을 요구하는 내용의 공문을 일본 외상 고무라(小村壽太郞)에게 전달한 바, 이에 대해 고무라는 "애당초 자위력도 없는 조선이 국제법만을 내세워 국외중립을 선포한다고 함은 용인될 수 없다"고 전제한 뒤 "우선 재정을 혁신하고 병제(兵制)를 개혁하여 스스로 국력을 충실히 하고 부강을 도모하라"는 충고를 했을 뿐이다.

러·일전쟁을 즈음한 1904년 초 열국의 수비병들이 자국 공사관 보호를 구실로 속속 한성에 진주하자, 고종은 그동안 큰 기대를 걸어 본 적이 없는 이탈리아 국왕에게까지 친서를 보내 중립 알선을 청탁하기까지 했다. 그러나 이탈리아 정부는 조선의 요청을 러·일 양국에 통보만 했을 뿐 그 이외에는 어떤 조처도 취하지 않은 채 사태를 관망하였다.

마무리하면, 대한제국의 중립화 노력은 결국 그것을 무시한 일본이 일방적으로 인천에 2천 5백 명의 선발대를 상륙시키고 러시아 함대에 대한 기습 공격을 감행함으로써 무위로 돌아가게 되었다.[17]

고종의 영세중립화 방안과 전시중립 선언은 명백히 실패로 끝났다. 본디 중립화를 실현하기 위해서는 대외적으로 외국 군대의 침

---

17) 러시아는 조선의 중립선언에 대하여 한동안 침묵을 지키고 있다가 러·일전쟁이 벌어지고 난 다음에 비로소 일본이 조선의 중립선언을 무시했다고 비난했다. 한편 영국·프랑스·독일·덴마크·이탈리아·청국 등은 조선의 중립선언에 대해 형식적으로는 승인에 가까운 의례적인 회답을 보내 왔으나 실제로는 그 실현가능성에 대해 극히 회의적이었던 것으로 알려지고 있다.

입을 저지할 수 있는 충분한 자위력을 갖추고 있어야 하며, 주변 열강으로부터 그 독립 및 안보와 관련된 보장을 받아야 하고, 대내적으로는 외세를 중화(中和)시킬 수 있는 외교적 역량과 중립화에 대한 국민적 합의가 이루어져야 하는 바, 구한말 한반도의 정세는 그러한 조건을 충족시키지 못한 것이다.

민간인 차원에서 제시된 조선의 중립화 안은 개화 사상가이자 외교관[18]인 유길준(兪吉濬, 1856~1914)에 의해 처음 제기되었다. 유길준은 동학농민운동(1894년)이 봉기하기 이전인 1885년 말 발표한 논문 '중립론(On Neutrality로 번역됨)'에서 벨기에의 중립화와 같이 강대국의 국제회의가 보장하는 조선의 영세중립화를 주창했다(유길준전서편찬위원회, 1971). 그는 이 논문에서 "영세중립은 어느 한 나라가 강대국들의 경쟁으로 인하여 자신의 독립을 유지할 수 없을 때, 자신의 전략적이며 지정학적인 위치가 인접국들에 대한 안보상의 위협이 되는 그러한 약소국을 위해서 인접국들에 의해 제도화된 중립인 것이다. 따라서 영세중립은 전시에나 평화 시에 중립국의 독립을 집단적으로 보호 및 보장하기 위해서, 중립화될 국가와 다른 집단의 국가들과의 사이에 국제적인 협의나 회의에 의해서 일반적으로 형성된 국제적인 특별한 지위다. 한 국가의 중립이 침해를 받을 때, 그 중립을 유지하기 위해서 여러 보장국들은 침략자에게 대해서

18) 유길준은 통리교섭통상사무아문(統理交涉通商事務衙門) 주사, 내무협판, 한성부민회 회장 등을 역임했다. 통리교섭통상사무아문은 고종 19년(1882) '통리아문'을 고친 이름으로 외교·통상 사무를 맡았었다. 고종 31년(1894)에 폐하고 외무아문(外務衙門)을 베풀었다.

집단적인 제재를 가할 수 있다.”

유길준의 중립화론은 19세기 말 대한제국이 처한 국제 정세를 이해하는 데 도움을 주는 바, 당시의 지식인들이 주변국, 즉 러시아 · 일본 · 청국 등에 대해 어떠한 생각을 가졌는지를 보여준다. 따라서 여기서 그의 논문을 좀 더 인용하고자 한다.

“…… 아시아에 있어 우리나라의 중립은 러시아의 남하 정책에 대한 억제로서, 또 아시아에 개입하고 있는 모든 강대국들의 안보를 보장하는 수단으로서 작용할 것이다. 러시아는 광활한 영토와 대규모의 군대를 가지고 있으며, 중앙아시아에 있어서 약소국들을 점령하고 그들을 보호한다는 구실 하에 그들의 시민들을 노예화함으로써 자국 영역의 팽창화를 획책하고 있다. 일반적으로 강대국들이 더 작은 국가들을 지배하고 병합하는 경향이 있다는 것은 잘 알려진 사실임에도 불구하고, 러시아는 국제 행위 선언에 대한 그의 극악무도한 범법 행위와, 그의 야만성, 그리고 영토 팽창과 러시아화에 대한 끊임없는 추구로 가장 악명이 높다. ……”

“우리나라의 안보는 직접적인 위험에 있다. 러시아는 오랫동안 우리나라를 위협해 왔다. 조선이 그 독립을 유지하고 국민을 보호하는 최선의 방법은, 청국에 의해서 주어진 보호를 확보하는 것이었다. 오랫동안 러시아는 우리 영토에 대해서 공격적인 계획을 시도해 왔다. 그러나 러시아의 이러한 계획은 실패하고 말았다. 러시아가 우리나라로 들어오기를 꺼리는 것은 세력 균형의 기능에 기인한 것이다. 그러나 나는 그것이 청국에 대한 러시아의 두려움 때문이라고 믿는다.”

일본에 유학 경험이 있는 유길준의 대 러시아 관은 가혹하다 하겠다.

유길준은 일본에 대해서도 한반도에 야욕을 가진 것으로 본다는 점에서 러시아 관과 유사한 관점을 지니고 있다고 하겠다. 그러나 유길준의 청국에 대한 관점은 상대적으로 관대하다. 즉, 유길준은 그와 관련하여 다음과 같이 언급하고 있다. "일본 또한 조선에 대해서 공격적인 야망을 가지고 있는 것이 사실이다. 그러나 일본은 아직 자신이 약하고 지금은 자신의 국방에 집중하고 있기 때문에 청국에 도전할 수 없다. 따라서 우리나라를 위한 최선의 안보 정책은 우리나라를 청국의 보호 하에 두는 것이다."

유길준은 이와 같은 정세 분석에 기반하여 조선의 영세중립화를 주창한 것이다. 유길준의 한반도 중립화론은 청국에 대한 신뢰에 기초하고 있다. 유길준은 그의 주장을 다음과 같이 마무리한다. "조선 중립화의 성공은 청국에 달려 있다. 왜냐하면 우리가 청국과 가장 우호적인 관계를 갖고 있으며, 오랜 역사적 전통으로 보아 청국을 가장 신뢰할 수 있기 때문이다. 나는 우리 정부가 가능한 한 빨리 이 정책을 행할 것을 간절히 바란다"(황인관, 1988: 193－200).

1894년에는 갑신정변(甲申政變, 1884년 12월 4일)의 주역 김옥균(金玉均, 1851～1894)이 청·일전쟁의 방지를 위해 청나라의 북양대신(北洋大臣)[19] 이홍장(李鴻章, 1823～1901)에게 조선의 중립화 필요성을 제

19) 1864년 이홍장이 태평천국의 난을 진압한 공로를 인정받아 받은 청나라 정부의 벼슬자리. 북양대신은 청나라가 1861년 설립한 외교기구인 총리각국사무아문(總理各國事務衙門)에 소속된 통상대신으로 천진에 근거지를 두었다. 이홍장은 1870년 이후 통상대신 직책을 모두 장악하고 외교를 관장하였다.

의한 바 있다. 김옥균은 1886년 7월 일본에서 망명생활을 하던 중 이홍장에게 보낸 서신에서 조선을 영세중립국으로 만들어줄 것을 요구했다. 그는 서신에서 만약 조선이 영세중립국이 된다면 한반도를 중심으로 한 열강의 각축 속에서 조선이 자주 독립을 유지할 수 있고, 청국에게도 득이 될 수 있을 것이므로 청국이 조선을 대신해서 주도적으로 구미열강과 협의하여 조선의 영세중립을 실현해 줄 것을 요구했다. 그는 1894년 3월 조선에서 청·일전쟁 가능성이 예상되자, 조선의 영세중립 문제를 이홍장과 협의하기 위해 청국으로 가던 중 암살되었다(신용하, 1979: 152; 강종일, 2014: 166－167).

2. 구한말 외국의 한반도 중립화 안

다음에서는 '구한말 외국의 한반도 중립화 안'을 살펴보고자 한다.

조선의 영세중립화 안은 19세기 말 일본에 의해 최초로 제안된 것으로 알려지고 있다. 1882년 7월 임오군란(壬午軍亂) 발발을 계기로 신속하게 군대를 입경(入京)시킨 청나라의 영향력이 커지자, 일본은 이를 견제하고 조선과 청국의 전통적인 유대 관계를 감소시킬 목적으로 청국주재 일본공사 에노모토 다케아키(榎本武揚)로 하여금 청국·영국·독일·프랑스·러시아가 협상을 통해 한반도의 영세중립을 실현할 것을 청국에 제의케 했다. 이때 일본의 본심은 진정으로 한반도의 영세중립을 원한 것이라기보다는 청국의 군사력을 한반도에서 축출하고 장차 조선을 지배하려는 장기 포석을 위한 것으로, 이때 일본의 제의는 청국의 반대로 무산되었다(진단학회 편, 1961: 697 - 698). 조선의 영세중립화 안에 대해 19세기 말에는 청국만이 반대한 것으로 알려지고 있다(Chay, 1990: 89).[20]

일본의 제2차 조선 중립화 제안은 1894년 8월 일본 정부의 공식적인 정책으로 채택되었다. 즉, 일본의 무쓰 무네미쓰(陸奧宗光, 1844~1897) 외상은 8월 17일 각의에서 조선이 자력으로 독립국가의 지위를 유지할 수 없을 것이고, 일본이 단독으로 조선을 지배·보호하는 것도 일본에 불리하므로, 조선을 스위스나 벨기에와 같은 영세중립국으로 지정하여 청국과 조선의 관계를 단절한 후 일본의 국내 정세와 국제 정세를 고려하여 조선에 대한 단독 보호 방안을 강구하자고 제의함에 따라 일본 각의가 이를 채택함으로써 일본 군대의 조선 진출을 확정했다(일본외무성 편 1982; 유명철, 2010: 96; 강종일, 2014: 158 - 161).

한반도에 이해관계를 가진 영국·일본·러시아 등 관련국이 조선의 영세중립화 정책을 지지한 배경을 좀 더 잘 이해하기 위해, 다음에서는 한반도와 만주 등 한반도 주변 지역의 당시의 국제 정세를 고찰해 보고자 한다.

당시 조선의 정세는 1894년 5월 17일 동학농민전쟁이 발발함으로써 조선 정부의 요청에 따라 청나라 군대 3,000명이 6월 8일 아산

20) 청·일전쟁 이전의 양국 각축기에 청나라는 한반도 중립화 안을 내놓은 적이 없다. 조선의 종주국을 자처한 청나라는 한반도 중립을 위해 노력할 필요를 전혀 느끼지 못한 것이다. 그와 달리 한반도 지배를 위해 청나라를 견제할 필요를 느낀 일본 쪽에서는 한반도 중립화 안을 계속 제기했다. 임오군란으로 청·일 대결의 양극 구도가 가시화하자, 이노우에 코와시(井上毅)의 중립화론 등 일본 측에 의한 조선의 중립화론이 활발하게 제시되었다.

만에 상륙하였다. 일본 정부는 청나라 군대의 조선 파병을 구실로 13,800명의 군대를 풍도(豐島)[21]에 상륙시킴으로써 청·일전쟁(1894년 7월 25일~1895년 4월)이 발발했다.

청·일전쟁에서 승리한 일본이 청으로부터 타이완과 요동반도를 할양받자 러시아는 일본의 세력 팽창을 염려해 독일·프랑스와 함께 일본에 대해 요동반도의 반환을 요구했다. 이에 요동반도를 청에 돌려준 일본은 러시아의 남진을 저지하기 위해 3차에 걸쳐 러시아와 협상을 진행하게 된다. 이 협상에서 일본은 조선에 대한 러시아의 영향력을 어느 정도 인정하는 대신 한반도에서 자국의 경제적 우위권을 확보하게 되었다. 이즈음 러시아의 극동 정책은 한반도를 완충지대로 하고 요동 지역을 점령하는 방향으로 바뀌게 되었다. 이러한 정책 변화에 따라 러시아는 요동반도의 뤼순(旅順)과 다롄(大連)을 조차(租借)하고(1897), 조선에서는 마산포(馬山浦)를 조차하여 극동함대의 기지로 삼으려 했다.[22]

이때 청나라에서 의화단 사건(1899년 11월 2일~1901년 9월 7일)이 일어나자 그 진압을 명분으로 만주 지역에 출병한 러시아는 사태가 끝난 뒤에도 철군하지 않고 만주 침략 의도를 드러냈다. 러시아의 만주 점령 정책은 영국·미국·일본 등 여러 나라의 항의로 폐기되었으나 독일과 프랑스는 이를 양해하는 방향으로 상황이 전개되었

21) 충청도 아산만 앞바다에 있는 섬으로, 이 풍도 앞바다에서 일본군 함대가 청군 함대를 공격하면서 청·일전쟁이 발발했다.

22) 조선이 러시아에 마산포를 조차한 것은 러시아의 요구도 있었지만, 일본을 견제하기 위한 의도가 있었다고 보아야 할 것이다. 러시아의 마산포 조차는 조선으로 하여금 러시아를 경계하기도 했지만, 다른 한편으로는 러시아에 의지하려던 요인도 작용했다고 판단된다(현광호, 2007: 63－64).

다. 이에 불안을 느낀 일본은 1902년 영・일동맹(Anglo-Japanese Alliance)[23]을 맺어 청나라에서의 영국의 이권을 인정해 주는 대신 러시아의 남진 정책을 견제하게 되었다.

영・일동맹에 대항하여 러시아가 프랑스와 동맹을 맺고 남진 정책을 계속하여 1903년에는 압록강 하류의 용암포(龍巖浦)를 점령하여 군사시설을 설치하고 조선 정부에 정식으로 조차(租借)를 요구해 왔다. 이른바 용암포 사건[24]이 발생한 것이다. 이에 대해 일본은 러시아의 군대 철수를 요구하는 한편 조선에서의 일본의 이권을 용인할 것을 제안했다. 러시아는 이때 철군을 거부하고, 39도선 이북의 한반도를 러시아와 일본의 중립지대로 할 것을 요구하였다. 양국간의 몇 차례의 협상에도 불구하고 타결점을 찾지 못해 양국은 결국 무력 대결로 치달았다. 이것이 1904년의 러・일전쟁이었다(김갑동, 2015: 제4부).

러시아와 일본 사이에 전운이 감돌자 대한제국 정부는 1904년 1

23) 영・일동맹(英・日同盟)은 1902년 이후 러시아의 남하에 대비하여 이해(利害)를 함께하던 영국과 일본 양국이 체결한 일련의 군사동맹을 말한다. 1902년 1월 30일 헨리 페티-피츠모리스(Henry Petty-Fitzmaurice) 영국 외무장관과 하야시 다다스(林董, 1850~1913) 영국주재 일본공사가 조인하면서 제1차 영・일동맹이 형성되었다. 1905년 8월 12일을 기해 개정・조인된 조약에 따라 제2차 영・일동맹이 형성되었으며, 다시 1911년 7월 13일을 기해 개정・조인된 조약에 따라 제3차 영・일동맹이 형성되었다. 제1차 영・일동맹은 일본이 영국과 힘을 합쳐 러시아를 견제하기 위한 것이고, 제2차 영・일동맹은 러・일전쟁이 끝나가던 중 영국은 인도에서 일본은 한반도에서 이익을 얻는 것을 서로 동의하는 것이 주요 내용이다.

24) 용암포 사건(龍巖浦事件)은 1903년 압록강 주변에서 벌채 사업을 추진하던 러시아제국이 용암포 및 압록강 하구 일대를 불법으로 무단 점령하고, 대한제국 정부에 대해 벌채권 조차(租借)를 요구하자, 일본제국과 대영제국 등의 항의와 간섭으로 실패한 사건으로, 훗날 러・일전쟁 발단의 원인이 되었다.

월 '국외중립'[25]을 선언하고 외국 군대에 대해 조선에서 철수할 것을 요구하였다. 그럼에도 불구하고 일본군은 이를 무시하고 한성(漢城)에 진군해 각종 건물과 군사요지를 점령했다. 이후 일본은 조선에 대한 정치적·군사적 개입을 보장받았으며, 철도부설권과 연안어업권, 항행권 등의 이권도 얻게 되었다.

영국도 19세기 말 한때 조선의 영세중립을 주창, 실현코자 한 적이 있다. 영국은 러시아의 남진 정책을 견제할 목적으로 영국의 동양함대로 하여금 1885년 4월 15일 조선의 남해안에 위치한 거문도(巨文島)를 점령, 러시아 함대의 대한해협 남진을 감시토록 하였다. 조선 정부로부터 거문도 철군을 요청받은 영국의 로즈베리(Archibald Primrose, 5th Earl of Rosebery, 1847~1929) 외상은 1886년 4월 영국군의 철군 조건으로 거문도를 외국이 점령하지 못하도록 청국이 보증해 줄 것을 요구했다. 영국의 이러한 요구는 영국·청국·일본 등 3국이 조선의 영세중립을 보장하자는 것이라고 〈런던타임스(*The Times of London*)〉는 보도하였다(이선근, 1974: 787).

이와 같은 동북아시아의 국제 정세에서 오코너(Sir Nicholas Roderick O'Conor, 1843~1908) 조선주재 영국공사는 1894년 7월 각국 공사들과의 회의에서 청·일전쟁에서 각국이 엄정 중립을 지킬 것을 결의하고, 인천항을 국외중립 지대로 하여 일본군의 상륙 저지와 군수품 및 군량에 대한 군사행동의 방지를 시도했다(유명철, 2010: 95).

---

25) 국외중립(局外中立)은 두 나라 이상이 전쟁을 하고 있을 때, 전쟁에 관여하지 아니하고 교전당사국들과 똑같이 평화적 관계를 유지하는 것을 말한다.

영국 정부는 1896년 5월에는 주일본 영국공사관을 통해 일본 정부에 "오늘날 조선의 형세로 보아 조선이 러시아의 보호권을 선언하거나 또는 스스로 청국의 속국임을 선언할 가능성이 있으므로 일본이 조선을 영세중립국으로 선언하거나, 열강의 담보로 독립국으로 선언하도록 하는 제안에 동의한다면, 영국은 독일과 미국에 그 문제를 협의할 것이며, 조선을 열강의 보장 하에 영세중립화하는 구상을 하고 있다"고 통보했다(유명철, 2010: 98; 강종일, 2014: 160－161).

러시아도 20세기 초 한때, 국익 보호 차원에서, 조선의 중립화를 적극적으로 주창·추진한 바 있다. 러시아는 청국에서 발생한 의화단 사건(1899~1901)[26] 진압을 명분으로 만주에 출병·점령한 뒤, 일본의 침략으로부터 만주를 방어하기 위해 조선의 영세중립화 방안을 구상한 것이다. 앞서 밝혔듯이, 조선 정부는 1901년 1월 도쿄주재 러시아공사 이스볼스키를 통해 일본 정부와 조선의 중립화 문제를 협의해 줄 것을 요청했으나, 일본은 이를 거절한 것이다. 러시아는 1902년 9월 다시 미국을 중재자로 하여, 러시아·미국·일본의 3국이 보장하는 한반도의 중립화 방안을 일본에 제의했으나, 영·일동맹(Anglo－Japanese Alliance)을 성공시킨 일본은 이때에도 러시아의 제의를 거절했다(강광식, 1989: 149).

이후 러·일전쟁이 발발한 뒤, 조선의 중립화 정책은 미국·일본·러시아·청국 등 어느 나라로부터도 지원을 받지 못했다.

---

26) 의화단(義和團) 사건은 청나라 말기인 1899년 11월 2일부터 1901년 9월 7일까지 산둥 지방, 화베이 지역에서 의화단이 일으킨 외세 배척 운동을 말한다. 러시아는 의화단 난 진압을 명분으로 만주에 출병하여 만주를 점령하였다.

러시아의 대 한반도 정책을 잘 이해하기 위해서는 19세기 중반 이후 전개된 조선과 러시아의 관계를 깊이 있게 살펴볼 필요가 있다. 조선은 1860년대 러시아와의 능동적인 교섭을 통해 '방아론(防俄論)'을 극복하고 1884년 러시아와 수교하였다(연갑수, 2001). 1890년대에 들어서는 일본을 견제하기 위하여 '인아거일책(引俄拒日策)'을 구사하였다. 이후 조선의 대러시아 정책은 동북아 정세에 따라 대일본 정책과 맞물리면서 접근과 경계를 반복하였다. 1896년과 1898년 사이에 발생한 러시아 군사교관단의 고빙과 철수는 이러한 조·러 관계의 굴곡을 잘 보여준다고 할 수 있다(현광호, 2007: 16).

다음에서는 러시아가 19세기 말 한반도 중립화 정책을 지지한 배경을 이해하기 위해, 당시의 한반도와 만주 등 동아시아 정세를 상세히 살펴보고자 한다.

앞서 밝혔듯이, 1900년대에 접어들면서 동아시아의 정세는 급변하였다. 러시아는 청국에서 발발한 의화단 사건을 기화로 자국의 권익을 보호한다는 명분 하에 만주를 군사적으로 점령했으며, 조선에서는 용암포를 무단으로 점령한 데 이어, 남해안의 전략적 요충인 경상남도의 마산포(馬山浦)를 조차하려고 하였다.

이 때문에 만주와 한반도를 둘러싼 러시아와 일본 양국의 이해는 첨예하게 대립되었으며, 세계열강의 이목도 극동 지역에 집중되었다. 러시아의 만주 점령은 대한제국으로 하여금 러시아를 경계하게 한 측면이 있었다. 이후 고종은 1902년 제1차 영·일동맹이 체결되자 대한제국의 중립화에 더 많은 관심을 보였고, 러시아가 중립화를 보장해 주기를 기대했다(현광호, 2000; 현광호, 2007: 16).

1902년 1월 체결된 제1차 영・일동맹을 계기로 하여 극동에서의 세력 균형은 일본에 유리한 방향으로 전개되었다. 그 결과 만주와 한반도 문제를 놓고 러시아와 일본 사이에 비밀협상이 전개되었으나 끝내 결렬되고, 1904년 2월 러・일전쟁이 발발하게 되었다(김갑동, 2015: 제4부).

한편 조선 정부 내에서는 집권층이 러시아와 일본의 세력 균형을 저울질하면서 '친러파'와 '친일파'로 나뉘어 서로 다투는 와중에서, 고종과 그의 측근들은 미국을 끌어들임으로써 열국의 공동 보장에 의한 조선의 중립화 방안을 모색하게 되었다. 조선을 중립화시키자는 논의는 임오군란(1882) 이후 한반도를 둘러싼 열강의 이해관계가 첨예하게 대립될 때마다 제기된 바 있었다.

이때 구상된 고종의 중립화 방안은 미국의 절대적인 지원을 전제로 한 것이었다. 고종은 이때 특히 주한 미국공사 알렌(Horace N. Allen)에게 미국 정부가 주도하여 열강으로 하여금 조선의 독립과 영토 보전을 보장해 주게 할 것을 요청할 정도로 열강의 영토 분할에 민감한 반응을 보였다. 러시아의 파블로프(Aleksandr Ivanovich Pavlow)가 청국주재 공사로 재직하면서 뤼순(旅順) 조차(租借)를 강압한 사실을 알고 있는 고종은 특히 러시아에 의해 조선의 영토 분할이 시작될지 모른다고 우려하였다.

알렌 공사는 고종과의 관계에 대해 다음과 같이 술회하고 있다. 즉, "어느 쪽 (러시아 혹은 일본)이 조선 조정에서 더 큰 영향력을 행사한다 하더라도 나에게는 관계가 없다. 황제는 항상 나를 찾고 있고, 다른 나라 사람들이 그를 위압하면 할수록 그는 더욱더 모든 일을 미국인들에게 의존하려고 한다"라고 평했다. 1899년 4월 휴가차 일시 귀국했던 알렌은 고종의 요청에 따라 맥킨리(William McKinley, 1843~1901) 대통령(재임 기간: 1897~1901, *2기 임기 중 암살됨) 및 헤이(John Hay, 1838~1905) 국무장관과 만난 자리에서 조선의 중립화 문제를 거론하였으나 긍정적인 반응을 얻지 못했다.

같은 해(1899년) 11월 궁내부(宮內府) 고문으로 임명된 미국인 샌즈(William F. Sands)는 스위스나 벨기에와 같은 조선의 영세중립국화를 당시 한성에 주재하고 있던 열국 공사들에게 제의하였는데, 이에 대한 그들의 반응은 냉담하였다. 특히 러시아와 일본공사는 반대의 뜻을 분명히 했다. 한편 샌즈는 조선의 중립화 안에 대한 본국 정부의 의사도 타진했지만, 국무장관 헤이는, "분명히 말해 둘 것은 귀하 개인으로 인하여 여하한 분규가 일어나든지 미국 정부는 결코 거기에 간여하지 않겠다. 귀하는 어떠한 의미에서든지 미국을 대표하는 사람이 아니다. 따라서 정부에서는 귀하를 다만 한 사람의 모험자로 간주할 뿐이다"라고 하면서 샌즈의 기도에 쐐기를 박았다. 샌즈는 "당시 조선 측에서 이 서신의 내용을 알았더라면 낙망하였으리라. 조선 정부가 그때 요구한 바는 일개 미국인 고문의 도움이 아니라 미국 정부의 원조였다"라고 술회한 바 있다.

외국인에 의한 한반도 중립화 안은 1882년 일본의 외무대신 이노우에 가오루(井上馨)와 일본 참사원(參事院) 의관(議官) 이노우에 코와시(井上毅, 1843~1895)[27]에 의해 처음 제기되었다. 임오군란(壬午軍亂)[28] 발발 직후 도쿄에서는 조선 문제를 논의하기 위해 청나라와 일본 간의 회담이 진행되고 있었는데, 그때 청·일 양국 간의 쟁점은 '청·조선 간의 종속 문제'였다. 청나라 측은 '조선에 대한 파병'과 정치 개입의 명분으로 '속방론(屬邦論: 조선은 청나라의 속방이다)'을 들고 나왔고 일본은 '조선의 독립론'을 내세웠다. 조선을 둘러싼 양국 간의 논의 과정에서, 일본은 청나라의 '속방론'을 논박하는 하나의 대응 구상으로 조선의 중립화를 내세운 것이다. 즉, 일본은 조선에 대한 청나라의 독점적 '간섭'과 '보호'를 대체할 대응 구상으로 '조선의 중립화'를 들고 나온 것이다.

청·일회담에서 이노우에 가오루(井上馨) 일본 외무대신은, 조선을 스위스나 벨기에와 같이 국제조약을 통해 영구중립국으로 합의하고, 외국 군대가 철수해야 할 것이라고 말했다(왕신충, 1937: 107-108; 유명철, 2010: 76). 앞서 얘기했듯이 일본은 청국 군대가 조선에 진주하여 임오군란의 주동자를 체포하고 대원군을 청국으로 납치하는 등 조선에 대한 내정간섭과 영향력을 확대하자 조선에 진주한 청국

---

27) 코와시는 임오군란의 사후 처리 차 한성에 파견되어 조선과 교섭을 벌인 인물이다.

28) 임오군란(1882년 6월 9일~1882년 7월 13일)은 1882년 훈련도감에서 해고된 구식 군인들의 13개월 동안 연체된 봉급에 대해 조선 정부가 불량 쌀을 지급해 일어난 난을 말한다. 이 난의 진압을 명분으로 청국군과 일본군이 한반도에 진주, 조선 정부에 대한 간섭을 노골화하였다. 일본의 하나부사(花房義質) 공사 일행은 6월 29일 제물포에 도착했고, 7월 3일까지 약 1,500명의 병력을 상륙시켰다. 하나부사 공사 일행은 1개 중대의 호위병력을 인솔해 7월 3일 입경하였다. 청국 또한 조선 국왕의 파병 승인도 받기 전에 7월 12일까지 4,000명의 청국군을 입경(入京)시켰다. 청국은 파병 직전 일본 측에 "종주국 의무에 따라 조선에 파병하여 속국에 있는 일본 공사관을 보호해 주겠다"고 제안했으나 거절당했다. 청국군은 왕궁을 점거하고 조선군 사령관인 대원군의 큰아들 이재면(李載冕)을 비롯한 삼군부(三軍府)의 수뇌들을 체포, 구금했다. 한편 조선 정부는 일본과도 제물포조약을 체결, 50만 원의 손해배상과 일본 공사관 호위 1개 중대의 주둔 허용, 병영의 설치·수리를 담당할 것을 약속했다.

군대를 철수시키기 위해 한반도의 영세중립화를 제의한 것이다.

이때 일본의 〈호우지신문(報知新聞)〉은 이노우에 외상이 발언한 조선의 영세중립론을 찬성하면서, 조선이 유럽의 대국 사이에서 자주 독립을 유지하고 있는 스위스, 벨기에와 같은 중립국가의 지위를 가지기를 바라며, 이를 위해 청국 및 조선과 외교 관계를 가지고 있는 영·미·독·불 등 6개국이 도쿄에서 국제회의를 개최하고 조선의 독립국 지위를 유지하기 위해 국제조약에 따라 중립국의 지위를 유지해야 할 것이라고 보도했다(유명철, 2010: 76; 강종일, 2014: 163).

임오군란의 사후 처리를 위한 조선과의 교섭을 위해 조선에 파견되었던 코와시는 귀국 후 '조선정략의견안(朝鮮政略意見案)'을 기초했다. '조선정략의견안'의 주요 내용은 다음과 같다.

"일본·청국·미국·영국·독일의 다섯 나라는 서로 회동하여 조선의 일을 의논하고, 조선을 하나의 중립국으로 삼아, 즉 벨기에·스위스의 예에 따라 그를 침략하지 않고 타국으로부터 침략받지도 않는 나라로 하여 다섯 나라가 함께 이를 보호한다. 청나라는 조선에 대해 상국(上國)이고 조선은 청나라에 대해 공국(貢國)이라고 하지만, 속국(屬國) 관계에 있는 것은 아니다. 조선은 하나의 '독립국'이라는 사실을 저해해서는 안 된다. 그러므로 청나라는 다른 네 나라와 함께 (중립의) 보장국으로서 네 나라의 동의를 얻지 않고 홀로 조선의 내정에 간섭하면 안 된다. 이 책략은 우리나라, 즉 일본만의 이익이 되는 것이 아니라, 조선은 영구중립의 지위를 얻고 또 청나라의 굴레와 멍에를 벗어나게 되며, 또 청나라를 위해서는 그 조공국의 명의를 온전히 하고, 그리고 종주국이라는 허명과 실제 청나라의 국가적 실력이 서로 맞지 않는 두려움이 없을 것이다”(오카모토 다카시, 2009: 172－173).

당시의 일본에게는 조선에 대한 청나라의 독점적인 ‘간섭’과 ‘보호’를 대체할 조치가 필요했던 바, 그에 해당하는 것이, 조약 관계를 가지고 조회를 받고 그 의미 내용에 합의한 ‘다섯 나라’가 ‘함께’ 조선을 보호하면서, 벨기에 · 스위스의 예에 따라, 간섭할 수 없는 ‘영구중립국’으로 만드는 것에 있었다.

코와시는 1882년 11월부터 그 실현을 위해, 일본 외무성을 통해 청나라와 미국에 타진을 시도했지만, 그 결과는 좋지 않았다. 당시 조선에 대해 큰 영향력을 행사하고 있던 청나라는 이를 아랑곳 않고 오로지 ‘속국(屬國)’ 실체화의 방침을 추구하고 있었으며, 또한 미국 등 서양 각국은 아직 조약의 비준도 끝나지 않아, 공동의 ‘보호’나 ‘영구중립화’ 등을 고려할 단계에 있지 않았다(오카모토 다카시, 2009: 174－175).

그러나 조선의 중립화에 대한 일본 측의 입장은 청 · 일전쟁에서 일본이 승리한 뒤 바뀌게 된다. 일본 정부는 청 · 일전쟁이 끝난 뒤 한반도에 주둔 중이던 대부분의 일본군을 철수시키면서도 경부전신선을 경비한다는 명목으로 4개 중대의 수비대를 잔류시켰다. 조선 정부는 1896년 3월 조선에 주둔하는 일본군의 철수를 요구하였다. 이에 대해 일본은 공사관 · 영사관 · 상인 등을 보호하기 위해 일본군의 조선 주둔이 긴요하다고 주장했다. 이후 고무라 주타로(小村壽太郎) 조선주재 일본공사는 베베르(Carl Friedrich Theodor von Waeber, 1841～1910) 러시아공사와 협의한 끝에 동년 5월 베베르－고무라 각서(Waeber-Komura Memorandum)[29]를 교환하여 일본군의 조선 주둔을 관철시켰다. 조선 주둔 일본군은 조선에 대한 일본의 영향력을 강화시키는 주요 수단이 되었다.

한편 프랑스의 공법학자 구스타브 보아쏘나드(Gustave E. Boissonade)도 1882년 조선의 영구중립화 의견을 제시했다. 1873년부터 일본 정부의 국가자문역으로 활동하고 있던 그는 1882년의 '영구중립에 대한 의견'에서 스위스·벨기에·룩셈부르크가 영구중립국으로 된 것은 각국의 협의에 의한 것으로, 한 번 중립국으로 결정되면 일반적으로 회의에 참가한 한 나라가 이의를 제기해도 회의가 해산되지 않는 한 결의가 효력을 발휘할 뿐만 아니라 회의에 불참한 다른 나라가 이의를 제기해도 결의를 번복할 수 없으므로, 청국·러시아·일본 등은 조선의 영구중립 문제를 협의해야 할 것이라고 주장했다(박희호, 1997: 52-54; 강종일, 2014: 163-164).

갑신정변(1884년 12월) 직후에는 청나라의 추천에 의해 조선의 외교 고문으로 파견됐던 독일인 묄렌도르프(Paul Georg von Möllendorff, 1848~1901)와 당시 조선주재 독일부영사 부들러(Hermann Budler)도 조선의 스위스식 영세중립국 안을 구상해 조선 조정에 전달하였다.[30] 그러나 묄렌도르프는 청국과 조선의 전통적 관계를 고려하여 조선의 중립화를 조선 정부에 권고하지는 못한 것으로 알려지고 있다(유명철, 2010: 80).

29) 조선 문제와 관련하여 러시아제국과 일본제국이 체결한 세 개의 협정 가운데 두 번째 협정으로 1896년 6월 체결되었다.

30) 부들러가 1885년 주장한 조선의 영세중립화 안은 당초 묄렌도르프가 구상한 안이라고 유명철은 주장한다.

부들러는 당시 독판교섭통상사무(督辦交涉通商事務) 지위에 있던 김윤식(金允植, 1835~1922)을 통해 고종 정부에 건의했는데, 그가 건의한 영세중립론에는 "조선이 차제에 영세중립을 선언함으로써 인접 대국들 사이의 갈등을 방지할 수 있고, 한반도에서 전쟁의 참화를 면할 수 있어 실로 얻는 바가 많을 것"이라는 내용이 담겨 있다(정상수, 2017; 김갑철. 1979: 272).

조선의 중립화 이슈는 그 뒤 1889년 영국의 던캔(Chesney Duncan, 1854~1889)에 의해 주창된 바 있다. 1883년부터 조선에서 관세 업무 보좌역으로 근무한 바 있는 던캔은 1889년 8월 그의 저서 『조선과 강대국(*Corea and the Power*)』에서 조선의 중립화를 주창했다. 그는 조선이 강대국에 의존하는 것이 필요하다는 잘못된 생각에서 벗어나고 강대국으로부터 조선을 보호하기 위해서는 "조선에서 엄정한 중립 정책이 유지되어야 한다"고 주장했다. 그는 나아가 평화만 보장되면 조선은 참다운 평화와 문명의 시대로 급속히 발전할 것이며, 조선의 고루함과 부패와 부정은 사라지고 조선 문명의 여명은 영광 속에서 다시 나타나게 될 것이라고 강조했다(Duncan, 1889: iii－iv; 강종일, 2014: 64).

이후 조선을 둘러싸고 러시아와 영국·청국·일본 등 네 열강의 각축이 시작되자 한반도 중립론은 러·일전쟁 직전까지 로즈베리(Rosevery) 영국 외상을 비롯해 각국 외교전문가들이 앞다퉈 주장하는 이론이 되었다. 그러나 조선 내부에서는 군대와 감국(監國) 파견을 통해 조선을 보호국화하려던 청나라의 간섭 속에 제대로 추진되지 못하다가, 청·일전쟁과 아관파천(俄館播遷, 1896년 2월 11일~1897

년 2월 20일) 뒤 일본과 러시아 사이에 세력 균형이 이뤄진 1897년 이후부터 한반도 중립화론이 본격적으로 대두되었다.

하지만 1898년 4월, 도쿄에서 주일 러시아공사 로젠(Roman Romanovich Rosen)과 일본 외상 니시 도쿠지로(西德二郞)가 만나 '로젠-니시 협정(Rosen-Nishi Agreement)'을 체결, 양국이 각자 만주와 한반도에 대한 특수 권익을 건드리지 않기로 합의하면서 대한제국의 한반도 중립론은 당시 국제 사회에 큰 반향을 일으키지 못하고 사그라들게 되었다.

'로젠-니시 협정'은 1898년 4월 25일 일본제국과 러시아제국이 대한제국에서의 분쟁에 관해 체결한 협정이다. 청·일전쟁에서 승리한 일본은 조선의 내정에 대한 영향력을 증대시켰고, 이는 한반도에서 주도권을 쥐고 싶어하는 러시아와의 긴장을 촉발시켰다. 특히 조선주재 러시아공사가 카를 베베르(Karl Ivanovich Weber)에서 알렉세이 스페에르(Alexey Nikolayevich Shpeyer)로 교체된 뒤, 러시아가 조선의 재정권을 장악하고자 영국인 고문 브라운(Sir John McLeavy Brown)을 해직시키고 그 자리에 러시아인 키릴(Kiril A. Alexeev)을 임명할 것을 강요하자, 이에 반발한 영국이 동양 함대를 인천에 파견하여 항의하는 사건이 일어나게 되었다. 이후 조선에서는 반(反)러파가 세력을 키우게 되었고, 이 상황에서 니시 도쿠지로 일본 외무대신과 로만 로젠 주일 러시아공사 사이에 조인된 것이 '로젠-니시 협정'이다. '로젠-니시 협정'의 주요 내용은 러·일 양국은 조선의 내정에 대한 간섭을 삼가고 조선 정부의 요청으로 군사나 재정 고문을 파견할 때는 사전에 상호 승인을 구하도록 한 것 등이다. 특히 러시아는 조선의 경제 발전을 위해 일본이 투자하는 것을 방해하지 않을 것을 서약하여 조선이 일본의 세력권에 속함을 인정했고, 반대로 일본은 만주가 러시아의 세력권에 포함됨을 인정하였다.

앞서 밝혔듯이, 그 뒤 조선의 궁내부(宮內府) 고문으로 근무한 바 있는 미국인 샌즈(William F. Sands) 또한 조선의 중립화를 주창한 바 있다. 샌즈는 1900년 1월 조선에 부임한 이후부터 스위스와 벨기에의 영세중립 모델에 따른 조선의 영세중립화를 조선 정부에 건의했다. 그는 러시아와 일본 간의 전쟁을 우려하여 "조선의 자주 독립을 위해서는 열강의 동의가 필수적이므로 이를 위해 조선이 스위스나 벨기에와 같이 영세중립을 선언하고 열강의 동의를 받아야 한다"고 주장했다. 조선 정부는 당시 그의 제의를 거부했으나,[31] 샌즈는 조선에서 근무하는 러시아와 일본 공사관 직원들에게 개인적으로 영세중립의 필요성을 설명한 바 있다(강광식, 1989: 147).

31) 조선 정부는 1904년 1월 20일 결국 스스로 영세중립국임을 선포하게 된다.

제 7 장

대한민국 수립 이후의 한반도 중립화 안

1. 대한민국 수립 이후 한국 정부 및 한국인의 한반도 중립화 안

대한민국 정부 수립 이후 한국 정부 및 한국인의 한반도 중립화 안은 다양하게 전개되었다. 제2차 세계대전 이후 '한반도 중립화론'을 처음 제기한 쪽은 1948년 미·소공동위원회의 일부 참가자 및 한국전쟁 이후의 국무장관 덜레스(John Foster Dulles) 등 미국 관변 쪽이었다. 1950년대 미국의 '한반도 중립화론자'들은, 남한의 극우 반공 체제의 지원·유지에 들어가는 천문학적인 미국 쪽 비용을 줄이는 것을 일차적인 목표로 삼았다. 그러나 1950~1970년대에 '중립화' 목소리를 높였던 한국인 학자 · 언론인 등의 논리는 폭력적인 분단 체제를 극복하고 통일을 지향하자는 것이었다.

한반도 중립화와 관련된 한국 정부의 구상은, 미국 정부가 권유한 '한반도 중립화 통일 방안'을 이승만 행정부가 거부한 이래, 공식적으로 그 명맥이 끊어졌다. 한반도 중립화를 주창한 민간인들은 이후 박정희 행정부 등을 거치면서 용공 세력으로 몰려 정부의 탄압을 받았다. 중립화와 관련된 한국 정부의 입장은 1989년 9월 11일 노태우 대통령이 발표한 '한민족공동체통일 방안'[32]과 1994년 8월 15일 발표된 김영삼 대통령의 '민족공동체통일 방안', 그리고 2007년 노무현 대통령과 북한의 김정일위원장이 정상회담 뒤 발표한 '10 · 4 남 · 북정상선언' 등을 통해 간접적으로 짐작할 수 있을 뿐이다.

다음에서는 중립화를 주창한 국내 · 외 민간인들의 주장을 시기별로 살펴보고자 한다. 대한민국 정부 수립 이후의 한반도 중립화 안은 정부 측보다는 국내 · 외에 거주하는 학자나 통일운동가들에 의해 주로 제시되었다.

재미 한국인 김용중(金龍中, 1898~1975)은 남한에서 총선거가 실시된 직후인 1948년 5월 12일 트리그브 리(Trygve Halvdan Lie) 초대 유엔사무총장(재임 기간: 1945~1952)에게 보낸 호소문에서 "한반도의 중립화로 한국문제 해결의 기초를 삼자"고 제의함으로써 해방 이후 중립화 통일을 최초로 주장했다. 김용중은 또한 1975년에도 한반도

---

32) '한민족공동체통일 방안'은 1989년 9월 11일 노태우 대통령의 국회에서의 특별선언을 통해 발표되었다. 1982년 발표된 '민족화합민족민주통일 방안'을 보강한 것으로 자주, 평화, 민주를 통일의 3대 원칙으로 한다고 발표하였다. 발표 당시 조선민주주의인민공화국의 연방제 통일안에 가장 근접시킨 통일 방안이라는 평가를 받았다.

의 영세중립통일 방안을 발표한 바 있다(김학준, 1975: 331).

1953년 이승만에 의해 일본으로 추방된 김삼규(金三奎, 1908~1989) 또한 남·북한의 영세중립통일을 주장했다(김갑철, 1979: 275-280). 김삼규는 1947년 서울대학교 독문학과 주임교수를 역임한 뒤 다시 언론계로 돌아와 1948년 〈동아일보〉 편집국장을 거친 인물이다. 1952년에는 〈동아일보〉를 퇴사하고 일본에서 민족문제연구소를 개설, 한반도의 평화통일 문제에 심혈을 기울였다. 그의 통일 방안은 '중립화통일론(中立化統一論)'으로, '북진 통일'과 '무력 통일'을 부르짖었던 자유당정권 하에서 '중립화 평화통일론'을 제기하기란 쉬운 일이 아니었다.

한편 국내에서는 1960년 4·19 혁명 이후 그동안 금기(禁忌)시되어 왔던 '평화통일론'이 사회 각계각층 특히 혁신계의 여러 정파들 사이에 널리 확산되기에 이르렀다. 장면 정권 시절에는 일반 시민들 가운데도 적지 않은 사람들이 한반도의 영세중립통일 방안에 찬성한 바, 한 통계에 따르면 한국인의 32.1%가 영세중립통일에 찬성한 것으로 알려지고 있다(강종일, 2014: 157). 당시 혁신계의 제 정파들은 통일 이념과 행동 통일이 절실하게 요청되자, 통일 정책에 있어 국제적인 여건이나 국내 체제적 한계를 고려하지 않고 다양한 통일 정책을 제시·주창한 것으로 알려지고 있다.

장면 정부는 중립화 통일 운동을 규제하지는 않았으나, 1961년 11월 '한국 중립화통일론에 대하여'란 제목으로 한국과 공산국가의 지리적 인접, 한국과 미국의 원거리, 한국의 전략적 위치, 한국 경제의 낙후로 인한 공산주의 침투 가능 등의 이유로 오스트리아와 같은 중립국이 될 수 없다는 것을 천명함으로써 중립화 통일 주장을 비판한 바 있다(김갑철, 1979: 285; 정지웅, 2006: 36).

1960년 9월 3일에는 여러 혁신계가 모여 발족한 '민족자주통일중앙협의회(민자통)'가 남북의 '영세중립통일'을 주창했다. '민자통'은 발기문에서 다음과 같은 요지를 발표하였다.

"8·15 광복의 감격과 환희는 일장춘몽같이 스쳐갔으며, 15년 간이나 우리는 억압과 빈궁 속에서 허덕였고 동족상잔의 비극까지도 겪어왔다. 이는 실정의 누적과 민족자주역량의 결여 등에 기인된 바 크다. 그보다도 더 큰 근인(根因)은 국토가 양단되고 민족이 분열되었기 때문인 것이다. 그러므로 우리 민족의 지상명령이며 최대의 염원인 통일 성업을 달성하지 못한다면, 우리 앞에는 고난과 민족적 치욕만이 더한층 가중될 것이며, 또한 6·25 전쟁과 같은 비극이 다시 없으리라고 단언할 수도 없다. 여기에서 우리는 민족자주통일중앙협의회를 발의하는 바이니, 전체 정당, 각종 사회단체 및 애국동포들이여, 민족정기에 입각하여 3·1 정신을 회상하면서 민족의 운명을 우리 스스로가 결정함으로써 통일 성업을 전취하자."

1961년 2월에는 '중립화조국통일운동총연맹(중통연)'[33]이 남·북한의 영세중립통일을 주장했다. 중통연은 민자통의 '자주·평화·민주'라는 원칙이 지나치게 여러 가지로 해석될 여지가 있고, 또 통일의 기본 방향이 될 수 없다는 두 가지 점을 들어 탈퇴 이유를 밝히면서, 국제회의를 통한 국제적 보장 하에 영세중립통일을 기해야 하

33) 1961년 2월 21일 통일사회당·사회혁신당·삼민회(三民會)·광복동지회 등 '민족자주통일중앙협의회'를 이탈한 정당·사회단체가 결성한 통일운동체를 말한다.

며, 영세중립화를 성취하기 위해 국민운동을 전개해야 한다고 주장하면서 '영세중립화 안'을 제시했다.

5 · 16 군사쿠데타를 앞둔 1961년 4월에는 〈자유신보〉[34]의 주필 김석길(金錫吉)이 한반도의 오스트리아 식 중립화 통일 방안을 제시했다(김석길, 1961: 137-204). 〈자유신보〉의 전신인 〈자유신문〉은 1945년 창간된 일간 종합신문으로, 이 시기의 신문들은 대부분 공산주의자들의 '진보적 민주주의'를 지지하는 경향에 치우쳤는데, 이 신문도 좌익 계열과 동조하여 신탁통치를 찬성하였다. 1953년 〈자유신문〉의 속간 형식으로 발행된 〈자유신보〉는 경영난에 부딪쳐 1961년 4월 6일부터 휴간하다가, 5 · 16 군사쿠데타 뒤인 8월 6일 폐간하였다.

제2공화국 당시 혁신계는 '비소비미(非蘇非美) 자주노선'과 '평화통일'의 기치를 내걸었다. 5 · 16 군사쿠데타 이후 군부에 의한 유혈 숙청으로 혁신계가 몰락한 이후에는 국내에서 '중립화 통일'을 이야기할 수 없는 분위기가 형성되었다.

1971년 2월에는 국내의 진보진영 인사 김철(金哲, 1926~1994)[35]이 "국민에게 드리는 글"에서 한반도는 미국, 일본, 중국, 러시아 등과

34) 1945년에 창간되었다가 1952년 5월 26일 폐간된 〈자유신문〉의 후신으로, 1953년 9월 7일 속간된 일간 종합신문이다.

35) 김철은 1949년 재일거류민단 기관지 〈민주신문〉의 편집국장을 역임하고, 1961년에는 혁신계의 〈민족일보〉 논설위원을 지냈으며, 1955년에는 재일 거류민단 사무총장을 역임한 인물이다. 그는 1957년 민주혁신당 대변인으로 정치활동을 시작한 뒤, 1971년 통일사회당, 1981년 사회당, 1985년 사회민주당 위원장에 각각 선출되었다. 1971년에는 통일사회당 후보로 제7대 대통령선거에 출마하였다. 1969년 삼선개헌반대 범국민투쟁위원회 운영위원으로 활약하였고, 1974년 '민주회복국민선언'을 주도하였으며, 동년 함석헌(咸錫憲) · 김영삼(金泳三) 등과 함께 민주회복국민회의를 결성, 대표위원을 역임하였다. 그 과정에서 1971년 '반공법' 위반으로, 1975년에는 '긴급조치' 위반으로 투옥되었다.

국제적 조약을 통하여 한반도의 영세중립통일을 해야 한다"고 주장했다(당산 김철전집간행위원회 편, 2000: 101).

1987년에는 '한반도중립화통일론'을 50여 년 이상 연구해 온 재미동포 황인관 교수가 그의 저서 *One Korea via Permanent Neutrality: Peaceful Management of Korean Unification*에서 한반도가 영세중립통일이 되어야 하는 이유를 제시했다. 황 교수는 한반도가 무장중립을 하여 모든 경쟁국들로부터 등거리 관계를 유지했더라면 일본의 점령을 피할 수 있었을 것이라고 하면서, 한국의 중립화는 한반도에서 4강대국의 경쟁의 원인을 제거시킬 뿐만 아니라 민족통일을 촉진시킬 것이라고 주장하였다(황인관, 1988: 81).

1989년 6월에는 야당 정치인 김대중이 광주(光州)의 시국강연에서 "장차 한국은 오스트리아 식 영세중립국이 되어야 할 것"이라고 말하면서 한반도의 영세중립화를 주창하였다(김대중, 1994: 362). 김대중은 1971년 대통령 후보 시절, 당시로서는 파격적인 '평화통일론'을 주창하였다. 그때는 냉전이 한창이던 시기로 '북진 통일', '무력 통일' 주장이 팽배하던 시절이었다. 그는 한반도는 제2차 세계대전의 결과 남북이 분단되고 전쟁까지 치른 냉전의 전초기지, 동서 양진영의 무력 대결장이었다고 하면서, 미 · 일 · 중 · 소 4강대국이 평화를 보장하는 이른 바 '3단계 평화통일론'을 주창한 것이다.

그리고 1990년 8월에는 혁신계 정치인 권두영이 일본 오사카 국제학술회의에서 발표한 "여운형의 정치 노선과 민족통일의 역사적 방향-미군철수 문제 해결과 한반도 평화 유지에 있어서 국제연합(UN)의 역할을 중심으로"라는 주제의 논문에서 한반도의 중립화 통일의 중요성을 강조했다. 권두영은 기존의 사회민주당이 1985년 4월 신정사회당·한국사회당을 통합한 뒤, 1986년 11월 11일 당 대회에서 중앙위원장에 선출되었다. 새롭게 형성된 혁신 세력을 당내로 흡수한 사회민주당은 정강 정책으로 자유·평등·인간애가 구현되는 사회주의 사회의 건설, 주요 산업에 대한 사회적 통제 장치 마련, 남북대화 추진, 국가보안법 폐지, 의원내각제·지방자치제 실시, 자주적 다변 외교, 자주국방 체제 강화 및 군의 정치적 중립화 등을 내세웠다.

한편 '한반도중립화연구소장'과 '한반도중립화통일협의회장'으로 활동하고 있는 강종일은 1999년 12월 한국정치학회의 학술대회에서 한반도의 영세중립통일에 관한 글을 발표했다(강종일, 2001: 93-116). 강종일은 이날 발표한 논문 등에서, 한반도가 중립화로 통일될 경우 한반도와 동북아의 평화와 안정이 보장될 수 있기 때문에 주변 4강국의 국가 이익이 공평하게 작용할 수 있으며, 한반도의 자주 독립과 영토 보존이 안전하게 보장받을 수 있게 되므로 한반도와 주변 4강국 모두가 국가 이익을 공평하게 창출할 수 있는 윈-윈 게임(Win-Win Game)이 될 수 있을 것이라고 주장하였다.

그리고 민족화합운동연합의 전 대표의장 주종환 교수도 2004년 6월 '오마이뉴스'에 기고한 "영세중립만이 진정한 안보와 자주 국방의 길"이라는 글에서 한반도 영세중립통일의 중요성을 강조했다. 한편 2004년 12월에는 국가원로회의 강영훈 공동의장이 "장차 한국의 외교 정책은 영세중립을 희구해야 할 것"이라는 결의문을 대통령, 국회의장, 양당 대표에게 전달했다(동아일보, 2004년 12월 9일). 또한 노무현 대통령 시절 '동북아시대위원회' 기조실장을 지낸 배기찬도 2005년 5월 출판한 『코리아 다시 생존의 기로에 서다』에서 한반도의 영세중립을 주창하였다. 그리고 기자 출신의 평화운동가 김승국도 2008년 출판한 『한반도의 평화 로드맵』과, 그 뒤 '프레시안'에 연속물로 게재한 '한반도 중립화 통일의 길' 등에서 한반도의 중립화를 강조하였다.

한편 한반도의 중립화 통일을 주창한 한국의 정치인으로는 앞서 살펴본 김대중 이외에 손학규를 들 수 있다. 손학규 민주통합당 상임고문은 2012년 7월 16일 서울외신기자클럽 초청 기자회견에서 "한반도 안보공동체와 평화체제 수립"을 위한 한반도 중립화를 주창하였다. 그는 이날 회견에서 한반도의 중립화는 (일본 등) 역내 관련국들에게는 핵무장한 북한으로부터 발생하는 안보 불안을 제거할 수 있는 이점을 지니며, 중국 입장에서는 핵무장한 빈곤국 북한의 부담으로부터 자유로워질 수 있고, 한반도 전체를 미국에 대한 군사적 완충지역으로 둘 수 있는 매력이 있을 것이라며 한반도 중립화를 주창했다. 그는 또한 한반도 중립화로 미국은 중국과의 갈등 소지를 최소화하면서 통일 한국과 동북아 안정으로 새로이 창출되는 경제적 기회를 누릴 수 있을 것이라고 덧붙였다. 손학규는 나아가 통일은 미국과 중국 등 주변 강국들이 모두 동의할 수 있는 방안이어야 하지만, 그 주체는 어디까지나 남·북한이어야 한다는 점을 강조하였다.

2018년 들어서는 김동춘 등 젊은 학자들이 신문 기고 등을 통해 '한반도 중립화'를 주창, 한국 사회에서 중립화 논의는 이제 더 이상

금기시되지 않고 있다.

2. 대한민국 수립 이후 북한의 한반도 중립화 안

북한의 기본적인 외교 전략은 자주·중립 노선이다. 자주 노선은 소련과 중국이라는 강대국 사이에서 북한이 독립국으로 남아 있을 수 있는 유일한 길일 것이다. 북한의 자주·중립 노선은 1990년 소련 몰락 이후 북한을 곤란한 입장에 빠뜨리게 하였다. 중·소 대립 시기에 북한을 서로 자기편으로 끌어 들이기 위해 노력하는 중국과 소련 사이에서 북한은 중립 노선을 걸을 수 있었다. 그러나 소련이 붕괴되자 북한의 중립 노선은 더 이상 의미가 없어지게 되었다.

소련의 붕괴로 소련으로부터 지원되던 석유와 코크스탄 등 에너지 자원의 지원은 중단되었다. 냉전 시기 북한은 안보 측면에서 소련과 중국의 보호를 받아 왔으나 이제 더 이상 그러한 보호를 기대할 수 없게 된 것이다. 이러한 상황에서 북한은, 미국은 물론 러시아와 중국도 반대하는, 핵무기와 장거리 미사일 개발을 통해 자력에 의한 생존의 길을 모색할 수밖에 없는 것으로 이해할 수 있을 것이다(박후건, 2007: 183－185).

다음에서는, 북한의 기본적인 외교 전략이 '자주·중립 노선'이라는 전제 위에서, 북한 지도층의 '중립화 통일'에 대한 생각을 살펴보자. 김일성 주석은 생존 시 한반도 '중립화'를 여러 차례 언급하였으며, 김정일 국방위원회 위원장 또한 통일된 한반도의 독자적 외교 노선으로 '스위스식 무장중립'을 언급한 바 있다(Kim, 2001: 111－112; 정지웅, 2006: 36).

북한의 김일성 주석은 1980년 10월 10일 '고려민주연방공화국 창립 방안'을 발표하면서 남한에 중립화 통일을 제안했다. 그는 그 뒤 1985년 10월과 1991년 1월, 그리고 1993년 4월에도 '한반도 중립통일' 방안을 제의한 바 있다(노중선, 1996: 218, 518; 최보식, 1998: 148－224). 그는 조선노동당 제6차 대회에서 밝힌 '고려민주연방공화국 창립 방안'에서 고려민주연방공화국을 창립함에 있어 자주적이고, 평화적이며, 민족 대단결의 3대 원칙에 의거하여 조선반도의 통일을 실현해야 한다고 주장했다. 그는 중앙정부가 국방과 외교권을 행사하고 남과 북은 각각 별개의 지방 정부 형태로 1민족, 1국가, 2체제, 2정부로 구성되는 고려민주연방공화국을 제안했다.

김 주석은 1980년 발표한 '고려민주연방제 방안'에서 또한 "고려민주연방공화국은 북과 남 사이의 군사적 대치상태를 해소하고 민족연합군을 조직하며, 외래 침략으로부터 민족을 보위하여야 한다고 주장하면서, 연방 국가는 북과 남 사이의 군사적 대치상태를 끝장내고, 동족상쟁을 영원히 종식시키기 위하여 쌍방의 군대를 각각 10만～15만 명으로 줄여야 한다"고 주장하였다.

그리고 고려민주연방공화국은 '중립 노선'을 확고히 견지하고…… 평화애호적인 대외 정책을 실시하여야 하며, 통일된 조선은 주변 나라들과 세계 어느 나라에도 침략 위협으로 되지 않을 것이며, 국제적인 그 어떤 침략 행위에도 가담하거나 협력하지 않을 것이라고 천명하였다. 김 주석은 또한 "연방 국가는 우리나라 영토에 다른 나라 군대의 주둔과 다른 나라 군사기지의 설치를 허용하지 말며, 핵무기의 생산과 반입, 그 사용을 금지함으로써 조선반도를 영원한 평화지대로, 비핵지대로 만들어야 할 것"이라고 역설했다(황인관, 1988: 210－219).

그 내용을 요약하면 다음과 같다. 즉, 남・북한의 군 병력은 각각 10만～15만 명의 '민족연합군'으로 축소하며, 민족연합군은 '중립 노선'을 견지하는 연방 국가의 군대로서 평화애호적인 대외 정책을 추구한다. 즉, 연방 국가는 평화애호적인 대외 정책을 채택, 침략 행위에 가담하지 않으며, 외국 군대의 주둔과 외국 군대의 기지를 허용하지 않고, 핵무기 사용을 금지하는 비핵지대를 지향해야 한다는 것이다.

1991년 1월 1일의 신년사에서 발표된 수정안의 내용은 다음과 같다. 수정된 주요 내용에서, 연방공화국의 지역자치 정부는 더 많은 권한을 가지며, 장차로는 중앙정부의 기능을 더욱 높여 나가는 방향에서 연방제 통일을 점차 완성할 수 있게 하되, 연방제의 외교 정책은 '중립'을 지향해야 한다고 주장했다. 연방제 통일 정책의 골격은 남과 북의 지방 정부에 국방권과 외교권을 부여하는 정부 형태로 중앙정부는 단지 상징적인 중심 역할만 하고, 남북의 지방 정부가 정치・경제・사회・문화뿐만 아니라 군사・외교권까지 보유하게 된다는 것이다(노중선, 1996: 452).

김일성 주석은 또한 1993년 4월 7일 최고인민회의 제9기 제5차 회의 연설에서 "조국통일을 위한 전 민족 대단결 10대 강령"을 발표하면서 "전 민족의 대단결로 자주적이고 평화적이며 '중립적인 통일

국가'를 창립해야 한다"고 강조하였다. 그는, 즉 "우리는 북과 남에 있는 사회제도를 그대로 두고 '중립적인 련방공화국'을 세움으로써 우리나라를 '중립국'으로 만들 것을 주장하였다. 그는 나아가 이것은 우리나라가 그 어떤 나라의 위성국으로 되지 않도록 하자는 것"이라고 주장하였다(김일성 전집 제38권: 342).

김 주석은, 즉 "우리는 서부독일이 동부독일을 흡수 통합한 것과 같은 식의 통합은 하지 않을 것이다. 우리는 련방제통일을 주장한다. 우리가 주장하는 련방제는 지금 북과 남에 있는 두 개 제도, 두 개 정부를 그대로 두자는 것이다. 다시 말하면, 우리 공화국에는 우리대로 사회주의제도를 그대로 두고, 남조선에도 그들대로 자본주의제도를 그대로 두자는 것이다. …… 통일된 련방국가는 그 어느 나라의 위성국으로도 되지 않고 자주적인 중립국가로, 블록에 불가담 나라로 되어야 한다. 우리나라 주변에 있는 나라들은 모두 큰 나라들이기 때문에 통일된 련방국가는 '중립적인 나라'로 되어야 한다. 통일된 조선이 중립화되면 주변 나라들도 상관할 것이 없게 된다. 우리나라는 통일되어도 좋은 나라로 될 것"이라고 주장하였다(김일성 전집 제44권: 470).

한편 북한은 지난날 한반도에 남·북한 연방공화국을 창설하고, 이 지역을 중립국 및 완충지역으로 선포하는 방안을 소련을 통해 미국에 제안한 사실이 외교문서를 통해 드러났다(연합뉴스, 중앙일보 등: 2018.3.30 보도 참조). 2018년 3월 30일자 언론 보도에 의하면, 1987년 12월 백악관에서 열린 미·소정상회담에서 당시 고르바초프(Mikhail Sergeevich Gorbachev, 1931~) 소련공산당 서기장(재임 기간: 1990.3~1991.12)

은 '한반도의 중립국가 창설 및 완충지대화'에 관한 북한의 제의를 담은 비공식 문서를 레이건(Ronald Reagon) 대통령에게 전달한 것으로 알려졌다.

이 같은 사실은 한국 정부의 '외교문서공개에 관한 규칙'에 따라 비밀 해제된 1987년 외교문서를 통해 밝혀졌다. 우리나라 외교부는 30년이 경과하여 원문 해제 요건이 된 비밀문서를 매년 공개하고 있는데, 당시 공개된 문서는 1,420권, 23만여 쪽에 달한 것으로 알려지고 있다.[36]

1987년 당시 김경원 주미대사는 외무부에 보낸 긴급 전문을 통해 "1987년 12월 9일 미·소정상회담 시 고르바초프 당서기장이 '한반도에서 중립국가 창설 및 완충지대화'에 대한 북한의 제의를 담은 비공식문서를 레이건 대통령에게 전달했다"고 보고했다. 외무부의 당시 '미·소정상회담 개최결과 보고'에 따르면 북한은 "연방공화국을 창설하고 동 공화국이 중립국가 및 완충지역임을 선포하는 헌법을 채택하자"고 제안했다. 이를 위해 ▸남·북한 각각 10만 명 미만의 병력 유지 및 핵무기를 포함한 모든 외국 군대 철수, ▸남·북한이 서명하는 불가침 선언 및 휴전협정을 평화협정으로 대체, ▸중립국 감시위원회의 권한 강화를 통한 감군 절차 감독, ▸남·북한군을 단일한 '민족군'으로 통합하자고 했다. 또 ▸남·북한이 제3국과 체결한, 국가적 단합에 위배되는 모든 협정 및 조약을 폐기하고, ▸연방공화국이 단일 국호로 유엔에 가입하자는 내용 등도 포함되

36) 원문은 서울 서초구 외교사료관에서 열람할 수 있고, 원문 요약 내용은 외교사료관 홈페이지(http://diplomaticarchives.mofa.go.kr)와 모바일에서 검색할 수 있다.

어 있었던 것으로 알려지고 있다.

부연하면, 북한은 또한 이 제안에서 남·북한의 군 병력을 단계적으로 감군, 남·북한 각기 10만 명 미만으로 유지되는 '민족군'을 자위적 목적을 위해서만 유지하고, 핵무기를 포함한 모든 외국 군대를 철수하자고 제안한 것으로 알려졌다. 북한은 더 나아가 남·북한으로 구성된 연방공화국을 창설해 한반도가 '중립국가 및 완충지역'임을 선포하는 헌법을 채택하고, 연방공화국이 단일국호로 국제연합(UN)에 가입하는 방안도 제시했다.

이 사실은 미 국무부 동아시아태평양 부차관보가 주미한국대사관 공사에게 미·소정상회담 결과를 설명하는 과정에서 알려진 것으로 전해졌다. 미국 측에 따르면 당시 고르바초프 소련공산당 서기장은 이 문서를 '기계적으로' 전달하면서 "북한으로부터 받아온 것"이라는 설명 외에 아무런 부연 설명도 하지 않은 것으로 알려졌으며, 레이건 대통령 또한 특별한 반응을 보이지 않고 이 문서를 단순히 접수한 것으로 알려졌다. 미국 측은 한국에 이 문서를 전달하면서 '1급 기밀(top secret)'로 분류, 절대 보안을 당부하기도 했다. 미국 측은, 즉 우리 측 대사관 관계자에게 관련 사실을 통보하면서 해당 문서 내용이 알려질 경우 "한반도 문제와 관련된 미·소 간 협의에 심각한 영향을 미칠 우려가 크다"고 강조하면서 보안 유지를 요청했다는 것이다.

우리 외교 당국은 당시 북한 측의 제안과 관련해 "현실성이 없으며, 구체적 내용에서도 새로운 것이 없다"는 평가를 미국 측에 전달한 것으로 알려졌다. 미국 또한 당시 소련 측으로부터 이 문서를 전달받으면서, "소련 측이 정상회담 시 이 문서를 미국 측에 전달했다는 사실을 (북한에) 단순히 통보해주는 데 그 목적이 있었던 것으로 평가하고 있다"고 우리 측에 밝힌 것으로 알려졌다.

〈1987년 외교문서〉

(別 添)

"韓半島 緩衝地域 設定 및 中立國 創設을 위한 朝鮮民主主義 人民共和國의 提案"

(12.9. 백악관 頂上會談時 고르바쵸프 書記長이 手交)

1. 南北韓이 오직 自衛의 目的을 위해서만 필요한 정도의 規模로 段階的인 大規模 減軍 단행. 즉 南北韓 각각 10萬 미만의 兵力 維持 및 核武器를 포함한 모든 外國 軍隊의 撤收

   南北韓이 署名하는 不可侵 宣言, 休戰協定을 平和協定으로 대체, 中立國 監視委員會의 權限을 強化하여 減軍 節次를 監督할 수 있는 權限을 附與, 南北韓 軍을 單一한 民族軍으로 統合

2. 軍事協定을 포함하여 南北韓이 第3國과 締結한 民族的 團合에 違背되는 모든 協定 및 條約을 廢棄

3. 南北韓으로 構成된 聯邦 共和國을 創設하고 同 共和國이 中立國家 및 緩衝地域임을 宣布하는 憲法 採擇

4. 聯邦共和國이 單一國號로 國際聯合에 加入

출처: 연합뉴스

덧붙여 얘기하면, 남·북한 정부에서 각기 다르게 제안하고 있는 남한의 연합체 통일 방안과 북한의 연방제 통일 방안은 그 주요 내용이 적지 않은 측면에서 공통점을 갖는다고 할 것이다. 2000년 6월 15일 남·북한 정상들이 평양에서 발표한 '6·15 남·북공동선언' 제2항은 "남한의 연합체 통일 방안과 북한의 연방제 통일 방안에 공통점이 있다"는 내용을 담고 있다. 그러나 '6·15 남·북공동선언'이 선포된 지 18년이 경과되었으나 남북통일을 위한 접근이나 논의는 조금도 진전되지 못하고 있으며, 남·북한 간의 대립과 갈등은 더욱 고조되고 있다(강종일, 2014: 149). 이러한 관점에서 본다면, 평화통일을 외치는 남·북한 정치지도자들의 그 많은 '통일'과 '평화' 주장은 진정성 없는 '정치적 수사(修辭, rhetoric)'에 불과한 것이 아닌가 하는 느낌을 지울 수 없다.

북한 체제의 특성상 민간인 또는 민간단체의 중립화 주장을 북한 정부 당국의 주장과 분리해 살펴보는 것이 얼마나 의미를 가지는지 모르겠으나, 납북인사들의 단체인 '재북평화통일촉진협의회(대표 조소앙)'가 휴전협정 체결 뒤인 1956년 7월 2일 평양 모란봉 극장에서 시국선언대회를 갖고, 행동강령에 남·북한의 '중립화 통일'과 진보적 민주주의 체제를 지향할 것을 골자로 한 일곱 개항의 결의문을 채택했다는 사실을 지적해 두고자 한다(이태호, 1991: 374-376).

3. 대한민국 수립 이후 주변국의 한반도 중립화 안

미국의 대 한반도 정책과 트럼프 대통령의 신안보 정책

미국은 구한말부터 대한민국 수립 이후 지금까지 한반도의 운명에 결정적 영향을 끼쳐 온, 그리고 앞으로도 지대한 영향을 미치게 될 주요 국가다. 적어도 한국의 입장에서는 그러하다. 그러나 미국 등 외국의 입장에서 볼 때, 한반도는 그들에게는 생존의 문제와 직결된 '직접적 관심사'가 아니다. 비록 한반도 문제가 그들의 안보적 · 경제적 이해관계에 아무리 큰 영향을 미친다 하더라도, 그들의 국익에 크고 작은 영향을 미치는 여러 요소 가운데 하나일 뿐이다. 상황이 변하면 언제라도 버릴 수 있는 여러 개의 카드 가운데 하나일 뿐이다.

미국 조야에서 제기된 한반도 중립화론도 그러하다. 한반도 내부의 사정이 진지하게 고려된 적이 없다는 점이 공통적이라고 할 수 있다. 미국인들이 세계 전략 차원에서 접근할 때, 한반도는 기껏해야 변방지대 국경선의 감시 초소(Guard Post: GP)나 레이다 기지 또는 미사일 기지 정도로 간주될 뿐이다. 그보다 좀 나은 취급을 받는다 하더라도 후방 군 주둔지나 완충지대 정도의 취급을 받을 뿐이다. 혹자는 한반도는 미국에게 전략상 단지 지리적 가치만을 제공할 뿐이었고 계륵(鷄肋)과 같은 존재였다고 지적하기도 하였다.

미국 조야에서 한반도 중립화에 대한 관심은 1950년대 중반 이후 활발하였는데, 풀브라이트(J. William Fulbright, 1905~1995) 상원의원,

외교관이자 역사학자인 캐난(George F. Kennan, 1904~2005), 맨스필드(Mike Mansfield, 1903~2001) 상원의원 등이 정치적 타결책으로 이를 언급하였다. 이후 프리스턴 대학의 블랙(Cyril E. Black) 교수를 중심으로 크노르(Klaus Knorr) 교수와 영(Oran R. Young) 교수 등이 월남전의 종식을 위한 정치적 방안으로 논의된 중립화론을 이론적 차원으로 격상시키면서, 중립화의 고전적 이론을 제시하였다.

미국 조야에서 거론된 한반도 중립화 안을 좀 더 구체적으로 살펴보면 다음과 같다. 제2차 세계대전이 끝난 뒤인 1947년 7월 미국의 웨드마이어(Albert C. Wedemeyer, 1897~1989) 장군은 트루먼(Harry S. Truman, 1884~1972) 대통령에게 제출한 보고서에서 미국이 "한반도의 영구적인 군사 중립화를 추구해야 한다"고 제의했다.

그리고 1950년 8월 21일 미 국무성은 국제연합(UN) 총회에 상정할 목적으로 "한국에서의 미국의 활동지침"에 대한 개정 초안을 내놓았는데, 이 안에도 '한국의 비무장 중립화' 안이 담겨 있다. 미국은 한국전쟁 당시 UN군이 38선을 통과한 직후부터 한국 통일에 대한 미국 정부의 목표로 '중립화' 정책을 지속적으로 추구하였다. 1950년 11월 6일의 미 국무성 비망록에는, 중국과 소련 국경선을 따라 중립 지역 혹은 안전보장 지대를 설정하여 한국 문제를 처리할 한국통일부흥위원단(UN Commission for the Unification and Rehabilitation of Korea: UNCURK)을 새롭게 창설할 것을 제안하는 내용이 들어 있다. 그러나 중공군의 대규모 참전과 12월 말부터 시작된 유엔군의 퇴각은 한반도 중립화 계획안을 백지화시켰다. 당시 미국의 긴급한 당면과제는 교전 행위를 종식시키고 휴전협정을 성취하는 것이었다. 1951년 7월 8일 개성 부근에서 휴전협정을 위한 대화가 시작되었고, 1953년 7월 27일 합의 사항에 대해 공식 서명을 함으로써 한국전쟁은 끝났다(김승국, 프레시안 2011.10.23 참조).

한국 문제의 평화적 해결수단으로서 통일된, 그러나 '중립화된 한국'을 생각했던 트루먼 행정부의 생각이, 국무성 유엔 차관보 힉커슨(John Dewey Hickerson, 1898~1989) 등이 1953년 6월 8일 작성한 비망록에 담겨 있다. '한국의 중립화된 통일'은 휴전협정 이후 미국의 외교 정책의 기조가 될 것이었다. 그러나 이 방안은 시도되지도 못했다. 미국은 중립화된 한국의 구상은 고사하고 휴전협정 자체를 이승만 대통령이 받아들이도록 설득해야 하는 문제를 가지고 있었다(황인관, 1992: 68-82).

한편 1951년 4월 트루먼 대통령에 의해 갑작스런 해임을 당하기까지 UN군을 이끌었던 맥아더(Douglas MacArthur, 1880~1964) 장군도 한반도의 중립화를 제안했었다. 1952년에는 또한 이승만 대통령의 고문 로버트 올리버(Robert Tarbell Oliver, 1909~2000)도 스위스 모형에 따른 한반도의 영세중립화를 제의했다. 그리고 1953년에는 덜레스(John Foster Dulles, 1888~1959) 국무장관이 국가안보회의에서 '한반도 중립화'를 주창한 것으로 알려지고 있다.

그 뒤 라이샤워(Edwin Oldfather Reischauer, 1910~1990) 하버드대학 교수와 바네트(Arthur Doak Barnett, 1921~1999) 컬럼비아대학 교수도 '한반도 중립화'와 관련된 유사한 제의를 하였다. 라이샤워는 미국이 "세계 다른 지역에서의 긴장 상태와는 별도로 남·북한 정부로 하여금 외세의 압력에 대한 불안 없이 그들의 통일문제를 검토하도록 하면서, 한반도 중립화에 대한 4강대국의 합의를 얻기 위해 미 지상군의 철수를 활용해야 한다"고 제의하였다. 바네트도 "남・북한 양 정부에 의한 균형 있는 군축이 취해지도록 단계적인 조치를 강구해야 한다"고 전제하면서, "궁극적으로는 한반도를 '비핵지역화'하고, 나아가 '중립화된 지역'으로 설정하는 특별 협정까지도 필요하다는 점을 설득해야 한다"고 주장했다(강광식, 2010: 205).

1960년대 들어서는 맨스필드 상원의원이 1960년 상원 외교위원장에게 제출한 보고서에서 '한반도 중립'을 건의하였다. 또한 스칼라피노(Robert Anthony "Bob" Scalapino, 1919~2011) 교수는 1961년, 브레진스키(Zbigniew Kazimierz "Zbig" Brzezinski, 1928~2017) 교수는 1972년, 라이샤워(Edwin Oldfather Reischauer, 1910~1990) 교수는 1976년에 다시 한반도 중립 문제에 대한 긍정적 입장을 피력한 바 있다(강종일, 2004: 180-181; 정지웅, 2006: 36).

한반도의 중립화 안은 1970년대의 카터(James Earl Carter Jr., 1924~) 대통령을 거쳐, 2000년 이후에도 지속되고 있다. 해리슨(Selig S. Harrison, 1927~2016)은 2003년 4월 그의 저서 *Korean Endgame: A Strategy for Reunification and U.S. Disengagement*에서 한반도의 영세중립통일을 제안하였다.

국익을 고려한 미국 정부의 외교 기조는 닉슨 독트린(Nixon Doctrine)에서 강조된 '한국 안보의 한국화(Koreanization of Korea Security)'에서 그 본질을 찾아볼 수 있다. 한국의 안보를 위해 미국 시민의 세금을 지속적으로 투입할 것을 요구할 권리가 우리에게는 없다. 앞에서 럼스펠드(Donald Henry Rumsfeld, 1932~)와 나이(Joseph Samuel

Nye, Jr., 1937~) 등이 "한국 국민이 원하지 않으면 미군은 언제든지 떠날 수 있다"고 말한 바와 같이, 미국 정부와 학자들 가운데 적지 않은 사람들은 기회 있을 때마다 주한미군 철수 문제를 제기하면서, 주한미군 철수의 대안으로 '한반도의 중립화'를 제시하곤 했다.

미국 학자들이 제기하는 한반도 중립화 방안은 어디까지나 미국의 국익을 우선시하고 있다. 당연하다고 생각한다. 그것이 세계전략 차원에서 추구되든 아시아 지역 차원에서 판단되든 미국인들에게는 한반도에서 미군을 철수시키는 것이 미국의 국익이 되느냐 아니냐가 주요 관심사일 수밖에 없다. 미국의 국익만이 아니라, 당사국인 남·북한의 국익과 국내 사정까지 배려해 달라고 하는 것은, 냉혹한 국제 관계에서는, 기대할 수 없는 것이다.

미국의 대 한반도 정책을 더 깊이 이해하기 위해서는 미국의 관련 문건들을 살펴볼 필요가 있다. 휴전 직전인 1953년 6월 15일 미국의 국가안보회의(National Security Council)[37]에 제출된 보고서는, "한국에서 미 병력과 기지의 철수, 그리고 한국을 미 군사권에서 배제시키는 대신으로 미국의 이해가 관철된 한국 통일에 대한 공산 측 동의를 수반해야 될 것이다"는 조건을 내걸고 있다. 미국의 이해가 관철될 것인지가 최대의 관심사이다. 그나마 이 문건은 "중립화로 인해 그 군사적 지위를 포기한다고 해서 그것이 미국에게 위태로운 것은 아니다. 전면전의 경우 한국의 방어는 어떠한 경우에 있어서도 미국 군사력에 대한 대응으로서만 그러한 공격을 저지시킬 수

37) 미국의 국가안보회의는 미국의 외교, 안보 관련 부처에서 대통령에게 제출한 관련 정책에 대해 예비 검토를 담당하는 기구로 1947년 창설되었다.

있을 것이다"고 언급하고 있다. 이어 중립화 발상의 긍정적인 면으로 "일본의 안보는 압록강과 두만강 너머의 공군을 포함한 공산 병력의 철수에 의해 유리하게 될 것이다. 또 한국 내의 미군기지와 중무장된 한국 군사력을 지원할 필요성이 경감됨으로써, 절약되는 국방비를 기타 자유세계의 군사적 지위를 강화시키는 데에 사용할 수 있을 것이다"고 기술하고 있다. 한반도의 중립화가 일본의 안보에 도움이 된다는 점, 한국에 대한 군사력 지원이 경감됨에 따른 국방비 절약이 미국의 국익에 보탬이 된다는 관점이 내재해 있다.

이 문건은 "통일되고 중립화된 한반도를 보호하는 것은 미국의 이익이며 목적이 되어야 한다"고 결론을 내리고 있다. 여기서 중립화된 한국을 '보호'하려는 미국의 입장은, "19세기 말의 일본 정부가 조선을 보호국으로 만들 방침을 세우고 한반도 중립화 방안을 제시한 것"과 유사하다고 평가할 수 있을 것이다.

1953년 6월 30일자 '국방장관에게 보내는 미국 합동참모 본부의 비망록'은 '중립화 불가(不可)' 결론을 담고 있다. 통일되고 중립화된 한국이 전략적으로 미국의 불이익이 될 것으로 간주되었기 때문이다. 한반도가 중립화됨으로써 생겨나는 진공(眞空)을 공산주의자들이 메우면, '한국에 비(非) 공산주의 정권을 세움으로써 얻을 미국의 국익'을 챙길 수 없다는 것이 그 이유다(김승국, 프레시안 2011.11.13 참조).

어떻든 미국의 국익을 위한 한반도 중립화 구상은 이승만 정권의 반대에 부딪쳐 실현되지 못했다. 미국은 휴전협정이 체결된 뒤에도 이승만 정부에 중립화 통일을 제의했으나 거절당했다.

다음에서는 미국의 대 한반도 정책을 더 잘 이해하기 위해 21세기 들어 변화 조짐을 보이고 있는 동북아시아 지역에서의 역학관계 변동과 그에 대응하는 미국의 전략을 살펴보고자 한다.

동북아시아 지역에서는 21세기 들어 미국이 역학관계를 주도하고 있는 가운데 러시아의 역할과 위상이 축소되어 왔다. 반사적으로 중국과 일본의 영향력이 상대적으로 증대되는 세력 구도 속에서 미·중 간의 세계적 차원의 패권 경쟁과 중·일 간의 지역적 차원의 영향력 경쟁이 동시적으로 전개되는 모습을 보이고 있다. 미국은 탈냉전 이후 '개입과 확대(engagement and enlargement) 전략'을 통해 역내의 전략적 균형을 주도하고자 노력하고 있다. 미국은 초강대국으로서의 지위를 바탕으로 한국 및 일본과의 쌍무적 동맹 관계를 한 차원 더 발전시키고자 하는 데 반해, 중국은 러시아와의 협력을 바탕으로 대규모 연합 군사훈련을 실시하는 등 미국 중심의 동북아시아 질서에 도전, 동북아시아에 새로운 냉전 구도가 형성되는 조짐을 보이고 있다.[38]

중국은 2001년 러시아와 함께 중앙아시아 지역 국가들을 망라한 '상하이협력기구(Shanghai Cooperation Organization: SCO)'[39]를 발족시키는 등 미국의 영향력을 축소시키기 위해 노력하고 있으며, 파키스

38) 일부 식자들은 중국과 러시아가 구심점을 형성하고 있는 상하이협력기구가 그 위상과 역할 및 영향력 측면에서 크게 문제 삼을 만한 것이 못 된다는 견해를 밝히고 있다. 그리고 중국과 러시아의 관계도 역사적으로 볼 때 깊은 불신과 증오가 내재해 있기 때문에 긴밀하게 결속된 진영으로 발전하는 데 한계가 있을 수밖에 없다고 본다.

39) 상하이협력기구는 2001년 7월 14일 중국·러시아·우즈베키스탄·카자흐스탄·키르기스스탄·타지키스탄 정상들이 모여 결성하였다.

탄, 미얀마, 캄보디아까지 이들 그룹에 포함시키려 하고 있다. 러시아의 일간지 〈이스베스티야(*Izvestiya*)〉는 상하이협력기구의 합동군사훈련을 '반 NATO(North Atlantic Treaty Organization) 군사 작전'으로 표현한 바 있다. 이에 대해 러시아의 푸틴(Vladimir Vladimirovich Putin) 대통령은 상하이협력기구는 회원국의 정치·경제 분야를 다룰 조직인 바, 앞으로 경제 분야를 강화할 것이라고 강조하면서 북대서양조약기구(NATO)의 대항조직이라는 견해를 부인하였다.

미국은 실제로 2001년 발표한 '4년 주기 국방검토(Quadrennial Defense Review: QDR)' 보고서에서 중국에 대한 '전략적 견제' 입장을 밝혔다. 이 보고서는 중국을 직접 거명하지는 않았으나 "미국의 전략은 다른 국가들이 미래의 군사경쟁을 추구하는 것을 단념시킬 수 있다"는 점을 명백히 밝혔다. 그리고 2002년 발표된 미국의 '국가안보전략(National Security Strategy)'[40] 보고서는 "우리의 군사력은 잠재적인 적들이 미국의 힘을 능가하거나 대등해지려는 희망으로 추구하는 군사력 증강을 좌절시킬 정도로 충분한 힘을 갖게 될 것"이라고 강조하였다.

중국을 견제하기 위한 미국의 전략은 2006년 발표된 '4년 주기 국방검토' 보고서와 '국가안보전략' 보고서에서 한층 더 분명하게 드러났다. '국방검토' 보고서에서는 미국의 패권적 지위에 영향을 미칠

40) 미국은 새 행정부가 들어설 때마다 앞으로 추진할 국가안보전략(National Security Strategy of the United States of America)이 무엇인지 미국 국민에게 발표해 왔다. 1986년 '골드워터-니콜스 법(Goldwater-Nichols Act)'에 따라 매년 보고서를 내도록 해 왔지만 실제로는 대통령 임기 동안 한 번만 발표해 왔다. 매번 발표되는 미국의 국가안보전략에는 미 행정부가 추구하는 국가안보 이익이 무엇인지, 그리고 국제적 안보환경과 안보적 도전을 어떻게 평가하는지가 나와 있다.

수 있는 '전략적 기로에 선 국가'로 중국·러시아·인도 세 나라를 들었다. 이 가운데 중국은 미국과 군사적으로 경쟁하고 미국의 우위를 상쇄할 수 있는 파괴적인 군사기술의 이용이 가능한 잠재력을 갖고 있는 것으로 평가되었다. 그리고 러시아는 '건설적 동반자'로, 인도는 '핵심적인 전략적 동반자'로 규정되었다. '국가안보전략' 보고서에서도 "우리는 중국이 자신의 국민을 위해 전략적으로 올바른 선택을 할 것으로 기대하지만, 그렇지 않을 가능성에도 대비하고 있다"고 밝혔다.

미국 국방부는 내부적으로 중국의 도전을 단념시키기 위한 전략적 목표를 설정해 놓은 것으로 알려지고 있다. 이러한 자료들은 중국이 미국과 군사적 경쟁을 벌이고자 하는 동기를 사전에 차단하겠다는 것을 가리킨다. 이는 미국이 압도적 군사력 우위를 통해 중국이 미국과 대등해지는 것 자체가 불가능할 뿐만 아니라, 대등해지려고 하는 노력이 중국에 막대한 비용을 초래할 것이라는 점을 주지시킴으로써 미국 주도의 단극 체제를 공고화하려는 것으로 보인다.

미국은 또한 2007년 9월 오스트레일리아 시드니에서 개최된 아시아태평양경제협력체(APEC) 정상회의에서 일본·오스트레일리아 정상들과 3자 회동을 가진 바, 이는 중국을 견제하기 위한 '3각 동맹'을 형성한 것으로 해석되고 있다. 이들 세 정상은 정상회담 자리에서 인도를 적극적으로 활용함으로써 중국을 견제한다는 전략을 집중 논의한 것으로 전해졌다. 실제로 중국을 포위하는 미국·일본·오스트레일리아 3국은 2007년 9월 인도 벵골만에서 합동군사훈련을 실시하는 등 근년 들어 활발해진 연대 활동을 벌이고 있다. 미국·

일본·오스트레일리아의 3각 군사연대가 인도까지 가담한 4각 군사연대로 확대되면, 중국에 대한 압박의 강도는 더욱 높아질 전망이다. 미국은 이 지역에서 일본·인도·오스트레일리아·싱가포르 등과 군사적으로 연합하여 미국 항공모함이 가담하는 대규모 군사훈련을 수시로 실행하고 있다(한국전략문제연구소, 2007: 6－17).

한편 미국과 각각 개별적 동맹을 맺고 있는 일본과 오스트레일리아는 2007년 3월 일본·오스트레일리아 안보공동선언을 발표, 미국과 일본 및 오스트레일리아를 연결한 새로운 '3각 동맹'이 탄생한 것이다. 이에 앞서 2006년 3월에는 부시(George Walker Bush) 미국 대통령이 인도를 방문하여 만모한 싱(Manmohan Singh) 인도 총리와 정상회담을 갖고 핵협력 협정에 서명하였다. 이와 같은 미국의 행보는 아시아에서 미국이 중국 포위망을 새롭게 형성하는 것으로 해석되고 있다.

다음에서는 미국의 이전 정부의 외교 정책과는 판이하게 다른 접근 방식을 보이는 트럼프(Donald John Trump, 1946～) 행정부의 신안보 전략을 고찰해 보고자 한다.

트럼프 행정부는 2017년 12월 18일 새로운 '국가안보전략(National Security Strategy: NSS)'을 발표했다. 그리고 채 2개월이 지나지 않아 2018년 2월 다시 국가안보전략을 발표하였다. 이는 새 행정부가 들어설 때 한 차례만 발표하던 전례에 비추어 이례적인 일이었다. 이 안보 전략은 네 가지 주요 원칙, 즉 미국 본토의 방어, 미국의 번영 증진, 힘을 통한 평화 유지 및 미국 영향력의 증대 원칙, 한 마디로 요약하면 트럼프 대통령이 대선후보 시절 구호로 내세웠던 '미국우선주의'를 전략적 국가목표로 내세운 "미국 우선의 국가안보전략(America First National Security Strategy)"에 의해 조직화되었다(Tatsumi, 2017).

이 국가안보전략은 몇 가지 점에서 주목할 만하다. 우선, 이 전략은 중국과 러시아가 미국의 힘과 영향력, 그리고 이해관계에 도전하는 경쟁자로 부상했다는 점을 명시적으로 적시한다. 이 전략은 또한 새로운 영역으로 우주와 사이버의 전략적 중요성을 인정한다. 게다가 이 전략은 나아가 미국의 적과 경쟁상대를 명확하게 설정한다.

이 전략은 또한 인도-태평양 지역(Indo-Pacific region)의 미국 동맹국들에게 이들 지역이 미국에 대해 가지는 전략적 중요성을 알려준다. 예를 들어, 인도-태평양 지역이, 이전의 미국 행정부들에서 우선시하였던 중동이나 유럽 지역보다 더 중시된다는 것이다. 그 가운데서도 중국이 주목을 받는다. 중국은 전 세계적으로 미국의 리더십에 도전하는 경쟁자로, 라틴 아메리카와 아프리카 등 인도-태평양 지역 바깥 지역에서도 외교적·경제적 활동을 왕성하게 벌이고 있다. 새로운 국가안보전략(NSS)은 또한 중국이 어떻게 선진기술 투자에서 성공을 거두게 됨으로써 군사역량을 강화하고 중국인민에 대한 통제를 강화하게 되었는지를 광범하게 조사하고 있다. NSS는 중국이 해킹 등 사이버 수단이나 다른 경제적 기술 절취 등을 통해 선진 기술을 획득하기도 한다는 점을 분명하게 적시한다. NSS는 또한 과거 안보 차원에서 큰 관심을 두지 않았던 중국과 타이완 관계에 대해서도 주의를 기울인다. NSS는 나아가 북한 문제나 동남아시아 해상 문제, 그리고 쌍무무역협정 등과 관련하여 중국과 부딪치는 것을 회피하지 않을 것임을 명백하게 밝혔다.

어떻든 미국 우선주의를 내세우는 NSS는 미국이 국제 무대에서 아직도 주도적 역할을 할 수 있다는 점을 분명하게 밝히고 있다. 비록 일부 접근 방법이 전통적 방식을 벗어난다 하더라도, NSS의 이러한 접근은 중국의 증대하는 안보 및 경제적 압력에 맞서고 있는 인도-태평양 지역 국가들에 대해 평화 및 안보 측면에서의 미국의 공약을 재확인하는 적극적 조치로 해석된다. 한국도 당연히 이 범주에 포함된다고 할 것이다.

동아시아 지역에서 미국 중심의 남방 3각 동맹 대 구 소련 중심의 북방 3각 동맹의 대결 구도는 냉전 종식과 함께 해체된 것으로 볼 수 있으나, 앞서 지적한 바와 같이, 새로운 냉전 구도가 형성되는 조짐을 보이고 있다. 이러한 상황은 한반도에 대한 주변 강국들의 전략적 경쟁과 개입을 유발할 개연성을 높이고 있다. 최근 미국은 기존의 양자 동맹 관계를 유지하되, 아시아태평양경제협력체(Asia-Pacific Economic Cooperation: APEC)의 안보 기능을 강화하는 등 새로운 형태의 다자 동맹 관계를 모색하는 움직임도 보이고 있다.

북핵문제 해결의 시기적 급박성 때문에 미국의 외교 정책에서 '한반도 중립화' 이슈가 당장 수면 위로 부상할 것으로는 보이지 않으나, 동북아시아의 세력 판도가 요동칠 경우, '한반도 중립화' 이슈는 언제든지 수면 위로 부상할 가능성이 있는 것으로 판단된다.

중국의 대 한반도 정책

한반도와 긴 국경선을 공유하고 있는 중국은 한반도에 자신들에게 비우호적인 체제가 들어서는 것을 원하지 않는다. 구한말 이후 지속되어 온 중국의 대 한반도 정책은 그러한 기조를 유지해 왔다. 한국전쟁 당시 중국이 자신의 군사적 허약성에도 불구하고 한국전쟁에 신속하게 개입한 것은 이러한 연유에서다. 중국은 중·소분쟁 이후 북한에서의 영향력 강화를 위해 러시아와 경쟁을 벌여 왔다. 그러나 1990년 이후 소연방이 해체되고 중국의 경제가 크게 성장, G2로 부상함에 따라 중·소 간의 경쟁은 중국 쪽으로 급속도로 기울었다. 그러나 러시아의 푸틴(Vladimir Vladimirovich Putin, 1952~) 대통령이 '러시아의 재건' 정책을 추진하면서 세계 여러 곳에서 부활의 조짐을 보이고 있다.

중국은 동북아시아에서 러시아 말고도 또 다른 경쟁에 직면하고 있다. 그 가운데서도 전쟁을 할 수 있는 '보통국가화'의 기치를 내걸고 군사대국화를 추구하는 일본과의 갈등은 아시아 전역에 적지 않은 긴장을 유발하고 있다. 특히 센가쿠(댜오위다오) 열도의 영유권을 둘러싼 중국과 일본의 갈등은 양국 간의 무력 충돌 가능성까지 고조시키고 있다.

중국과 미국의 아시아에서의 기본 입장은 1972년의 '닉슨-주은래(Nixon-周恩來) 공동성명'에 천명되어 있다. 미국은 이 공동성명에서 다음과 같이 언명했다. 즉, "아시아의 평화와 세계의 평화는 즉각적인 긴장의 완화와 대립 관계의 기본적 원인들의 제거라는 두 가지 노력을 필요로 한다. 미국은 공정하고 안정된 평화가 여러 국민과 여러 나라의 열망을 충족시켜 준다는 바로 그 이유 때문에, 안정된 평화란 대외 침략의 위험을 제거하는 것이기 때문에 공정하고 안정된 평화를 위해 노력할 것이다."

미국은 또한 한국 및 일본과의 관계에 대해 다음과 같이 언급하고 있다. 즉, 협상을 통한 해결의 진공 상태에서 미국은 인도차이나 각국의 자결권 목적과 일치하는 선에서 이 지역으로부터의 모든 미군의 궁극적인 철수를 구상하고 있다. 미국은 또한 대한민국과의 긴밀한 유대와 이에 대한 지지를 유지할 것이다. 미국은 한반도의 긴장 완화와 대화 증진을 모색하려는 대한민국의 제 노력을 지지할 것이라고 천명하였다. 그리고 미국은 일본과의 우호 관계에 최고위의 가치를 부여하여 현존하는 긴밀한 유대 증진을 계속할 것이라고 밝혔다.

이와 관련하여 중국 측은 다음과 같이 언명했다. 중국은 자유와 해방을 위한 모든 피압박민·국가들의 투쟁을 확고히 지지하며, 모든 나라는 그들의 희망에 따라 그들의 사회 체제를 선택하고 그들 나라의 독립과 주권 및 영토 보전을 수호하고 외부로부터의 침략과 간섭·통제 및 전복 활동에 반대하는 권리를 가진다고 언명했다. 그리고 모든 외국 군대는 그들 나라로 철수해야 한다고 덧붙였다.

중국은 1950년 '한국전쟁'에 개입한 이래, 같은 사회주의 체제를 유지하는 북한과 한·미동맹 못지않은 우호 관계를 유지해 오고 있다. 1961년 7월 11일 베이징에서 체결한 '중·조우호협력상호원조조약(中·朝友好合作互助條約)' 제2조에서는 어느 한쪽이 몇몇 동맹국의 침략을 받아 전쟁 상태로 바뀌는 즉시 군사적 원조를 제공해야 한다고 규정하고 있다. 그리고 제4조에서는 양국은 양국 공통의 이해관계가 있는 모든 중대한 국제 문제에 대해 서로 협의하기로 한다고 규정하고 있으며, 제5조에서는 중화인민공화국과 조선민주주의인민공화국 양국은 주권의 상호 존중, 내정 불간섭과 평등 호혜의 원칙, 우호・협력의 정신을 바탕으로 한 양국 간의 사회주의 건설사업에서 가능한 한 경제・기술 원조를 진행하며, 양국 간의 지속적인 경제, 문화, 과학, 기술 협력을 통해 발전시킨다고 천명하고 있다.

그러나 중국은 한국이 급속하게 경제 성장을 이룩한 뒤에는, 남・북한 모두와 동시에 긴밀한 관계를 유지하는 방향으로 정책기조를 바꾸는 듯하였다. 그러나 종말고고도지역방어(終末高高度地域防禦, Terminal High Altitude Area Defense: THAAD) 시스템의 한국 배치, 북핵문제를 둘러싸고 북한에 대한 중국의 제재 이완, 미・중 무역 분쟁 등의 문제가 발생하면서 중국과 북한의 관계가 다시 긴밀해지는 양상을 보이고 있다. 중국은 기본적으로 한반도에 대한 미국의 영향력 증대를 우려하면서 한반도에서의 현상 유지를 원한다. 그러나 관점을 달리하여 전략적으로 접근할 경우, 중립화된 통일 한반도가 중국의 안보에 부정적 영향을 미치지 않을 것으로 볼 수 있을 것이다.

한반도는 그 지리적・역사적・정치적 환경으로 인해 중국의 정치적・경제적・안보적 이익에 긴요하다. 냉전 시대의 종식과 중국의 경제 개혁은 동북아시아 정치에 새로운 도전과 기회를 제공했다. 중국은 '공식적으로는' 한반도의 평화적 통일을 지지한다. 그러나 베이징의 속마음은 분명하게 한반도의 '현상 유지'를 원하는 것으로 알려지고 있다. 즉, 베이징의 지배적 이익(dominant interest)은 평화롭고 안정된, 그러나 '분단된 한반도'에 있다.

'분단된 한반도'는 그러나 중국 외교의 골칫거리로 중국의 국가 이익에 부정적 영향을 미칠 수 있다. 한국과 중국의 잘 정돈된 역사적 관계, 밀접한 지정학적 관계, 그리고 미·중 간의 상호작용과 같은 주요 요소들은 한반도 통일에 대한 중국인들의 시각에 영향을 미친다. 중국은 국가 이익의 관점에서 볼 때 한반도의 통일이 중국에 유리할 것으로 판단할 수 있다. 적어도 부정적 영향은 미치지 않을 것으로 볼 수 있다. 중국은 나아가 통일된 한반도가 '중립적이거나' 중국에 우호적일 것으로 기대할 수 있을 것이다. 그렇지 않다면 현상 유지를 원할 것으로 짐작할 수 있다.

일본의 대 한반도 정책

중국은 일본과의 관계에서, 일본 군국주의의 부활과 대외팽창에 강경히 반대하며 독립적·민주적·평화적·'중립적' 일본을 건설하려는 일본 국민의 욕구를 확고히 지지한다고 밝힌 바 있다. 이와 관련하여 황인관은 만일 중국이 '중립 일본'을 바란다면 '중립 한반도' 역시 받아들일 것이다. 왜냐하면 한반도에 진출 가능성이 가장 높은 일본 군국주의의 부활을 예방하려는 중국의 목적에 '중립화된 한반도'가 도움이 될 것이기 때문이다. 따라서 중국은 한국의 중립화에 반대하지 않을 것이라는 의견을 황인관은 제시하고 있다.

황인관은 또한 일본의 대 한반도 정책에 대해 다음과 같이 적고 있다. 한국에 대한 일본의 인접성과 과거 중국과 러시아와의 전쟁 때문에, 한국에 대한 도쿄의 이익은 평화와 안전뿐만 아니라 어떤 주요한 강대국이 한반도에서 패권을 행사하려는 것을 예방하는 데 있다. 따라서 한국이 러시아나 중국의 지배 하에 놓이게 된다면, 그것은 일본을 당황하게 만들 것이다. 어떤 주요한 강대국과 밀접히 연관되지 않은, 진정으로 '중립화된 통일 한국'이 어떤 외세의 지배 하에 놓이게 되면 이는 일본 안보에 위협이 된다는, 오래 지속되어 온 일본인들의 그 공포감을 완화시켜 줄 것이다. 따라서 일본은 한반도를 '중립화'하는 국제적인 협정을 환영할 것이다(황인관, 1988: 101－103).

1990년대 중반부터 강화되기 시작한 일본과 미국과의 군사동맹 강화는 중국 중심의 동아시아 경제 재편과 무관하지 않다. 21세기 들어 재강화된 미・일군사동맹은 오늘날 군사동맹의 차원을 넘어 일체화 수준이 된 것으로 평가받고 있다. 제2차 세계대전 이후 일본은 미국 체제의 하위 파트너로 편입되어 반(半) 주권국가로 자조하고 있으나, 언젠가는 진정한 주권국가, 즉 보통국가가 될 기회를 노리고 있다. 마침 한반도 북쪽에서 야기된 북핵(北核)과 미사일 위기가 그 기회를 마련해 주는 듯이 보였으나, 트럼프(Donald John Trump, 1946～) 미국 대통령의 아시아 무대에서의 단독 플레이에 가려 그 존재감이 희미해지고 있다. 일본은 그러나 '아시아에서의 공산주의 확산 방지' 및 '중국의 견제'라는 미국의 아시아 전략 기조에 편승하여 아직은 제한된 움직임을 보이고 있으나, 미국이 동아시아를 떠난 후 그 뒤를 이어 동아시아의 패권을 가지겠다는 의도를 지닌 것으로 보인다(Hays, 2001: xv).

일본은 21세기 들어 한층 공고화된 미·일군사동맹을 통해 동아시아에서의 자신들의 군사적·경제적 영향력과 입지를 높이고 중국을 본격적으로 견제하려 하고 있다. 무엇보다 미·일군사동맹의 강화는 중국의 영향력이 동아시아에서 커지는 것을 견제해야 한다는 일본의 외교 기조와, 미국의 군사적·경제적 헤게모니에 도전하는 어떠한 세력도 허용하지 않으며 지역 패권국이 대두하는 것을 사전에 방지하겠다는 미국의 새로운 안보 전략이 잘 맞아 떨어졌기 때문에 가능할 수 있다(Speed, 2005: 38).

한반도는 일본인들에게는 일본의 심장을 겨냥하는 단도인 동시에 아시아 대륙으로 통하는 다리로 인식되어 왔다. 따라서 한반도의 안정과 비적대성(non-hostility)은 일본의 안보 유지의 결정적 요소로 간주되었다. 일본인들은 당연히 통일된 한반도가 일본의 안보에 미칠 영향에 신경을 곤두세울 수밖에 없다. 친미(親美) 성향의 통일 한국은 일본에 호의적일 수 있다. 중립 성향의 통일 한국은 일본에 적대적일 수 있으나 이 경우에도 한·미 관계가 굳건하게 유지되는 한 큰 우려를 할 필요는 없다. 일본인들에게 가장 우려스러운 상황은 친중(親中) 성향의 통일 정부가 들어서는 경우다. 따라서 일본은 통일 한국에 대비하여 미국과의 관계를 돈독히 하는 한편, 중국과도 상호 이해의 폭을 넓히고 신뢰를 강화할 필요가 있다.

근년 들어 G2로 부상하고 있는 중국에 맞서는 미·일군사동맹

강화는 동아시아 지역에서 긴장을 고조시키고 있다. 그러나 중국이 아직 미국의 헤게모니에 전면적으로 도전할 것으로는 보이지 않는 바, 결국 동아시아에서의 긴장 고조는 일본과 중국 사이에서 전개될 것으로 보인다. 그러나 일본이 직접적으로 표면에 나서지는 않고, 미국의 동맹으로서 자신들의 이해관계를 관철시키려고 하기 때문에 동아시아의 긴장 구조는 기본적으로 중·일의 대결 구도지만 표면적으로는 미국이 앞장서서 중국의 부상을 견제하는 복잡한 양상을 보이고 있다(박후건, 2007: 167).

이러한 관점에서 볼 때, 일본의 대 한반도 정책의 기본 방향은, 남북이 분단되어 서로 갈등을 빚거나 경쟁을 하는 '현상 유지'를 원하는 것으로 볼 수 있다.

푸틴 대통령의 '강한 러시아' 정책과 러시아의 대 한반도 정책

러시아의 대 한반도 정책은 구한말과 제2차 세계대전 이후의 냉전 시기, 그리고 푸틴(Vladimir Vladimirovich Putin) 대통령의 '강한 러시아' 시기로 나눠볼 수 있다.

구한말 시절 대한제국의 외교에 영향력을 행사한 주요 국가는 러시아·일본·영국·미국·독일·프랑스 등이었으나 그중 지대한 영향을 끼친 나라는 러시아와 일본이었다. 러시아와 일본은 동북아시아의 국제 정세 변동에 따라 한반도를 분할하거나 만주와 한반도를 교환하려는 논의를 거듭했다. 일본은 1894년 청·일전쟁을 도발한 뒤 조선을 보호국화하려고 했다. 이에 맞서 고종은 아관파천(俄

館播遷)[41]을 단행하는 등, 러시아의 지원으로 일본을 견제하고자 하였다. 이때 청나라로부터 뤄순(旅順)과 다롄(大連)을 조차하고자 한 러시아는 그 반대급부로 한반도를 일본에 양보하려고 하였다. 그 결과 러시아와 일본은 1898년 4월 한반도에서의 일본의 상공업적 우월성을 명문화한 로젠-니시 협정(Rosen-Nishi Convention)을 체결했다(현광호, 2007: 13).

이후 러시아는 1900년 이른바 '신정책'을 채택하여 시베리아 철도가 완공될 때까지 만주에 집중하기로 하면서 한반도에서 일시 후퇴하기로 결정하였다(최문형, 2001: 239-281). 일본은 러시아의 만주집중 정책에 편승하여 한반도 침투를 가속화했다. 일본은 토지 매수, 철도 부설권 획득, 차관 제공 등의 방식으로 한반도 침투를 획책하는 한편 영국과 긴밀히 제휴하면서 러시아의 한반도 진출을 견제하였다.

러·일전쟁(1904~1905)에서 승리한 일본은 한국에 대한 지배권을 확립하고 남만주로 진출할 수 있게 되었으나, 러시아는 한반도에서 영향력을 상실하게 되었다. 한편 러·일전쟁에서 전비(戰費) 공채 모집에 응하는 등 일본을 지원한 영국과 미국도 일본의 승리가 만주의 단독 점령으로 발전할 것을 두려워하였으며, 특히 중국 대륙에서의 권익을 꾀하고자 한 미국과의 대립을 가져왔다.

제2차 세계대전이 끝난 뒤 미국이 러시아의 예전 주장대로 38°선

41) 명성황후가 시해된 을미사변(乙未事變, 1895년) 이후 일본군의 공격으로 인한 신변의 위협을 느낀 고종과 왕세자가 1896년 2월 11일부터 약 1년 간 조선의 왕궁을 떠나 러시아 공사관으로 거처를 옮긴 사건이다.

을 중심으로 한 완충지대 설치에 동의함으로써 한반도는 남북으로 분할되었다.[42] 이후 40여 년 간 세계를 동・서 양진영으로 나누는 미・소 냉전 체제(Cold War System)[43]가 지속되었다.

러시아는 1990년대 들어 구 소련이 해체된 후 세계적 초강대국으로서의 지위와 영향력을 상실하였으나, 여전히 강대국을 자처하면서 그에 합당한 외교적 영향력을 강화하기 위해 진력하고 있다. 특히 푸틴(Vladimir Vladimirovich Putin, 1952~)[44] 정부는 '강한 러시아'의 건설을 기치로 내걸고 실리외교를 통해 지역적 영향력의 복원을 추구하고 있다. 특히 중국과의 긴밀한 전략적 제휴를 통해 미국의 일방적 패권을 견제하는 입장을 보이고 있다.

2000년 초 권좌에 오른 이래 '강력한 국가의 재건과 강대국 지위의 회복'을 국정 목표로 내세운 푸틴 대통령은 대내적으로는 연방정부의 권한 확대, 경제권에 대한 국가의 간섭 증대, 매스 미디어에

42) 한반도 분할 안은 대한제국 시절 러시아에 의해 먼저 제시되었다. 구한말 동북아시아에서는 전통적 강대국이자 조선을 간섭하던 청나라가 쇠퇴하고, 러시아제국과 일본제국이 서로 패권 다툼을 하였다. 이때 러시아 외무부는 조선을 러・일 간의 완충국(buffer state)으로 두어야만 한다고 주장했다. 특히 38°선 이북을 완충지대로 두어야 러・일 간에 충돌이 없다고 주장했다. 이후 제2차 세계대전이 종료된 뒤 전쟁에서 승리한 미국이, 러시아의 예전 주장대로 38°선을 중심으로 한 완충지대 설치에 동의함으로써 한반도가 남북으로 분할되었다.

43) 제2차 세계대전이 끝난 1945년부터 40여 년 간 자본주의 국가의 맹주 미국과 공산주의 국가의 맹주 구 소련이 세계를 분할하여 대립하던 국제 체제를 말한다.

44) 푸틴 대통령은 1999년 8월 총리가 되었다가, 1999년 12월 대통령 권한대행이 되었다. 그 뒤 2000년에는 대통령직에 도전, 제3대 대통령(2000년 5월~2004년 5월)을 역임하고, 2004년에 재선되어 제4대 대통령(2004년 5월~2008년 4월)을 역임하였다. 그 뒤 2008년 5월에는 대통령직에서 퇴임하면서 총리로 취임하였다가, 2012년 5월에 다시 제6대 대통령으로 취임하였다. 푸틴은 2012년과 2018년 대선에서 당선, 4연임에 성공하면서 2024년까지 러시아를 통치하게 되었다.

대한 통제 강화 등으로 요약되는 강경 기조를 유지하는 한편 대외적으로는, 동북아시아 지역에서 패권주의적 힘을 행사하는 초강대국인 미국을 견제하기 위해 중국과의 동반자 관계를 강화하고 있다.

'강한 러시아'를 내세운 푸틴의 패권주의는 특히 미국과 세계 여러 곳에서 부딪치고 있다. 러시아는 2014년 우크라이나령이었던 크림반도를 강제 병합한 바, 미국과 유럽 국가들은 러시아의 크림반도 병합을 '침략'으로 규정하고 러시아에 대한 제재를 결정했다. 푸틴의 크림반도 강제 합병과 같은 패권주의적 정책 기조는 미국, 유럽 연합(EU), 동유럽권, 독립국가연합(獨立國家聯合, Commonwealth of Independent States: CIS)[45] 국가들과 러시아의 갈등으로 이어졌다.

다음에서는 21세기 들어 변화되고 있는 러시아의 한반도 정책을 살펴보자.

2002년 북핵 2차 위기가 닥쳤을 때 러시아는 1차 위기 때와는 달리 사태 해결을 위한 중재역을 적극 자임하였다. 로슈코프 외무차관은 2002년 12월 19일 일본 교도(共同)통신과의 회견에서 러시아는 북한과 핵문제를 풀기 위한 협상을 이미 개시했다고 밝히면서, "현

45) 구 소련(소비에트사회주의공화국연방: USSR)이 1991년 12월 31일 소멸되면서 이전의 연방국 중 11개국이 결성한 정치공동체를 가리킨다. 2008년 조지아(그루지야), 2014년 우크라이나가 탈퇴하여 2015년 현재 9개 회원국으로 구성되어 있으며, 투르크메니스탄이 준회원국으로 참가하고 있다. 독립국가연합 결성 당시의 11개국은 러시아 · 우크라이나 · 벨라루스 · 몰도바 · 카자흐스탄 · 우즈베키스탄 · 투르크메니스탄 · 타지키스탄 · 키르기스스탄 · 아르메니아 · 아제르바이잔공화국이었다. 아제르바이잔은 1992년 10월 연합을 탈퇴하였다가 1993년 9월 복귀하였다. 조지아는 1993년 10월 가입하였다가 2008년 러시아와의 전쟁 이후 탈퇴하였고, 투르크메니스탄은 2005년 탈퇴한 이후로 준회원국으로 참가하고 있다. 우크라이나는 2014년 3월 러시아의 내정 개입에 반발하면서 탈퇴하였다. 독립국가연합은 2015년 현재 9개 공화국으로 구성되어 있다.

시점에서 북한을 비난하는 것은 효과적이지 않으며, 러시아는 막후에서 외교를 통해 북한을 설득하도록 노력할 것"이라고 말했다. 모스크바 정부는 2003년 1월 로슈코프 외무차관을 평양에 보내 '북한 핵 프로그램'의 동결과 '정치 · 경제적 보상'을 교환하는 '포괄적 타협안'을 제안했다. 러시아는 사태 초기부터 중국보다 먼저 해법을 제시했고, 미국에게도 평화적인 해결 노력이 우선되어야 한다는 메시지를 전달했다. 러시아의 이바노프 외무장관도 또한 "러시아는 중 · 러정상회담에서도 한반도 비핵화가 중요하다는 점을 확인한 바 있다"고 밝혔다.

러시아는 2007년 2월 13일에 이르기까지도 한결같은 입장을 취했다. 러시아의 6자회담 수석대표인 로슈코프 외무차관은 유연한 대북 제재를 바탕으로 전력 및 에너지 공급을 통해 북한의 경제적 자립을 보장할 때 핵폐기 가능성이 더욱 커질 수 있음을 지적했다. 로슈코프 외무차관은 또한 6자회담의 합의 내용을 구체적으로 이행하기 위해서는 복수의 실무그룹을 구성해 수시로 접촉하는 일이 중요함도 주장했다.

이 당시 러시아 측이 제안한 사안들이 6자회담 공동합의문에 포함되는 등 러시아가 6자회담 등에서 한층 의미 있는 역할을 수행할 것으로 예상되었으나, 이후 6자회담이 공전을 거듭하는 가운데 북한이 미국과의 양자 대화에 비중을 두고, 미국도 중국의 역할에 의존함에 따라 러시아의 의욕은 얼마 지나지 않아 퇴색되고 말았다(한국전략문제연구소, 2007: 262). 북핵문제 해결에서 러시아가 소외되는 이러한 현상은 2018년까지 지속되고 있다.

향후 북핵문제가 북·미 양자의 틀을 벗어나 다자구도로 전환될 시기가 도래하게 되면 러시아의 역할이 다시 커질 가능성이 높아질 것으로 예측할 수 있다. 이때 '한반도 중립화' 이슈가 제기될 경우, 한반도 문제에서 온전한 주도권을 행사할 것으로 보이지 않는 러시아의 입장에서는 '중립화된 한반도'가 러시아의 이익도 적절히 확보해 주리라는 관점에서 중립화 안을 큰 거부감 없이 받아들일 것으로 판단된다.

제 3 부

왜 동북아시아는 비핵지역화되어야 하는가?

한반도 평화체제의 구축 문제는 한반도 차원에만 국한된 것이 아니다. 즉, 한반도 평화체제는 동북아시아 평화체제와 구조적으로 맞물려 있는 것이다. 동북아시아 지역은 지구상에서 가장 많은 핵탄두를 보유한 러시아와 미국, 그리고 중국이 각축을 벌이는 지역이다. 핵무기의 피해는 좁은 지역에 국한되지 않고 넓은 지역으로 확산되기 마련이다. 한반도 평화체제 구축의 이슈가 한반도에 국한되지 않고 동북아시아 전체의 시각에서 접근되어야 할 이유가 여기에 있다.

동북아시아 지역은 일반적으로 한반도, 일본, 몽골, 중국의 동북 3성, 그리고 러시아의 동시베리아 지역까지 포함하는 넓은 지역을 가리키는 의미로 사용된다. 그러나 여기서는 한반도와 일본, 중국의 동만주, 그리고 러시아의 연해주 및 사할린 지역을 가리키는 한정된 의미로 사용하고자 한다.

북핵(北核)문제는 흔히 '한반도의 비핵화'에 초점을 두고 논의된다. 그러나 한반도 평화체제를 구축하기 위해서는, 특히 장기적으로 안정적인 평화체제를 구축하기 위해서는, '한반도만의 비핵화'가 아닌 '동북아시아 전체의 비핵지역화'라는 큰 틀에서 접근되어야 한다고 필자는 생각한다. 이와 같은 광역적 접근은 나아가 '핵 없는 세계'를 향한 발걸음을 내딛는 의미도 지닐 것이다.

한반도는 오늘날 냉전의 마지막 전선(last front in the Cold War)으로 불릴 정도로 불확실한 미래에 직면해 있다. 앞서 지적하였듯이, 1991년 소연방(蘇聯邦)의 해체를 계기로 비록 전 세계적인 냉전 체제가 종식되었다고는 하나, '강한 러시아'를 내세운 푸틴(Vladimir Vladimirovich Putin) 대통령의 등장 이후 동북아시아 지역에 신(新) 냉전 체제가 형성되는 조짐을 보이고 있어 우려를 자아내고 있다.

제 8 장

동북아시아 갈등사 개관

대륙 세력과 해양 세력이 서로 부딪치는 한반도는 고래(古來)로 동북아시아뿐만 아니라 중국 대륙의 운명을 가르는 지렛대 역할을 해왔다. 중국인들이 항왜원조(抗倭援朝) 전쟁으로 부르는 임진왜란과 항미원조(抗美援朝) 전쟁으로 부르는 한국동란에 개입한 이유는, 한반도의 격변 상황은 중국 왕조의 변혁을 초래하는 계기가 된다는 점을 역사적 경험을 통해 알고 있기 때문이다.

고조선 시대부터 북부여를 거쳐 고구려, 그리고 나당연합군(羅唐聯合軍)을 통한 삼국통일까지 이어지는 동북아시아의 세력구도 변화는 바로 중국 왕조의 부침으로 연결되었다. 또한 고려 이후 요(遼, 916~1125)－금(金, 1115~1234)－원(元, 1260~1368)－청(淸, 1616~1912)으로 이어지는 동북아시아의 중근대 역사는, 고려(高麗, 918~1392)－조선(朝鮮, 1392~1910)과 함께 바로 동북아시아의 역사라고 할 수 있다.

역사적으로 한반도는 주변 국가로부터 많은 침략을 받은 국가 중의 하나다. 그 가운데서도 동북아시아 지역의 여러 민족으로부터 많은 침략을 받았다. 한반도는 고대부터 주변 국가로부터 소규모 전쟁을 포함하여 모두 940여 회의 침략을 받았다. 여기서 말하는 소규모 침략전쟁이란 한반도의 변방을 침범한 국지전쟁(skirmish)을 의미하며, 대규모 침략전쟁이란 당사국이 침략과 방어에 총체적 국력을 동원한 전쟁(war)을 의미한다. 중국이 한반도를 침략한 대규모 침략전쟁은 33회이며, 일본의 대규모 침략전쟁은 17회를 기록하고 있다(이선근, 1987; 강종일, 2014: 83).

동북아시아 역사는 전통적으로 중국 북부 지역에 거주한 소위 동이북적족(東夷北狄族)을 중심으로 전개되어 왔다. 기원전 221년 연(燕)나라가 한반도의 기자조선(箕子朝鮮)을 침략한 이래 기원전 108년에는 한(漢)나라가 위만조선(衛滿朝鮮)을 침략했다. 기원후 590년부터 613년 간에는 수(隨)나라가 고구려를 3회 침략했으며, 당(唐)은 644년부터 677년 간 신라와 연합하여 고구려와 백제를 침략했다.

중국 북부에 거주한 이민족인 말갈(靺鞨)족과 거란(渠丹)족, 몽고(蒙古)족, 그리고 만주(滿洲)족도 한반도를 수십 차례 침략했다. 말갈은 서기 125년, 229년, 671년 신라를 침범했으며, 서기 220년에는 백제를 침략하고, 921년에는 고려를 침범한 것으로 밝혀지고 있다. 그리고 거란은 서기 993년부터 1018년 사이에 고려를 5회나 침략했다. 그리고 몽고는 서기 1231년부터 1275년까지 고려를 여러 차례 침략했으며, 만주족도 명(明)나라를 멸망시켜 중국 대륙을 완전하게 장악하기 이전인 1627년과 1636년 2회에 걸쳐 한반도를 침략하였다 (Kang, 1997: 51 – 63).

일본 또한 삼국 시대 이래 여러 차례 한반도를 침략한 기록이 있다. 일본이 한반도를 최초로 침공한 기록은 서기 50년 신라를 침공함으로써 시작되었다. 일본은 서기 232년 신라를 다시 침공했으며, 287년에는 백제를 침략했고, 404년에는 대방(帶方)을, 그리고 407년부터 500년 간에는 신라를 6회 침공하였다. 일본은 또한 1366년 고려를 침범했으며, 1592년에는 임진왜란을 일으켜 한반도를 침략했으며, 1905년 11월 17일의 '을사늑약(乙巳勒約)'[1]을 거쳐, 1910년 8월 22일에는 한일병합을 강제, 한반도를 식민지화하게 되었다(강종일, 2014: 84 – 85).

동북아시아의 세력 변혁기에 중국이 택한 전통적인 전략은 한반도를 자신의 편으로 확고하게 끌어들이는 종속화 또는 동맹화하는 전략이었다. 이에 조응하여 단속적(斷續的)으로 등장하는 한반도의 대응 전략이 '중립화'였다.

993년 요(遼)나라가 침공해 왔을 때 고려는 요나라와 송(宋, 960~1279)나라 사이에서 중립적인 균형 외교를 통해, 요나라에 점령당했던 봉산군을 되돌려 받았을 뿐 아니라, 여진족 평정을 명분으로 강동 6주 압록강 동쪽 280리 땅까지 영토를 확장하게 된 것이다(김무

1) 1905년 일본이 조선의 외교권을 박탈하기 위해 강제로 체결한 조약을 말한다. 원명은 한일협상조약이며, 을사늑약(乙巳勒約) 또는 을사5조약이라고도 한다.

진 · 박경안 편, 1993: 142－145). 요나라가 80만 대군을 동원하여 침공해 왔을 때 고려 조정에서는 항복하자는 의견과 서경(西京: 평양) 이북의 땅을 떼어주고 화의하자는 할지론(割地論)이 대립하였으나 할지론이 더 우세하였다. 이 같은 상황에서 서희(徐熙)는 서경 이북을 할양하고 강화하자는 주장에 맞서, 자진해서 국서를 가지고 적장 소손녕과 담판을 벌여 요나라 대군을 철수시키고, 고려 영토를 회복 · 확장하는 외교적 성과를 거둔 것이다.

당시 고려가 송나라와 요나라 사이에서 중립 정책을 펼 수 있었던 것은 송나라와 요나라 사이에 힘의 균형 상태가 유지되었기 때문이다. 이러한 관점에서 볼 때, 한반도 중립화의 계기도 주변 4강의 힘이 균형을 이루는 상황에서 찾아질 수 있을 것이다.

한반도가 중립화 정책을 추진하였던 또 다른 역사적 시점은 조선의 광해군 집권기(재위 기간: 1608～1623)로, 당시 후금(後金, 1636년 국호를 청〈淸〉으로 변경)과 중원(中原)을 다투던 명(明)나라가 조선에 원병을 요청하자 광해군은 명나라의 요청에 응하는 척하면서 조선 원군 대장인 강홍립(姜弘立)에게 1만 명의 병사를 주어 출정시키면서 비밀교지(秘密教旨)[2]를 통해 후금과 싸우지 말며 적당한 시기에 조선의 출정은 명나라의 요청에 의해 강제당한 것이라고 청나라 초대 황제 누르하치(努爾哈赤, 재위 기간: 1616～1626)에게 알리라는 명령을

2) 교지는 일반적으로 국왕이 신하에게 관직 · 관작 · 자격 · 시호 · 토지 · 노비 등을 내려주는 문서를 가리키나, 교지는 매우 다양한 용도로 쓰였다. 비밀교지는 왕이 특정한 신하에게, 다른 신하들 모르게 은밀하게 내리는 밀지(密旨)라는 의미로 사용된다. 밀지의 내용으로는 역적 및 죄인의 체포나 석방 등의 내용을 비롯해 군사적인 움직임에 대한 것 등이 있다. '밀지'란 용어는 『조선왕조실록』뿐만 아니라 『삼국사기』나 『고려사』에서도 그 용례를 확인할 수 있다.

내렸다고 전해진다. 이 명령은 인조반정(1623년)에 의해 광해군이 축출될 당시 반정(反正)의 가장 큰 명분으로 활용되었다. 즉, 광해군(光海君, 재위 기간: 1608~1623)은 명・청(明・淸) 간의 전쟁에서 임진왜란 당시 원군을 파견해 조선을 구해 준 은혜국 명(明)나라 편을 들지 않고 중립 정책을 폈다는 것이었다. 이러한 사실은 인조반정의 명분이 명문화되어 있는 인목황후의 교서에 다음과 같이 분명하게 밝히고 있다(한명기, 1999: 307－308; 박후건, 2007: 14－19).

> "우리가 명나라를 섬겨온 지 200여 년이 지났으니 의리로는 군신 사이요, 은혜로는 부자 사이와 같다. 임진년에 나라를 다시 일으켜 준 은혜는 영원토록 잊을 수 없는 것이다. 선조께서는 42년 간 보위에 계시면서 지성으로 중국을 섬겨서 평생 한 번도 서쪽을 등지고 앉지 않으셨다. 그런데 광해는 그 은덕을 저버리고 천자의 명을 두려워하지 않았으며 배반하는 마음을 품고 오랑캐와 화친하였다. ……
>
> 천리(天理)를 멸절시키고 인륜을 막아 위로 중국 조정에 죄를 짓고 아래로 백성에게 원한을 사고 있는데 이러한 죄인이 어찌 나라의 임금으로서 백성의 부모가 될 수 있으며 종묘사직을 보존할 수 있겠는가! 이에 그를 폐위시키노라."

동북아시아의 국제전 양상은 또한 백제 멸망기의 '신라－당' 동맹에 맞선 '백제－왜(倭)' 동맹체제에서 찾아볼 수 있다. 백제는 660년 나당연합군(羅唐聯合軍)에 의해 패망하였으나, 일본 지배층 내에서는 백제를 되살리기 위한 백제부흥운동이 전개되었다. 『일본서기』(권27)에 따르면, 당시 왜(倭)의 통치자인 덴지(天智) 일왕은 덴지 1년 1월

27일(662년 2월 20일) 백제부흥운동의 주역인 복신(福信)에게 군수물자를 지원했고, 덴지 2년 8월 27일(663년 10월 4일)에는 백강(금강)에서 나당연합군에 맞서 전투한 것으로 기록되어 있다.

동일한 사료 『일본서기』(권27)에 따르면 또한 왜의 지도층은 백강 전투에서 패배하자 "백제란 이름은 오늘로 끊어졌다. (조상의) 무덤이 있는 곳에 어찌 돌아갈 방법이 있으리요!"라고 한탄하면서 백제 내의 친지들을 구출하기 위한 방법을 협의, 덴지 2년 9월 24일(663년 10월 30일)에는 왜 수군이 백제 난민 구출작전을 위해 전라도 해안에 상륙한 것으로 기록되어 있다.

조선을 침공한 왜군을 조선과 명(明)나라가 연합하여 물리친 임진왜란(1592~1598)도 동북아시아에서 일어난 대규모 국제 전쟁이다. 임진왜란 이후 동아시아의 기존 질서는 근본적으로 바뀌어 북방 여진족들은 조선과 명의 통치에서 떨어져나가 동아시아의 새로운 강국으로 성장해 갔다. 임진년 일본의 조선 침공은 명나라 중심의 동아시아 질서에 엄청난 충격을 가했다. 일본의 조선 침공은 몽골의 위협이라는 그늘에 숨어 세력을 키워 온 만주 건주위(建州衛)[3]가 움직일 수 있는 공간을 제공해 주었던 것이다. 동아시아의 주인공은 더 이상 명나라와 몽골이 아니라 만주와 일본이 되는 세상으로 바뀌어 갔다.

17세기 격동의 핵심은 중국 대륙에서의 명과 청의 교체다. 14세

3) 중국 명나라의 영락제(永樂帝, 재위 기간: 1402~1424)가 만주의 남쪽에 살고 있는 여진족을 억제하기 위하여 설치한 위(衛)를 말한다. 위는 원래 군대의 연대 정도의 규모를 가리키는 말이었다.

기 후반 이래 동아시아의 패권국으로 군림한 명이 신흥 강국 청의 도전에 밀려 무너지고 있었다. 그런데 반세기 이상 계속된 명·청 교체의 진행 과정 속에서 당사자인 명과 청뿐 아니라 조선·일본·몽골 등 인접 국가가 모두 격변의 소용돌이 속으로 휘말려 들어가게 된 것이다.

동북아시아 지역은 19세기 들어 다시 격랑에 휩싸이게 된다. 1860년 러시아는 북경조약(北京條約)[4]을 통해, 우수리강(Ussuri River, 중국어로는 우쑤리장〈烏蘇里江〉으로 표기) 이동의 연해주(沿海州)[5] 700리 땅(예전 발해의 땅)을 청으로부터 할양받았다. 이 조약에 의해 동만주 지역 일부가 러시아의 연해주로 국가 소속이 바뀐 것이다. 북경조약에 의해 우리나라는 두만강을 사이에 두고 두만강 하류의 16.5km에 달하는 지역에서 러시아와 국경을 접하게 되었다.

이 조약으로 인해 우리나라는 특히 중·소와의 북방 전략 요충지인 녹둔도(鹿屯島)[6]를 러시아에 빼앗기게 되었다. 즉, 러시아는 사전

---

4) 북경조약(北京條約)은 1860년 청나라 정부가 제2차 아편전쟁(第二次鴉片戰爭) 후에 베이징에서 영국, 프랑스, 러시아와 각각 맺은 불평등 조약을 말한다. 한편 아편전쟁은 19세기 중반 청나라와 영국 사이에서 벌어진 두 차례의 전쟁을 말하는 바, 이 두 전쟁에서 청나라가 패함으로써, 서세동점(西勢東漸)의 시대가 본격적으로 개막되었다.

5) 시베리아 동남쪽 두만강 북쪽 동해에 접해 있는 러시아 영토를 말한다. 대표적인 도시는 블라디보스토크('동방을 지배하라'의 의미)로, 러시아의 남하 정책의 결과로 차지한 부동항(얼지 않는 항구)이다. 한때 발해의 영토였지만 발해가 멸망한 뒤에는 이곳을 관리하는 나라가 없었다. 그 뒤 명나라와 청나라의 지배를 받았으며, 1860년의 북경조약을 통해 러시아 영토로 귀속되었다.

6) 함경북도 선봉군 조산리에서 4km 거리에 있는 섬으로 둘레가 약 8km이다. 조선 태조가 개척한 이래 400여 년 간 조선의 영토였으나, 1860년의 북경조약에 의해 러시아 영토가 되었다.

협의나 사후 통고도 없이 두만강 하구의 녹둔도를 영토화한 것이다. 이에 대해 조선 정부에서는 뒤늦게 청나라를 통하여 이 섬의 반환 협조를 요청하였으나 청나라는 성의를 보이지 않았으며 그 뒤 러시아도 별다른 반응을 보이지 않았다.

러시아의 만주 점령과 청·일전쟁, 러·일전쟁, 그리고 영국의 거문도 점령 등 한반도를 둘러싸고 벌어진 19세기 말에서 20세기 초까지의 주변 강국들의 각축에 대해서는 앞의 제6장에서 살펴보았다.

동북아시아의 갈등은 제2차 세계대전 이후의 냉전기, 그리고 21세기의 신(新) 냉전기에도 지속되고 있다.

제2차 세계대전은 1945년 8월 15일 일본의 무조건 항복 선언으로 끝났다. 일본의 무조건 항복을 며칠 앞두고 소련은 1945년 8월 8일 대 일본 선전포고를 한 뒤 함경북도로 진격해 들어 왔다. 소련군이 한반도로 진격해 들어오자 미국 정부는 한반도 전체의 공산화를 방지하기 위해 1945년 8월 13일 합동조정위원회(국무부, 해군부, 육군부로 구성)에 한반도 분할을 지시했다. 합동조정위원회는 8월 14일 찰스 본스틸(Charles Hartwell Bonesteel Ⅲ, 1909~1977) 육군 대령과 딘 러스크(David Dean Rusk, 1909~1994) 대령(케네디 행정부에서 국무장관 역임)에게 한반도를 분할하되 서울시와 두 개의 큰 항구를 미군의 관할지로 포함시킬 것을 지시했다(김영훈, 1997: 34).

미국과 소련은 1945년 8월 25일 한반도에 주둔한 일본군을 무장해제시킨다는 구실로 북위 38°선을 경계로 남한에는 미군이 진주하고, 북한에는 소련군이 진주한다고 발표했다. 미국과 소련은 그들의 국가이익을 위해 결국 한반도를 분할 점령한 것이다. 그로 인해 분단된 남과 북은 강대국의 대리전(한국전쟁)까지 치르게 되었으며 이후 냉전 시기를 거쳐 오늘에 이르게 되었다.

미국과 소련 간의 한반도 분할 점령 합의에 따라 미국 극동사령부(Far East Command: FECOM)는 1945년 9월 2일 한반도의 38°선 분할 점령을 공식 발표했다. 포고문의 주요 내용에는 ① 38°선 이남은 미 태평양 맥아더(Douglas MacArthur) 사령부가 통치한다. ② 점령군에 대한 반항 행위나 공공 안녕을 교란하는 행위는 엄벌에 처한다. ③ 공용어는 영어로 한다는 등이 포함되었다. 그로부터 70년이 지난 오늘날까지 한반도의 분단 상태는 계속되고 있다(강종일, 2014: 90－93).

오늘날 동북아시아 지역은 미·중·일·러의 힘겨루기와 합종연횡(合從連橫)이 복잡하게 이루어지는, 즉 강대국들의 안보적 이해관계가 교차하고 있는 지역이다. 이 지역은 세계적 차원의 패권 경쟁과 지역적 차원의 영향력 경쟁이 동시적으로 전개되는 모습을 보이고 있다. 동북아시아 지역에서는, 즉 세계적 차원의 패권을 추구하는 미국이 역학 관계를 주도하고 있는 가운데, 지역적 차원의 영향력 강화를 꾀하는 중·일·러의 경쟁이 동시적으로 전개되고 있다. 미국은 탈냉전 이후 이 지역에서의 '개입과 확대(engagement and enlargement)' 전략을 통해 역내의 전략적 균형을 주도하고자 노력하고 있다. 미국은 유일 초강대국으로서의 지위를 바탕으로 한국 및 일본과의 쌍무적 동맹 관계를 새로운 차원으로 발전시키는 한편, 인도와 오스트레일리아, 그리고 동남아시아국가연합, 즉 아세안(Association of South－East Asian Nations: ASEAN)을 끌어들여 현재화된 안보적·경제적 도전 세력인 중국을 견제하고자 한다.

중국은 이에 대항하여, 러시아와의 군사·경제적 협력 관계를 확대·강화하는 한편, 중앙아시아 국가들과 아세안(ASEAN)의 일부 국가들을 끌어들여 미국의 패권적 영향력을 견제하는 모습을 보이고 있다.

중국과 러시아는 1996년 카자흐스탄, 키르기스스탄, 타지키스탄 등 중앙아시아 국가들과 '상하이 5(Shanghais-Five)'를 발족시키는 등 우호 관계를 형성, 미국의 일극(一極) 체제에 대항하고 있다. 그러나 소연방 시절 '다만스키섬 갈등(Damansky Island Conflict)' 등 중국과 국경 분쟁을 벌인 경험을 지닌 러시아와 중국의 밀월 관계는 한계가 있을 수밖에 없다.

중국은 1960년대 들어 지난 세기의 불평등조약(unequal treaties)[7]에 의해 연해주 지역을 러시아에 강탈당한 문제를 들고 나와 현재의 중·소 국경에 대한 이의를 제기한 이후 중·소 관계는 급격하게 냉각되었다. 1960년대 초부터 상호 이념적 비방을 지속해 온 중국과 소련은 급기야 1969년 3월 2일 다만스키(Damansky, 중국명 진보도〈珍寶島〉) 섬에서 양국 군대가 서로 충돌을 빚게 되었다.

양국 군대의 충돌 원인에 대해서는 다양한 해석이 있으나 일반적으로 당시 문화대혁명을 겪고 있던 중국이 자국의 취약한 국력과 소련의 체코슬로바키아 침공(1968년 10월)에도 불구하고 소련에 대한 교전 의지를 과시하기 위해 계획적인 매복 작전을 실행한 것으로

7) 아편전쟁 이후 1860년 체결된 '북경조약'을 지칭한다. 러시아는 이 조약에 의해 연해주(沿海州) 700리 땅을 청나라로부터 할양받았다.

알려져 있다. 첫 교전은 1969년 3월 2일 우수리강의 작은 섬 진보도에 매복해 있던 300명의 중국 국경수비대가 적은 수의 소련군 순찰대를 공격해 30여 명의 사망자를 내면서 발생했다. 중국은 첫 교전 후 즉각 동섬에서 철수했고 다음 날 중국 내 주요 신문 및 각 지역에서는 "중국을 아시아의 체코슬로바키아화하려는 사회주의 제국주의자들의 음모"에 대한 비난이 개시되었다.

양측의 2차 교전은 3월 15일 발생했는데 중국군은 2,000명 이상의 병력과 야포를 동원했으며, 소련군은 주전차, 장갑차, 야포 등 다양한 현대식 무기를 동원해 동섬뿐만 아니라 중국의 국경 내로 포격을 가했고 그 결과 중국 측 800명, 소련 측 60명의 사상자가 발생했다. 동년 5월 중국이 소련 측에 협상을 제의했다. 그러나 7월에는 중 · 소 서부국경 신강(新疆) 지역에서 양측 간 총격전이 발생했고, 8월에는 헬기와 주전차로 무장한 수백 명의 소련군이 신강 지역 내로 진입했다가 철수했다. 이후 양국 간에 국경회담이 진척되었으나, 양국은 국경선 재획정이 아닌 현상 유지에 합의했다.

'다만스키섬 갈등' 당시 많은 사람들은 이 사건이 핵전쟁 또는 대규모 전쟁으로 확산되지 않을까 우려하였다. 프랑스의 일간신문 〈르피가로(*Le Figaro*)〉는 2010년 "모스크바는 당시 핵공격을 계획했으며 중국은 이를 심각하게 받아들였다"고 보도하기도 했다. 당시 중국의 주요 지도자들은 지하 벙크로 대피했으며, 94만 명의 병사와 4천 대의 비행기, 그리고 600척의 군함들이 취약한 기지를 떠나도록 명령을 받은 것으로 알려지고 있다. 이를 계기로 소련은 극동 및 몽골의 주둔 병력을 증가하고 군관구를 신설하여 대중공전비(對中共戰

備)를 강화하였고, 중국 또한 국경군구(國境軍區)의 병력을 증강하였다.

한편 극동에서의 군사력 증강을 추구하는 러시아 정부는 다른 한편 이 지역의 경제개발에도 지대한 노력을 기울이고 있다. 안보와 경제 정책이 서로 맞물려 추구되고 있는 것이다. 푸틴 정부는 특히 극동·시베리아의 개발 정책과 관련하여 명쾌한 비전을 내놓고 있다. 즉, 블라디보스토크 등 연해주의 주요 도시를 중국의 동북 3성, 일본 열도, 미국 알래스카를 연결하는 동북아 경제권의 물류 중심으로 발전시키겠다는 구상을 갖고 있다. 푸틴 정부가 극동·시베리아 지역에 대해 갖고 있는 이와 같은 각별한 경제적 구상은 러시아의 아시아 태평양 지역 군사력 강화와 밀접하게 연계되어 있다.

동북아시아에서 러시아는 자원공급국으로서, 그리고 한국·중국·일본은 에너지 수요국으로서의 위치를 차지하고 있다. 향후 미국까지 에너지 수요국 군(群)에 편입시킨다는 전략을 세우고 있는 러시아에서 극동군관구와 태평양함대 관할 지역은 동북아시아를 겨냥한 에너지안보 전략 구사의 플랫폼(platform)일 수밖에 없다. 이 사실은 2006년 6월 서둘러 시작된 러시아 동부지역통합사[8]의 실험 가동에서, 그리고 태평양함대 소속 전략핵잠수함 전력의 재정비 노력에서도 엿볼 수 있다.

러시아는 소연방 해체 이래 중단하였던 극동·시베리아 지역의

8) 러시아는 2003년을 기점으로 구 소련 시절 8개였던 군관구를 6개 군관구로 통·폐합한 바, 2006년 6월 1일부터는 극동군관구와 시베리아군관구를 하나로 묶어 총괄하는 지휘통제 개혁의 실험을 수행하고 있다.

대규모 훈련을 2000년대 들어 활발하게 재개하고 있다. 러시아는 2003년 8월 십수 년 만에 극동에서의 최대 규모 훈련을 전개한 이래 2004년과 2005년, 그리고 2006년에도 지속하였다(한국전략문제연구소, 2007: 258-259). 러시아의 이러한 군사적 움직임은 동북아시아에서의 신 냉전 체제 구축의 전조가 아닌가 하는 우려를 관련국에 불러일으키고 있다.

러시아는 구 소련 해체 이후 세계적 초강대국으로서의 지위와 영향력을 상실하였다. 그러나 여전히 강대국을 자처하며 그에 합당한 국제적 지위 확보와 외교적 영향력 강화에 진력하고 있다. 특히 '강한 러시아의 건설'을 기치로 내건 푸틴 대통령 등장 이후, 러시아는 실리 외교를 통해 지역적 영향력의 복원을 추구하고 있다. 러시아는 특히 중국과의 긴밀한 전략적 제휴를 통해 미국의 일방적 패권을 견제하는 입장을 보이고 있다. 즉, 러시아는 화석연료를 기반으로 한 그동안의 경제 성장에 힘입어 미국과 중국, 그리고 일본의 세계경제적 지위에 도전하는 국가로서의 양상을 보이고 있다. 러시아는 뒤에 살펴보겠지만, 핵탄두 면에서는 아직 세계 최강의 국가다.

오늘날 비록 전 세계적인 냉전 체제가 종식되었다고는 하나, 푸틴 대통령 등장 이후 동북아시아 지역에 새롭게 형성될 조짐을 보이는 신(新) 냉전 체제는 이 지역에 새로운 안보적 갈등을 불러일으킬 소지가 있는 것으로 보인다.

제 9 장

동북아시아의 비핵지역화 전망

동북아시아의 평화는 한반도가 그 관건을 쥐고 있다. 앞으로 가시화될 동북아시아 긴장의 핵심적 변수는 중국 · 러시아 · 일본이 벌이는 지역 차원의 패권경쟁이라 할 수 있다. 여기에 역외(域外) 국가로서 세계적 차원의 패권을 추구하는 미국이 가담하고 있다.

한반도의 주변 4강국은 오늘날 세계에서 손꼽히는 강대국들이다. 뿐만 아니라 이들 국가는 모두 세계 최강의 핵 대국들이다.

스톡홀름국제평화연구소(Stockholm International Peace Research Institute: SIPRI)의 2017년 연례보고서에 의하면 전 세계에서 보유하고 있는 핵탄두의 개수는 2016년 1월 기준으로 최대 15,405개인 것으로 알려지고 있다. 핵탄두를 많이 보유한 국가는 러시아 · 미국 · 프랑스·중국·영국 등 유엔상임이사국 5개국이고, 그 보유량은 15,065개로 전체 보유량의 98%에 달한다. 이들 5개 유엔상임이사국 외에 파키스탄·인도·이스라엘·북한 등이 핵탄두를 보유하고 있는 것으로 알려지고 있다. 2015년 및 2014년과 비교해 보면 러시아·미국·영국의 보유량은 줄어들고 있으나 특이하게 중국은 약간 증가했음을 볼 수 있다. 이는 미국과 러시아가 핵 감축 프로그램에 따라 약 470기를 제거했기 때문이다. 아래 통계에서 보듯이 핵탄두의 개수는 전 세계적으로 줄어들고 있으나 중국·파키스탄·인도·북한 등 아시아 지역에서는 증가하는 추세를 보이고 있다.

SIPRI에서 추정하는 각국의 연도별 핵탄두 보유 현황은 다음과 같다.

	국 가	2016년	2015년	2014년
1.	러시아	7,290개	7,500개	8,000개
2.	미 국	7,000개	7,260개	7,300개
3.	프랑스	300개	300개	300개
4.	중 국	260개	260개	250개
5.	영 국	215개	215개	225개
6.	파키스탄	110~130개	100~120개	90~110개
7.	인 도	100~120개	90~110개	90~110개
8.	이스라엘	80개	80개	80개
9.	북 한	~10개	6~8개	6~8개

오늘날 세계적 핵 강국인 러시아와 미국은 비록 핵 감축 프로그램에 의해 각기 보유하고 있는 핵탄두를 감축하고 있으나, 아직 양국은 적지 않은 핵탄두를 보유하고 있다. 미국과 러시아 양국은 2010년 4월 8일 체결한 새 전략무기감축협정(New Strategic Arms Reduction Treaty: New START)[9]에 따라 2011년부터 7년 후인 2018년 2월 5일까지 전략핵탄두를 2,200기에서 1,550기로 감축하기로 각각 약속한 바 있다. '핵 없는 세계'를 만들기 위해서는 향후 협상을 통해 좀 더 획기적인 핵탄두 폐기가 이루어져야 할 것이다.

냉엄한 국제 정치에서 '핵 없는 세계'의 비전은 현실성이 없는 하나의 '이상(理想)'에 불과할 수도 있으나, '동북아시아의 비핵지역화'는 그러한 '이상'으로 다가가는 실효적인 발걸음이 될 수 있을 것이다. '한반도만의 비핵화'가 아닌 '동북아시아 비핵지역화'가 추구되어야 할 여러 이유 가운데 하나다.

또한 핵무기는 그 가공할 파괴력으로 인해 교전 당사국뿐만 아니라 인접국, 나아가서는 지구적 파멸을 가져올 수 있다. '한반도만의 비핵화'가 아닌 '동북아시아의 비핵지역화'가 추구되어야 할 또 다른 이유 가운데 하나다. 그리고 핵탄두의 운반 수단인 장거리 미사일

9) 뉴 스타트(New START)는 2010년 4월 8일 체코 프라하에서 서명된 미국과 러시아 간의 핵무기 감축 협정이다. 양국의 비준을 거쳐, 2011년 2월 5일 발효되었으며, 2021년에 조약이 종료된다. 미국은 뉴 스타트 조약에 따라 2014년 현재 886개 수준인 핵전력을 2018년 2월 5일까지 700개로 줄이기로 되어 있다. 이에 따라 ICBM은 400기로, SLBM은 240기로, 핵폭격기는 60대로 실전배치 전력이 줄어든다. 로이터 통신의 2018년 2월 2일자 보도에 따르면, 미 국무부는 이날 "미국은 지난해 8월에 뉴 스타트 협정의 주요 의무 조항을 모두 이행했다"며 "러시아도 이행 기한인 오는 5일까지 이행을 완료하기를 바란다"고 촉구했다.

의 기술 수준이 고도화된 오늘날 '비핵화'를 좁은 지역에 한정하는 것이 큰 의미를 지닐 수 없다는 점이, '한반도만의 비핵화'가 아닌 '동북아시아 비핵지역화'가 추구되어야 할 또 다른 이유 가운데 하나다.

한반도 평화체제를 국제 체제론적 입장에서 접근할 경우, 필연적으로 다음의 문제가 제기될 수밖에 없다. 즉, 한반도 평화체제는 국제 체제를 구성하는 하나의 하위 단위에 불과하기 때문에 보다 상위 단위인 지역 체제나 국제 체제의 영향을 받을 수밖에 없다. 따라서 한반도 평화체제는 한반도만에 그칠 수 없는 바, 동북아시아의 평화체제와 구조적으로 연계되어야 한다.

역사적으로 보더라도 한반도의 평화와 안정은 동북아시아의 그것과 구조적으로 맞물려 있었다. 구한말을 정점으로 한 지난 100여 년간의 한반도 역사에서 나타난 서구 세력과 일본의 한반도 침탈, 전쟁과 분단, 그리고 불안정한 평화는 동북아시아의 구도 및 정세와 긴밀하게 연관되어 있다는 것을 보여준다. 따라서 한반도의 대립과 갈등은 한반도만의 문제가 아니라 오랜 역사성을 지니고 있는 동북아시아의 대결 구도를 반영하는 것으로 볼 수 있다. '한반도만의 비핵화'가 아닌 '동북아시아 비핵지역화'가 추구되어야 할 다른 이유 가운데 하나다.

현재 동북아시아 안보 상황의 초점은 북핵(北核)문제에 쏠려 있다. 1993년 3월 북한의 핵확산금지조약(Nuclear Non-Proliferation Treaty: NPT) 탈퇴 선언을 계기로 지역적·국제적 안보 현안으로 등장한 북핵문제는 동북아시아 관련 국가들이 해결해야 할 가장 시급하면서도 중요한 안보 쟁점이다. 비록 북핵문제 해결이 시기적 절박성을 지닌 핵심 이슈인 것은 사실이나, 접근 시각이 더 넓혀져 '한반도만의 비핵화'가 아닌 '동북아시아 비핵지역화' 시각에서 접근되어야 근본적인 해결책을 찾을 수 있다는 것이 필자의 생각이다. '한반도 비핵화'가 아닌 '동북아시아 비핵지역화' 관점에서 접근되어야 할 또 다른 하나의 이유 가운데 하나다.

2003년 8월 6자회담(six-party talks)[10]이 시작된 이후 한반도 평화체제 논의는 남·북한의 관계 변화, 북핵문제가 가지는 사안의 특수성 및 지역적·국제적 함의, 그리고 미국 및 역내 국가들의 입장과 역할 등이 고려되는 가운데 주기적인 논의가 이루어져 왔다. 그 과정에서 한반도 평화체제는 한반도 차원에만 국한되어 있는 것이 아니라는 점이 명확해 졌다. 한반도 평화체제는, 즉 동북아시아 평화체제와 구조적으로 맞물려 있는 것이다. 따라서 한반도 평화체제와 관련된 다양한 쟁점들 중에서 어떤 것은 동북아시아의 넓은 관점에서 점검되고 논의되어야 할 것이다. 특히 평화체제와 관련된 한·미동맹의 변화 문제가 가장 대표적인 경우라 하겠다. 왜냐하면 한·미동맹의 구조 조정 과정에서 나타날 수 있는 다양한 쟁점들은 한반도뿐만 아니라 동북아시아 전체의 안정과 직·간접적으로 연결되어 있기 때문이다.

10) 북한의 핵문제를 해결하는 방안을 논의하기 위하여 한반도 주변의 6개국(남·북한 및 미국·중국·일본·러시아)이 참여하는 다자(多者) 회담으로, 2003년 8월 27일부터 29일까지 제1차 회담이 열린 이후 2007년 9월의 회담까지 모두 여섯 차례 열렸다.

국제 정치에서 핵무기의 등장은 기존의 게임 방식을 근본적으로 바꾸고 있다. 북한 정권이 핵무기와 장거리 미사일의 개발에 '체제적 사활'을 걸고 집착하는 이유가 이해되는 점이기도 하다.

한반도 관련 국가 가운데 러시아 · 미국 · 중국은 이미 핵 강대국이고 일본도 핵무장 능력을 갖추고 있는 것으로 알려지고 있다. 따라서 이들 국가를 끌어들인 동북아시아 비핵지역화가 성공하지 못한다면, '한반도 비핵화'는 큰 의미를 지닐 수 없을 것이다.

'동북아시아의 비핵지역화' 이슈는 가까운 시일 내에 당장 실현될 수 없을지 모른다. 그러나 남 · 북한 주민과 정치지도자들이 장기적 관점에서 인내심을 갖고 이해당사국들을 꾸준히 설득해 간다면, 결코 이룰 수 없는 헛된 꿈은 아닐 것이다. 상황에 따라서는 세대를 이은 노력이 필요할 지도 모른다.

제 4 부

중립화의 요건과 성공 및 실패의 원인

제 10 장

중립화의 요건

국제 관계에서 서로 대립하고 있는, 특히 전쟁 관계에 있는 두 진영 사이에서 어느 편과도 동맹을 맺지 않고 중간적 입장을 유지한다는 의미의 '중립화'의 개념은 근세에 들어와 정립된 개념이다. 그만큼 제도적으로 정착된 개념이 아니며 더더구나 학문적으로 체계화되지도 않았다. '중립화의 요건'을 체계적으로 분석하고 논할 만큼 사례가 많은 것도 아니다.

'중립화'의 개념은 근세 들어 각국의 상업 활동이 활발해지면서, 국제 관계에서 현실적 필요에 의해 착상된 개념이다. 고대 그리스나 로마 시대는 물론 중세에도 국제 관계에서 '중립'의 관념은 찾아볼 수 없다. 당시의 국제 관계에서는 '동맹국'이 아니면, 전쟁을 통해 복속시켜야 할 '적국'이 있을 뿐이었다. 거기에 중립주의가 자리할 여지는 없었던 것이다.

인류 역사에서 국제 관계를 근본적으로 바꾼 것은 '십자군전쟁'이다. 4세기부터 14세기까지 1천 년 간 지속된 중세사회는 봉건적 농업경제 사회였다. 이러한 중세 봉건사회를 근세사회로 전환시키는 데 결정적으로 기여한 역사적 사건은 11세기 말부터 13세기 말까지 약 200년 동안 지속된 '십자군전쟁'이다. 십자군 원정은 전쟁이 장기화되면서 동방과의 교통·무역을 발달시키고 '자유도시'를 탄생시키는 한편, 농업경제 구조를 상공업 중심의 근세적 산업경제 구조로 바꾸는 역사적 변화를 초래하게 된 것이다.

즉, 십자군 원정은 경제적 측면에서 이탈리아 반도 지역을 중심으로 상업과 가내수공업의 발달을 초래하면서 신흥 상업도시를 출현시키는 한편, 정치적인 측면에서는 봉건국가 체제가 허물어지고 절대군주(absolute monarch) 국가가 출현하는 변화를 초래하게 되었다. 중세 봉건사회를 근세사회로 변화시킨 사회적 중추 세력은 신흥 상업도시에 새로이 대두한 상공 계층이다. 14세기 근세사회가 시작되면서 출현한 절대군주 국가는 새로운 경제력으로 부상한 신흥 상공 계층과 중앙집권적 군주의 결탁에 의해 이루어진 것이다.

절대주의 국가 등장 이후 16세기 들어 국제적인 교역 활동이 활성화되면서 상업도시 간의 갈등이 표출되자, 전시(戰時) 중립국의 이익과 교전국의 필요를 조화시켜야 할 중립 제도의 마련이 필요하게 되었다. 18세기에 이르러서는 네덜란드 등 해양 국가들이 교전국에 의한 제한 조치에 반발하고 중립국의 교전국과의 정상적인 무역 거래를 주장하게 되었다.

18세기 말엽에는 중립국의 상업 활동에 관한 국제법규가 마련되기 시작하였다. 1780년 및 1800년의 무장중립(武裝中立)을 거쳐 1856년 파리선언에서는 중립국의 이익을 최대한 반영하는 전시 중립 법규의 골격이 마련되었다. 이와 같은 과정을 거쳐 국제 교역활동 영역에서 '중립화'의 개념이 정립되어 제도화가 이루어지게 되었다.

중립국이 교전국에 대하여 지는 의무에는 다른 나라들의 전쟁 때문에 부과되는 특별한 의무로서의 성질이 있었다. 1899년 및 1907년 헤이그 평화회의의 결과로 탄생한 많은 전쟁 관련 법규와 1909년의 런던선언은 중립 법규를 체계적으로 완성시킨 국제적인 문서다. 중립국의 교전국에 대한 의무는 공평(公平)을 기본 원칙으로 한다. 첫째는 전쟁 수행에 관계되는 직접 또는 간접적인 원조를 교전국의 일방 또는 쌍방에 제공하여서는 안 된다는 회피 또는 자제 의무, 둘째는 중립국의 영역이 교전국의 전쟁 수행에 이용되는 것을 적극적으로 막아야 할 방지 또는 저지 의무, 셋째는 교전국 상호간의 전쟁 수행을 위하여 전시금제품(戰時禁制品)을 규제하고 해상봉쇄(海上封鎖)를 단행할 때 중립국은 이와 같은 불이익을 감수하여야 할 묵인 또는 용인 의무가 있다. 그리고 보장국은 침략국에 대항하고 희생국을 원조할 의무를 지게 된다.

그러나 두 갈등 집단 사이에서 중립을 유지하기란 현실적으로 어려운 문제다. 국제연합헌장도 무력사용을 금지하고 위반 행위에 대하여는 집단조치를 예정하고 있으나, 침략국은 불법적인 전쟁 도발의 책임과 비난을 피하기 위하여 자신들의 전쟁 책임 자체를 부인하려 들기 마련이며, 희생국은 제3국의 원조를 금지하는 중립을 불리한 것으로 생각하게 된다. 그리고 라오스의 사례에서 보았듯이, 일부 보장국들로 구성된 감시위원회 또는 통제위원회도, '빈약한 강제 조치' 등으로 인해 보장국 자신들에 의해 반복되는 위반 행위를 통제하는 데 효과적이지 못하였다.

'중립'의 개념 및 '중립화의 요건' 등은 1968년 블랙(Cyril E. Black) 등에 의해 체계화되었다. "중립국이란 그 국가가 다른 국가에 적대하기 위하여 무기를 소유하지 않으며, 중립화된 지위를 '손상하는' 조약의 의무 규정을 수용하지 않는다는 조건으로, 정치적 독립과 영토 보전이 초강대국의 집단적인 협정에 의해 영구히 보장되는 국가다"라고 규정한 블랙 등은 '중립화의 조건'으로 다음의 세 가지를 꼽는다(Black et al., 1968: xi－xviii).

블랙 등이 내세운 중립화의 첫 번째 조건은 '주관적 조건'으로 이는 중립화를 지향하는 국가의 지도자와 국민들이 중립화를 실현하려는 의지를 가져야 한다는 것이다. 중립화의 두 번째 조건은 '중립화의 객관적 조건'으로 '중립화될 국가'는 그 국가의 지리적 조건이 외세의 침공을 받을 가능성이 크거나, 그 국가의 전략적 가치가 커서 중립화가 되었을 때 해당 국가와 인접국의 이익이 증가될 수 있는 지리적 조건을 말한다. 그리고 중립화의 세 번째 조건은 '국제적 조건'으로, 영세중립 국가로서의 국제적 인정을 받기 위해 중립화 대상 국가는 주변 관련 국가들과의 협정을 통해 중립화에 대한 국제적 보장을 받아야 한다는 것이다. 왜냐하면 중립화의 주관적 조건만으로는 그 국가의 자체중립은 가능하나, 영세중립이 될 수 없기 때문이다.

블랙 등에 의하면, 중립화된 국가가 진정한 의미에서 군사적, 경제적, 외교적으로 독립 국가의 지위를 유지하면서 중립국에 부여된 여러 국제적 권리와 의무를 충실히 이행할 수 있기 위해서는 그에 상응하는 능력과 의지를 가지고 있어야 한다는 것이다. 이것이 중립화의 주관적 조건이다. 블랙 등에 의하면 한반도는 지정학적 요소와 국력 등 모든 측면에서 영세중립국으로서의 조건을 갖추고 있으나, 지금까지 한반도의 중립화가 실현되지 못한 것은 무엇보다 중립화에 있어 가장 중요한 요소인 국민들과 지도자들의 실천의지가 부족한 결과였다고 주장한다.

다시 말하면, 유동적인 국제 정세 속에서 한반도의 안보문제가 거론될 때마다 지정학적 요인 때문에 한반도의 영세중립화 안이 제기되었으나, 이를 실천하려는 국민과 지도자의 의지가 부족한 결과, 진지한 논의가 이루어지지 못했다는 것이다. 앞서 밝혔듯이, 2000년 6월 15일 남・북한 정상들이 평양에서 발표한 '6・15 남・북공동선언' 제2항은 "남한의 연합체 통일 방안과 북한의 연방제 통일 방안에 공통점이 있다"는 내용을 담고 있으나, '6・15 남・북공동선언'이 선포된 지 18년이 경과되었지만 남북통일을 위한 접근이나 논의가 조금도 진전되지 못하고 있는 것은 이를 실천하려는 국민과 정치지도자의 의지가 부족한 결과라고 할 수 있을 것이다.

한 나라의 중립화가 가능하기 위해서는 중립화될 국가가 동기와 능력면에서 중립화를 수용할 태세를 갖추고 있어야 하는 바, 특히 국민적 합의의 형성이 중요하다. 그런데 한반도의 경우는 대내적 수용태세라는 측면에서 중립화를 위한 국민적 합의가 형성되어 있지 않다는 점이 가장 큰 문제점으로 지적될 수 있다.

그리고 중립화의 국제적 조건이라는 측면에서 볼 때, 미국·중국·일본·러시아 등 한반도 관련국들은 한반도의 '중립화'가 가져올 '불확실성'보다는, 예측성이 높은 '현상 유지'를 선호할 것으로 일차적으로는 추측된다. 그러나 한반도의 '중립화'가 관련국들의 안보적 이익과 경제적 이익을 해치기보다는 중·장기적으로 도움이 될 것이라는 점을 진정성 있게 설득할 경우, 한반도 주변국들도 반드시 중립화를 저해하는 '국제적 조건'으로 작용하지는 않을 것이다. 다른 말로 하면, 블랙 등이 제시한 중립화의 두 번째 조건과 세 번째 조건은 한반도의 중립화를 저해하는 본질적 요인으로 볼 수 없다는 것이다.

중립화의 국제적 조건 가운데는 주변 강대국 간의 '세력 균형'이 더 중요한 조건이 될 것이다. 구한말 한반도 상황의 전개에서 보았듯이, 주변국 간의 세력 균형이 기울어 주변 관련국 가운데 어느 한 나라가 한반도에 대한 지배권을 확보한 것으로 판단할 경우, 해당 국가는 한반도의 중립화를 끝까지 반대한 것을 알 수 있다. 미국·중국·일본·러시아 등 한반도 주변 세력 가운데 어느 한 나라가 한반도에서의 확고한 우위를 주장할 수 없을 정도로 세력이 균형화된 오늘의 상황이 한반도 완충지역화 추진의 적기라고 필자는 생각한다. 다만 미국이 '세계적 권력', 즉 힘의 독점권을 가져야 한다는 미국의 신보수주의적 시각과 미국의 이러한 일극주의에 반대하는 중국의 도전이 부딪치는 상황은 우려스럽다고 하지 않을 수 없다.

다음의 제11장에서는 블랙 등이 제시한 '중립화의 요건'을 필자 나름대로 재체계화해 본 뒤, 중립화의 성공 및 실패 사례들을 해석·적용해 보고자 한다.

제 11 장

중립화의 성공 및 실패의 원인

1. 중립화 요건의 재체계화

앞서 제10장에서는 블랙(Cyril E. Black) 등이 제시한 '중립화의 요건'을 살펴보았다. 블랙 등은 '중립화의 요건'을 '주관적 조건'과 '객관적 조건', 그리고 '국제적 조건'의 세 가지로 나누어 설명한다. 즉, 중립화를 위해서는, 중립화를 지향하는 국가의 지도자와 국민들이 중립화를 실현하려는 의지를 가져야 한다는 것이 첫 번째의 '주관적 조건'이다. 그리고 '중립화될 국가'는 그 국가의 지리적 조건이 외세의 침략을 받을 가능성이 크거나, 그 국가의 전략적 가치가 커서 중립화가 되었을 때 해당 국가와 인접국의 이익이 증가될 수 있는 지리적 조건을 갖추어야 한다는 것이 두 번째의 '객관적 조건'이다. 또한 영세중립국가로서 국제적 인정을 받기 위해 중립화 대상 국가는 관련 국가들로부터 중립화에 대한 국제적 보장을 받아야 한다는 것이 세 번째의 '국제적 조건'이다.

블랙 등이 제시한 '중립화 요건'은 학문적으로 처음 시도한 모형인 만큼 지나치게 압축·단순화시킨 특징을 지닌다. 여기서는 블랙 등이 제시한 '중립화 요건'에 바탕하여 그것을 재체계화(再體系化)한 '경험적 모형'을 만들어 보고자 한다.

'중립화 요건'은 먼저 '1) 대내적 조건'과 '2) 대외적 조건'으로 크게 나누고자 한다. '대내적 조건'은 다시 (1) 정치지도자와 국민들의 중립화 의지, (2) 중립화를 지향하는 국론의 통합, (3) 중립화를 지킬 수 있는 자위력으로 나누고자 한다. 그리고 '대외적 조건'은 다시 (1) 주변 관련국 간의 세력 균형, (2) 중립화가 가져다 줄 관련국의 '공동 발전' 비전, (3) 중립화될 나라가 갖추어야 할 지정학적 조건으로 나누어 살펴보고자 한다.

다음은 필자가 재체계화한 '중립화 요건'의 경험적 모형이다.

〈중립화 요건의 경험적 모형〉

1) 중립화의 대내적 조건
   (1) 정치지도자와 국민들의 중립화 의지
   (2) 중립화를 지향하는 국론의 통합
   (3) 중립화를 지킬 수 있는 자위력
2) 중립화의 대외적 조건

(1) 주변 관련국 간의 세력 균형

(2) 중립화가 가져다 줄 관련국의 '공동 발전' 비전

(3) 중립화될 나라가 갖추어야 할 지정학적 조건

2. 중립화의 성공 및 실패 사례들의 해석과 적용

특정 국가가 완충지역이 되기 위해서는 무엇보다 먼저 해당 국가 국민들과 정치지도자의 중립화 의지가 중요하다. 그리고 중립화를 지향하는 국론의 통합이 있어야 한다. 일반 국민들과 정치·사회단체들이 세상의 세(勢)와 작은 이익(利益)을 좇아 나뉠 경우, 중립화의 길은 요원할 수밖에 없다.

앞에서 살펴보았듯이, 제2차 세계대전 이후 중립화된 오스트리아는 독립된 주권국가를 건설하고자 하는 오스트리아 정파들의 단합된 노력이 뒷받침되어 중립화가 가능하게 되었다. 즉, 제2차 세계대전의 패전국으로서 소련과 서방연합국 군대에 의해 분할·점령되어 있던 오스트리아는 또 다시 점령군 간의 전쟁에 휩쓸릴 위험에 놓여 있었으나, 다양한 이해관계를 지닌 각 정파 지도자들의 단합된 노력에 의해 위기를 벗어나 중립화된 독립국가를 건설할 수 있었던 것이다.

당시 오스트리아 정부는 무엇보다 먼저 주변 점령국에 대해, 스위스와 같은 영세중립 정책을 지향하겠다는 분명한 의지를 천명하고 국민들의 의사를 영세중립 정책으로 결집하는 데 주력하였다. 오

스트리아의 중립화 과정에서 얻을 수 있는 교훈은 오스트리아의 영세 중립화는 오스트리아 내부의 결속 없이는 불가능한 것이었다는 점이다.

중립화에 실패한 사례로 자주 거론되는 라오스는 주변 국가들의 노골적인 군사적 개입 때문에 중립화에 실패하였으나, 그 보다 더 본질적인 중립화 실패의 원인은 외부 세력과 결탁된 내부 정파들 간의 분열과 대립에서 찾아질 수 있을 것이다. 당초 라오스의 중립화 정책은 미국 등 외부 국가들에 의해 제안된 것으로, 라오스 내부의 분열된 정치 집단들은 중립화 정책을 지킬 의지도 군사적 힘도 결여하고 있었다. 라오스는 1953년 프랑스-라오스 조약에 의해 완전 독립을 달성했다. 그러나 라오스는 독립 이후 곧바로 좌파, 우파, 중립파로 나뉘어 장기간 내전을 겪었다.

블랙(Cyril E. Black)에 의하면 한반도는 지정학 요소 등 모든 측면에서 영세중립국으로서의 조건을 갖추고 있다. 그러나 지금까지 한반도의 중립화가 실현되지 못한 것은 무엇보다도 중립화에 있어서 가장 중요한 요소인 국민들과 지도자들의 중립화 의지가 부족한 결과였다는 것이다. 중립화가 가능하기 위해서는 중립화될 국가가 동기와 능력의 면에서 중립화를 수용할 태세를 갖추고 있어야 하고, 특히 국민적 합의가 형성될 수 있는 기반이 마련되어야 하는데 한반도는 그러하지 못했다고 할 수 있다.

중립화의 대내적 조건 가운데 중요한 다른 한 요소는 중립화의 대상 국가가 중립화를 스스로 지킬 수 있는 자위력을 갖추어야 한다는 점이다. 다른 말로 하면, 온전한 중립국이 되기 위해서는 이웃 국가의 침략으로부터 스스로를 지킬 수 있는 자위력을 갖춘 '무장중립국'이 되어야 한다고 하겠다. 대표적인 예로 스위스와 같은 '무장중립화'를 들 수 있다. 스위스는 48시간 내에 동원이 가능한 예비군 병력을 50만 명 보유하고 있다.

제2차 세계대전 당시 독일이 폴란드를 침공하자 스위스군 총사령관 앙리 기장(Henri Guisan) 장군이 43만 명의 군대를 신속하게 동원하여 침략에 대비하자 독일이 스위스를 섣불리 침략하지 못한 것은 잘 알려진 사실이다. 또한 독일이 1940년 5월 11일 벨기에를 침략하자 기장 장군은 1만 5천 명의 여성까지 군대로 동원하는 등 스위스 내 모든 군대에 비상경계령을 내리고 독일의 침략에 대비해 만반의 준비를 다했다. 오늘날 중립화의 전형은 스위스와 같은 영세중립국 그것도 무장중립화에서 찾을 수 있다.

구한말 고종의 영세중립화 방안과 전시중립 선언은 명백히 실패로 끝났다. 본디 중립화를 실현하기 위해서는 대외적으로 외국 군대의 침공을 저지할 수 있는 충분한 자위력을 갖추고 있어야 하며, 대내적으로는 외세를 중화(中和)시킬 수 있는 외교적 역량과 중립화에 대한 국민적 합의가 이루어져야 하는 바, 구한말 한반도의 정세는 그러한 조건을 충족시키지 못한 것이다.

구한말 고종 정부의 중립화 정책이 특히 군사력 부족으로 실패한 사실을 우리는 명심해야 할 것이다. 고종 정부는 1900년 8월 조병식(趙秉式) 특사를 통해 일본 정계의 중진 고노에(近衛篤麿)에게 조선의 중립화 필요성을 역설했으나 고노에는 조선의 중립국 준비 부족 특히 자위력 부족을 이유로 거절한 사실은 잘 알려져 있다. 1900년 당시 일본의 병력은 60만 명인 데 비해, 조선은 2만 5천 명으로 일본의 1/24에 불과한 것으로 밝혀지고 있다.

'중립화된 강력한' 통일 한국이 등장하는 것을 주변 강대국들이 꺼려하여 중립화를 지지하지 않을 수도 있다. 1세기 전 구한말 조선의 병력이 지나치게 미약하여 중립화가 실효성을 지니지 못할 것이며, 따라서 조선의 중립화를 지지하지 못하겠다던 일본이 이제는 통일 한반도의 병력이 자기나라 보다 7.5배가 되므로 보장을 못해주겠다고 나설 수 있다. 중국 또한 중국의 군사력(220만 명)과 맞먹는 군대를 가진 통일 한반도의 중립화를 꺼려할 것이 분명하다. 따라서 '중립화된' 통일 한반도의 병력은, 주변국이 위협을 느끼지 않을 수준까지, 그러나 중립을 스스로 지킬 자위력을 가질 수 있는 최소한의 수준까지 감축되어야 할 것이다.

다음에서는 '중립화의 대외적 조건'을 살펴보자. 블랙(Cyril E. Black) 등은 '객관적 조건'으로, '중립화될 국가'는 그 국가의 지리적 조건이 외세의 침공을 받을 가능성이 크거나, 그 국가의 전략적 가치가 커서 중립화되었을 때 해당 국가와 인접국의 이익이 증가될 수 있는 지리적 조건을 갖추어야 한다는 점을 강조하였다. 그러나 필자는 그러한 '객관적 조건'보다는, 주변 관련국 간의 '세력 균형'이 더 본질적인 중립화 조건이라고 생각한다. 왜냐하면 주변 관련국들이 힘의 균형을 이루지 못한 상황에서는 결코 중립화가 성공할 수 없다. 설사 주도권을 장악한 강대국이 해당 국가에 대해 일방적으로 영향력을 행사하고자 할 때도 그것을 제어할 마땅한 수단이 나머지 국가들에게 없기 때문이다. 구한말 한반도 중립화를 주창하던 일본이 청 · 일전쟁에서 승리한 후 입장을 바꿔 한반도 중립화에 극력 반대한 사실을 떠올리면 이해할 수 있을 것이다.

구한말 조선과 러시아가 제의한 한반도 중립화 안이 19세기 초 열강에 의해 받아들여지지 않게 된 가장 큰 이유는 일본의 강력한 반대 때문이었다. 일본은 임오군란과 갑신정변, 그리고 청 · 일전쟁을 전후하여 조선에서의 세력 균형이 자국에게 불리하게 전개되자 그들 스스로가 조선의 중립화를 구상했었다. 그러나 청 · 일전쟁 이후 유리하게 변화된 국제 정세는 일본으로 하여금 조선의 중립화 안에 대한 가장 강력한 반대자가 되게 만들었다.

그리고 '대외적 조건'의 다른 하나를 더 부가한다면, "중립화가 가져다 줄 관련국의 '공동 발전' 등 비전"을 제시할 경우, 관련국들이 '중립화 안'을 더 쉽게 받아들일 것으로 가정할 수 있을 것이다. 한반도 중립화는 동북아시아 공동 개발 비전과 연결될 경우, 역내 관련 국가들의 관심과 지지를 보다 쉽게 얻을 수 있을 것이다. 러시아는 극동 · 시베리아의 개발 정책과 관련하여 이미 명쾌한 비전을 내놓고 있다. 즉, 블라디보스토크 등 연해주의 주요 도시를 중국의 동북 3성, 일본 열도, 미국 알래스카를 연결하는 동북아 경제권의 물류 중심으로 발전시키겠다는 구상을 갖고 있다. 물론 역내 공동개발 등 비전에 대해 관련국의 입장이 '작은 차이'를 나타낼 수 있으나,[1] '보다 큰 목표'를 앞세움으로써 이론(異論)을 극복할 수 있을 것

1) 그동안 북한에 개혁 · 개방을 권고해 온 중국이 신의주 특구의 출범 순간 그 싹을 자르려는 듯한 조처를 취한 것으로 알려졌다. 중앙일보 보도(2002.10.4)에 따르면 중국은 동북 3성의 발목을 잡을 신의주 개발을 꺼려 신의주 특구보다 개성 특구를 권유한 것으로 알려졌다. 중국은 당시 신의주 특구 지정에 대한 사전 협의를 못 받

이다.

특정국의 중립화에는 주변 이해(利害)관계국들의 이해(理解)와 동의가 필수적인 바, 당사국의 중립화가 이해관계국의 안보 및 경제 이익을 해치지 않을 뿐만 아니라 장기적으로 이익이 된다는 점을, 각 정파들이 단합하여 설득할 필요가 있다. '러시아와 서유럽 사이에서 균형을 취해 중립화에 성공한 핀란드의 동맹 중립을 유의해 볼 필요가 있다.

앞서 살펴본 여러 사례에서 얻을 수 있는 교훈은, 특정국의 중립화에는 당사국 내부 구성원의 의지와 일치된 단합이 무엇보다 중요하다는 점이다. 스위스와 오스트리아의 성공 사례와 라오스의 실패 사례가 이를 증언해 준다. 중립화는 결코 외부에서 주어지지 않는다. 주변 인접국에서 제안되는 중립화는 외부 강대국의 이해타산만을 반영할 뿐이다.

았고, 그 특구가 동북 3성을 포함한 중국의 황해권 영역에 부정적 영향을 미칠 것이라고 전망해 냉담한 태도를 보여 왔다고 한다. 중국은 당시 한반도에 대한 견제 정책을 계속해 왔는데, 북한이 신의주 개발을 위해 '특구 행정장관'에 위촉한 중국계 양빈(楊斌)을 체포함으로써 북한의 경제 개발 의지에 찬물을 끼얹었다. 중국의 대북 견제로 북한의 신의주 특구 개발은 지지부진하였다(정지웅, 2006: 45－46).

에필로그

동북아시아의 안보 환경은 근년 들어 한치 앞을 내다볼 수 없는 안개 속으로 빠져 들고 있다. 특히 미국의 트럼프(Donald John Trump, 1946~) 대통령 등장 이후 북핵문제 해결을 위해 북한에 가해 온 압박 정책은 당장 한반도를 전쟁의 위기로 몰아넣는 것 아닌가 하는 우려를 불러일으켰다. 마침 2018년 4월 이후 전개된 대화 국면은 한반도에 고조된 위기 상황을 일단은 진정시켰으나, '북한 비핵화'의 길은 장기적 해결을 기다리는 멀고도 험한 길이다.

동북아시아의 평화 유지와 공동 번영의 열쇠는 어디까지나 남·북한이 쥐고 있다. 특히 중립화된 한반도가 미·중·러·일 간의 세력 균형자 역할을 제대로 수행한다면 동북아시아의 평화 유지와 공동 발전의 지렛대가 될 수 있을 것이다. 동북아시아는 경제 발전과 공동 번영에 필요한 기술과 자본, 그리고 다양한 자원과 잘 교육된 인력을 두루 갖추고 있다.

동북아시아 지역이 비핵지역화되고 자원을 공동 개발하며, 시장을 중심으로 선의의 경쟁을 벌인다면 동북아시아의 경제는 세계 그 어느 지역보다 역동적으로 발전할 수 있을 것이다. 즉, 중립화된 한반도가 주변 4강국 가운데 어느 편에도 기울지 않는 완충지역(buffer zone) 역할을 충실히 수행하고, 동북아시아 지역이 비핵지역화된다면 이 지역의 성장 잠재력은 극대화될 수 있을 것이다.

동북아시아는 불행한 과거를 가지고 있다. 19세기 말 이후 청·일전쟁(1894년 6월~1895년 4월)과 러·일전쟁(1904~1905년), 그리고 중·일전쟁[1)](1931년 9월 18일 또는 1937년 7월~1945년 8월 15일)의 참상을 겪었다. 일본의 무모한 침략주의의 와중에서 조선은 1910년에 국권을 상실하는 비운을 겪었다. 제2차 세계대전 이후 국권을 회복했지만 한반도는 미국과 소련의 흥정 대상이 되어 국토 분단이라는 아픔을 겪었다. 향후 한반도의 역할을 어떻게 설정하느냐에 따라 불행한 역사가 되풀이될 수도 있을 것이며, 그 반대로 '새로운 동북아시아 시대'를 열 수도 있을 것이다.

동북아시아의 새 시대를 열기 위해서는 무엇보다 먼저 북핵문제가 해결되어야 한다. 그러나 북핵문제의 해결은 단기간에 그 해결책을 찾을 수 있는 간단한 문제가 아니다. 인내심을 갖고 장기적 시관(時觀)에서, 그리고 폭넓은 시각에서 접근할 필요가 있다. 한 정권의 제한된 임기 안에 해결책을 찾겠다는 성급한 자세로 접근할 경우, 안정성 있는 진정한 해결책을 찾기보다는, '새로운 문제점'을 배

1) 1937년 7월부터(이른바 '루거우차오〈蘆溝橋〉 사건'을 기점으로 할 경우) 일본의 침략으로 시작된, 중국 전역에서 전개된 중·일 간의 전쟁을 말한다. 1931년 9월 18일의 '만주사변'을 기점으로 할 경우 일본에서는 '15년 전쟁' 혹은 '아시아태평양전쟁', 중국에서는 '항일전쟁' 혹은 '제2차 중·일전쟁'이라고도 한다.

태한 '미봉책(彌縫策)'만을 추구할 수도 있을 것이다. '한반도만의 비핵화'라는 좁은 시각을 벗어나 '동북아시아의 비핵지역화'라는 넓은 시각에서 접근해야 할 이유 가운데 하나다.

그리고 동북아시아의 새 시대를 열기 위해서는 '한반도 완충지역화'도 동시에 추구되어야 할 것이다. 블랙(Cyril E. Black)이 지적하였듯이, 한반도는 지정학 요소 등 모든 측면에서 영세중립국으로서의 조건을 갖추고 있으나, 지금까지 한반도의 중립화가 실현되지 못한 것은 무엇보다도 중립화에 있어서 가장 중요한 요소인 국민들과 지도자들의 실천의지가 부족한 결과였다.

'한반도 완충지역화 안'이 주변 관련국의 동의를 얻기 쉽지 않을 수도 있다. 그러나 인내심을 갖고 끈질기게 설득한다면, 불가능한 일도 아닐 것이다. 주변 관련국들이 '세력 균형'을 이루고 있는 현 시점이 '한반도 완충지역화'를 추진할 수 있는 적기(適期)로 판단할 수 있다. 혹자는 통일된 한반도가 주변국 가운데 어느 한 쪽으로 기우는 것이 아닌가 하는 주변국들의 경계심을 완화하기 위해서는 '한반도 중립화'라는 용어 대신 '한반도의 완충지대화'라는 용어를 사용할 것을 제안하기도 한다(정지웅, 2006: 54).

'한반도 중립화' 이슈는 지금까지 남한 사회에서 금기시되어 국민적 공감대를 형성하지 못하고 있다. 그러나 중립화 논의가 개방되었던 과거 제2공화국 시절에는 한국인의 32.1%가 영세중립통일을 희망한 것으로, 한 여론 조사 결과는 발표한 바 있다(한국일보 1960년 1월 15일자 보도 참조). 분명한 것은 한반도의 중립화는 한반도와 동북아 평화체제를 보장하는 획기적인 해결책이 될 수 있다는 점이다.

앞서 밝혔듯이, 그러나 진정한 완충지역화는 결코 외부에서 주어지지 않는다. 주변국에서 제안하는 완충지역화 또는 중립화는 외부 강대국의 이해타산만을 반영할 뿐이다.

'한반도의 완충지역화'와 '동북아시아의 비핵지역화'를 통해 한민족의 안정된 생존과 번영의 길이 마련되기를 간절히 바란다.

참고문헌

강광식(2010). 『중립화와 한반도 통일』. 서울: 백산서당.

______(2008). 『통일한국의 체제구상: 국제적 위상과 복합국가체제』. 서울: 백산서당.

______(1989). 『중립화 정치론: 한반도 적용 가능성 탐색』. 서울: 인간사랑.

______(1987). 국제체계의 세력관리 방안으로서 중립화에 관한 연구: 한반도에의 적용 가능성 모색과의 관련에서. 경희대학교 박사학위논문.

강광식 외(2009). 『한국통일 문제의 현주소』. 서울: 늘품플러스.

강종일(2014). 『한반도 생존전략: 중립화』. 서울: (주)해맞이미디어.

______(2006). 『고종의 대미외교: 갈등 · 기대 · 좌절』. 서울: 일월서각.

______(2004). 동북아 평화를 위한 한반도 중립화 통일방안. 『비살생정치학과 지구평화운동』. 서울: 집문당.

______(2001). 「한반도의 중립화 통일은 가능한가?』. 서울: 들녘.

______(2000). 한반도 평화와 통일을 위한 남북 영세중립화 방안 연구. 『시민 정치학 회보』, 제3권.

강종일 편저(2007). 『한반도 중립화로 가는 길』. 서울: 광양사.

고려대학교 아세아문제연구소(1968). 『舊韓國外交文書 日案 3』, No.3960.

구갑우(2007). 한반도 분단체제와 평화국가 만들기. 『시민과 세계』, 제10호.

김갑동(2015). 『인물로 읽는 라이벌 한국사: 우리 역사를 바꾼 숙명의 라이벌 28인』. 서울: 애플북스.
김갑철(1979). 『강대국과 한반도: 4강 체제와 한국통일』. 서울: 일신사.
김경태(1994). 『근대 한국의 민족운동과 그 사상』. 서울: 이화여자대학교 출판부.
김낙중(2008). 『민족의 형성, 분열, 통일』. 서울: 도서출판 평화연대 평화연구소.
김낙중 · 노중선 편저(1989). 『現段階 諸統一 方案』. 서울: 한백사.
김대중(1994). 『나의 길 나의 사상』. 서울: 한길사.
김무진 · 박경안 편(1993). 『한국사의 길잡이』. 서울: 도서출판 혜안.
김석길(1961). 『민주 중립화 통한의 신방안』. 서울: 국제정경연구소.
김승국(2007). 『한반도의 평화와 북한 핵문제』. 파주: 한국학술정보. e출판.
______(2008). 『한반도의 평화 로드맵』. 파주: 한국학술정보. e출판.
김승렬(2002). 평화와 공동번영을 위한 '생산의 연대?' 『프랑스사 연구』, 제6호.
김영호(2005). 안중근의 동양평화론과 동북아 경제통합론. 『2000年』, 제261호.
김영훈(1997). 『비록: 분단과 전쟁』. 서울: 다나.
김일성(2009). 『김일성전집』. 평양: 조선로동당출판사.
______(1983). Speech Made at the Banquet to Celebrate the 35th Birthday of the DPRK. *Korea Today*, 326(11, 15).
김재엽(2007). 『자주국방론』. 서울: 선학사.
김창수(2006). 6 · 15 선언과 통일운동. 『한국의 전망』, 제3호.
김학준(1975). 제2공화국 시대의 통일논의. 한국국제정치학회, 『국제정치논총』, 제15호.
노명환(2010). 유럽통합 사상과 역사에 비추어 본 안중근 동양평화론의 세계사적 의의. 『국제지역 연구』, 13(4).
노중선(1996). 『연표: 남북한 통일정책과 통일운동 50년』. 서울: 사계절.
______(1989). 『4 · 19와 통일논의』. 서울: 사계절.

당산 김철전집간행위원회 편(2000). 『당산 김철전집』. 서울: 해냄.
랴오밍춘(2006). 중국의 전쟁과 평화사상에 대한 논고. 『동양정치 사상사』, 5(2).
러시아연방 국립문서보관소 지음, 한희정 옮김(2014). 『러시아문서 번역집 17』. 서울: 선인.
민족화해협력범국민협의회(2008). 한반도 평화와 통일미래. 『2008 국제학술회의 자료집』.
박종효 편역(2002). 『러시아 국립문서보관소 소장 한국관련문서 요약집』. 서울: 한국국제교류재단.
박후진(2007). 『중립화 노선과 한반도의 미래』. 서울: 선인.
박희호(1997). 『구한말 한반도 중립화론 연구』. 동국대학교 박사학위논문.
______(1994). 대한제국의 전시국외중립선언 시말. 『國史館論叢』, 60.
배기찬(2005). 『코리아 다시 생존의 기로에 서다』. 서울: 위즈덤하우스.
서울대학교 통일평화연구원(2018). 『2017 통일의식조사』. 서울: 서울대학교.
석화정(1999). 러시아의 한반도 중립화 정책. 한양대학교 아태지역 연구센터. 『중소연구』, 23(3).
송두율(2002). 『경계인의 사색』. 서울: 한겨레신문사.
신용하(1979). 김옥균의 개화 사상. 연세대학교 국학연구원. 『동방학지』. 서울: 아세아문화사.
안중근 의사 기념 사업회 엮음(2009). 『안중근과 그 시대』. 서울: 경인문화사.
양상현 엮음(1985). 『한국 근대정치사 연구』. 광주: 사계절 출판사.
연갑수(2001). 『대원군 집권기 부국강병정책 연구』. 서울: 서울대학교 출판부.
오기평(1976). 개항백년: 한반도 '중립화' 안의 역사적 논거의 분석. 『한국정치학회보』, 제10집.
우성대(2007). '낮은 단계 연방제안'과 '연합제안'의 비교 연구. 『한국 동북아 논총』, 제44집.
유경창(1982). 『동양외교사』. 서울: 집문당.
유명철(1989). 『한국 중립화론 연구』. 경북대학교 박사학위논문.

______(2010). 『한반도 중립화』. 파주: 교육과학사.
유길준전서편찬위원회 편(1971). 『유길준전서』. 서울: 일조각.
이병천 · 홍윤기(2007). 평화의 국가, 공공의 국가: 다시 광장의 진보로 가는 길. 『시민과 세계』, 제10호.
이선근(1987). 『한국의 국난극복사』. 서울: 휘문출판사.
______(1974). 『한국사 최근세 편』. 서울: 진단학회.
이수형(2009). 한반도 평화체제와 한미동맹: 동북아 평화체제와의 구조적 연계성. 『통일과 평화』, 제2호.
이원덕 · 진창수 편(1998). 『동북아 지역안보와 일본의 역할』. 성남시: 세종연구소.
이채진(1973). 국제적 중립화: 라오스 사례의 경험과 암시. 고려대학교 아세아문제연구소 편. 『한국통일의 이론적 기초』. 서울: 고려대학교.
이태호(1991). 압록강변의 겨울－납북요인들의 삶과 통일의 한. 『현대사실록』. 서울: 다섯수레.
정대화 역(1988). 『중립화통일론』. 서울: 신학문사.
정상수(2017). 부들러의 한국 중립론. 한국서양사연구회. 『서양사연구』, 57(0): 189－213.
정용화 외(2006). 『동아시아와 지역주의』. 양평: 미래인력연구원.
정지웅(2006). 한반도 중립화 통일의 조건과 실현가능성 검토. 『국가전략』, 12(1): 31－58.
______(2005). 한반도 중립화 통일의 긍정적, 부정적 요인 분석. 북한연구학회. 『북한연구학회보』, 제9권 제2호.
조경래(1990). 『서양현대사』. 서울: 일신사.
조계완(2000). 중립화로 긴장을 풀어라. 『한겨레 21』, 제316호.
조순승(1960). 한국 중립화는 가능한가: 김삼규씨의 이론을 중심으로. 『사상계』, 제8권 제12호.
주종환(2007). 한반도 자주 · 평화운동과 중립화 통일, 강종일 편. 『한반도 중립화로 가는 길』. 서울: 광양사.

진단학회 편(1961). 『한국사 최근세 편』. 서울: 진단학회.
최덕규(2006). 이즈볼스키의 '외교혁명'과 러시아의 동아시아정책(1905~1910): 러 · 일협약을 중심으로. 동북아역사재단. 『북방사논총』, 제9호.
최문형(2001). 『한국을 둘러싼 제국주의 열강의 각축』. 서울: 지식산업사.
______(1993). 러시아의 동아시아 정책과 조선. 한국정신문화연구원. 『한국사학』, 13.
______(1990). 『제국주의 시대의 열강과 한국』. 서울: 민음사.
최보식(1998). 장세동-김일성 비밀회담의 생생한 대화록. 『월간 조선』, 제19권 제9호.
하정식 · 유장근 엮음(2002). 『근대 동아시아 국제관계의 변모』. 서울: 도서출판 혜안.
한국전략문제연구소(2007). 『동북아 전략균형』. 서울: 도서출판 한국양서원.
한국정치학회 · 민주평화통일자문회의 · 통일연구원(2014). 한반도 평화통일, 어떻게 만들 것인가?: 제네바 합의 이후 20년의 교훈과 과제. 『국제학술회의 자료집』. 서울: 통일연구원.
한상일 · 이숙종 공편(2011). 『일본과 동아시아: 지역협력과 공동체 구상』. 서울: (재)동아시아연구원.
현광호(2007). 『대한제국과 러시아 그리고 일본』. 서울: 선인.
______(2006). 열강에 의존한 중립화의 한계: 러 · 일 전쟁과 고종. 『내일을 여는 역사』, 제26호.
______(2004). 대한제국은 어떻게 중립화를 실현하려 했나? 『내일을 여는 역사』, 제17호.
______(2001). 대한제국기 집권층의 동북아 정세 인식. 한국사학회. 『사학연구』, 63.
______(2000). 대한제국의 중립정책과 중립파의 활동. 『한국독립운동사연구』, 제14집.
홍석률(2004). 중립화통일 논의의 역사적 맥락. 『역사문제연구』, 12.

홍현익(1999). 통일한국과 한미동맹. 이태환 편,『통일한국의 외교안보: 전망과 대책』. 서울: 세종연구소.
황인관 저, 홍정표 역(1988). *One Korea via Permanent Neutrality.*『중립화 통일론』. 서울: 신구문화사.
______(1992).『미국과 한반도 통일전망』. 서울: 한백사.
______(2000). 중립화 통일이 돼야 할 10가지 이유.『자유공론』, 2월호.
______(2010). 코리아 영세중립 통일을 위한 헌장(초안).『평화 만들기(http://peacemaking.kr)』, 제416호.
흥사단 민족통일운동본부 엮음(2003).『한반도 평화정착의 과제』. 서울: 흥사단 출판부.

近衛篤麿 著, 近衛篤麿日記刊行會 編(1969).『近衛篤麿日記: 付屬文書』. 東京: 鹿島研究所出版會.
오카모토 다카시(岡本隆司) 지음, 강진아 옮김(2009).『미완의 기획, 조선의 독립』. 서울: 소와당.
王信忠(1937).『中日甲午戰爭之外交背景』. 臺北: 文海出版社.
이나바 이와키치 지음, 서병국 편역(2014).『만주사통론』. 파주시: 한국학술정보(주).
일본외무성 편(1982).『日本外交文書: 韓國篇』. 서울: 태동문화사.

Barnett, A. Doak(1977). *China Policy: Old Problems and New Challenges.* Washington, D.C.: The Brookings Institution.
Baumgarter, F. W.(1917). The Neutralization of States. *Bulletin of the Department of History and Political and Economic Science.* Queen's University. No.24.
Black, Cyril E., Richard A. Falk, Klaus Knorr, and Oran R. Young(1968). *Neutralization and World Politics.* Princeton: Princeton University Press.

Bonjour, Edgar(1952). *Swiss Neutrality: Its History and Meaning.* translated by Mary Hottinger. London: George Allen & Unwin Ltd.

Burnett, Scott S. and George M. McCune(1989). *Korean–American Relations: Documents Pertaining to the Far Eastern Diplomacy of the United States, Volume III(1896–1905).* University of Hawaii Press.

Cai, Jian(2012). The Future Vision for a Unified Korean Peninsula: A Chinese Perspective. in Global Peace Festival Foundation(ed.). *Global Peace Festival Korea 2012 Conference Papers.*

Chay, Jongsuk(1990). *Diplomacy of Asymmetry: Korean–American Relations to 1910.* Honolulu: University of Hawaii Press.

Cho, Soon Sung(1967). *Korea in the World Politics 1940–1950.* Berkeley: University of California Press.

Czyzak, John J. and Carl F. Salans(1963). The International Conference on the Settlement of the Laotian Question and Geneva Agreement of 1962. *The American Journal of International Law* LVII(April).

Dame, Frederick Williams(2001). *History of Switzerland* Vol.II. Lewiston, New York: The Edwin Mellen Press.

Dommen, Arthur J.(1964). *Conflict in Laos: The politics of neutralization.* New York: Praeger.

Duncan, Chesney(1889). *Corea and the Powers: A Review of the Far Eastern Question.* Shanghai: Mercury office.

Eino, Jutikkala and Pirinen, Kauko(1984). *A History of Finland.* Espoo: American Group of Ltd.

Eric, Solsten(1993). *Austria: a country study.* Washington D.C.: Library of Congress Federal Research Division. –The Second Republic section (leweb2.1oc./gov/frd/cs/attac.html)(internet version).

Fahrni, Dieter(1994). *An Outline History of Switzerland from the Origins to the Present Day.* Zurich: Pro Helvetia.

Freymond, Jacques(1963). European Neutrals and Atlantic Community. in Francis O. Wilcox and H. Field Haviland, Jr.(eds.). *The Atlantic Community*. New York: Frederick A. Praeger.

Galtung, Johan(2000). *Peace by peaceful means*. 강종일 역. 『평화적 수단에 의한 평화』. 서울: 들녘.

Harrington, Fred Harvey(1944). *God, mammon, and the Japanese: Dr. Horace N. Allen and Korean-American relations, 1884-1905*. Madison, Wis.: Wisconsin University Press.

Harrison, Selig(2003). *Korean Endgame*. 이홍동 외 옮김. 『코리안 엔드게임』. 서울: 삼인.

Hays, Louis D.(2001). *Japan and the Security of Asia*. Lanham, Oxford: Lexington Books.

Hertslet, Edward(1875). *The map of Europe by treaty: showing the various political and territorial changes which have taken place since the general peace of 1814*. London: Butterworths[etc.].

Hwang, In K.(1999). Neutralization: An All-Weather Paradigm for Korean Reunification. *Asian Affairs*, 25(4): 195-207.

______(1987). *One Korea via Permanent Neutrality*. Cambridge, MA.: Schenkman Books, Inc., 홍정표 역(1988). 『평화통일을 위한 남북한 공영방안: 중립화 통일론』. 서울: 신구문화사.

Kang, Jong-il(1997). *A Power Politics Analysis of Korea's Loss of Autonomy: Korean Internal and External Relations with the United States, 1871~1905*. Ph.D. diss. University of Hawaii at Manoa.

Kaseda, Yoshinori(2012). The Future Vision for a Unified Korean Peninsula: A Japanese Perspective. in Global Peace Festival Foundation(ed.). *Global Peace Festival Korea 2012 Conference Papers*.

Kelly, Robert E.(2014). China's Interests in Korean Unification: How Much Longer is the "Buffer" Worth It? 국방대학교 안보문제연구소. *The*

Korean Journal of Security Affairs(KJSA), 19(2): 4－21.

Kim, Il Sung(1980). *Report to the Sixth Congress of the Workers' Party of Korea on the Work of the Central Committee*. Pyongyang: Foreign Languages Publishing House.

Kim, Myong Chol(2001). Kim Jong Il's Perspectives on the Korean Question. *The Brown Journal of World Affairs*(Winter/Spring).

Kwak, Tae－Hwan(2017). One Korea Unification Vision through Neutralization. in https://www.1dream1korea.com/one－korea－unification－vision－through－neutralization－what－should－be－done/

______(2013). In Search of a Creative Korean Unification Formula through Neutralization. 이화여자대학교 통일학연구원. *Journal of Peace and Unification*, 3(2): 51－74.

______(1997). The Four－Party Peace Treaty: A Creative Formula for Building a Peace Regime on the Korean Peninsula. *Korea Journal for Defense Analyses*, IX(2): 117－135.

______(1986). *In Search of Peace and Unification on the Korean Peninsula*. Seoul: Seoul Computer Press.

Lee, Heeok(2010). China's policy toward (South) Korea: objectives of and obstacles to the strategic partnership. *Korean Journal of Defense Analysis*, 22(3).

Lensen, George Alexander(1982). *Balance of Intrigue: International Rivalry in Korea and Manchuria, 1884－1899 Volume II*. University Press of Florida.

Lingelbach, William E.(1933). Belgian Neutrality: Its Origin and Interpretation. *American Historical Review*(October 1933).

Littel, Clair Francis(1920). *The Neutralization of State: A Study In Diplomatic History And International Law*. Meadville, PA: Kessinger Publishing, LLC.

Macdonald, Donald S.(1992). Korea's future: The role of the major powers in the reunification of Korea. *The Washington Quarterly*, 15(3).

Ministry of Information(1965). *Thus Neutralized Unification is Impossible for Korea*. Seoul: Ministry of Information.

Ministry of Unification, ROK(2001). *Peace and Cooperation: White Paper on Korean Unification*. Seoul: Ministry of Unification.

Modelski, George(1962). *International Conference on the Settlement of the Laotian Question, 1961–1962*. Canbera: The Australian National University.

Morely, James W.(1970). Some Proposals for Restructuring the International Environment to Favor the Peaceful Reunification of Korea. *The Journal of Asiatic Studies*, 13(4).

Morgenthau, Hans J.(1967). *Politics among Nations: The Struggle for Power and Peace*. New York: Alfred A. Knopf Inc.

Oechsli, Wilhelm(1922). *History of Switzerland 1499–1914*(translated from the German by Eden & Cedar Paul). Cambridge: Cambridge University Press.

Ogley, Roderick(1970). *The Theory and Practice of Neutrality in the Twentieth Century*. New York: Barnes & Noble, Inc.

Oliver, Robert T.(1952). *Verdict in Korea*. State College, PA: Bald Eagle Press.

Olsen, Edward A.(2005). US Policy Planning towards Korean Unification: A New Approach. *International Journal of Korean Unification Studies*, 14(1): 97–112.

Park, Hun–Bong(2010). China's Position on Korea's Unification and US Forces Korea. *The Journal of East Asian Affairs*, 24(1): 117–154.

Reischauer, Edwin O.(1976). *Time for a New American Policy in Korea*. The Christian Science Monitor.

Sands, William F.(1930). *Undiplomatic Memories*. 신복룡 역(1999). 『조선 비망록』. 서울: 집문당.

Schweizerisches Jahrbuch(1957). English translation of Conception officielle suisse de la neutralité. *Schweizerisches Jahrbuch für Internationales Recht* XIV.

Sherman, Gordon E.(1915). The Permanent Neutrality Treaties. *Yale Law Journal*, Vol.XXIV.

Siegler, Heinrich(1969). *Austria: Problems and Achievements Since 1945*. Vienna: Sieglern & Co.

Singleton, Fred(1998). *A Short History of Finland*. Cambridge: Cambridge University Press.

Sneider, Richard L.(1979). Prospects for Korean Security. in Richard H. Solomon(ed.). *Asian Security in the 1980's: Problems and Policies for a Time of Transition*. Rand Corporation, R-2492-ISA.

Solsten, Eric and Meditz, Sandra W.(1988). *Finland: a country study*. Washington D.C.: Library of Congress Federal Research Division. - The Finish Civil War section(lcweb2.loc.gov/frd/cs/fitoc.html)(internet version).

Speed, Roger and Michael May(2005). Dangerous Doctrine. *Bulletin of the Atomic Scientists*, 61(2).

Tatsumi, Yuki(2017). The Trump administration makes clear the Indo-Pacific is at the top of its strategic agenda. *The Diplomat*. in https://thediplomat.com/2017/12/the-us-national-security-strategy-implications-for-the-indo-pacific/

U.S. Department of State(1987). *United States policy regarding Korea, 1834-1950*. 한림대학교 아시아문제연구소 편. 춘천: 한림대학교 출판부.

______(1962). *The Department of State Bulletin*, Vol.XLVII. No.1207.

Wicker, Cyrus French(1911). *Neutralization*. London: Oxford University Press.

Yi, Xiaoxiong(2000). A Neutralized Korea?: The North–South Rapprochement and China's Korea Policy. *Korean Journal of Defense Analysis*, 12(2).

Young, Oran R.(1983). Korean Unification: Alternative Theoretical Perspectives. *Korea and World Affairs*, 7(1).

Zhan, Debin and Hun Kyung Lee(2012). Chinese People's Understanding of the Korean Unification Issue. *Asian Social Science*, 8(3).

Zhebin, Alexander(2012). The Future Vision for a Unified Korean Peninsula: A Russian Perspective. in Global Peace Festival Foundation(ed.). *Global Peace Festival Korea 2012*.

New York Times(1955). *Special Supplement*(No.22, May 28. 1955).

http://www.pressian.com.

https://en.wikipedia.org/wiki/Neutral_country

https://en.wikipedia.org/wiki/Switzerland

https://en.wikipedia.org/wiki/International_Agreement_on_the_Neutrality_of_Laos

https://ko.wikipedia.org/wiki/

http://100.daum.net/encyclopedia/

http://digitalcommons.law.yale.edu/cgi/viewcontent.cgi?article=5745&context=fss_papers

http://db.history.go.kr/item/level.do?levelId=hdsr_001_0010_0030_0010

이종수(李鍾受)

서울대학교에서 학사, 석사, 박사학위 취득
UC Berkeley Research Associate
日本 中央大學校 招聘研究員

경실련 통일협회 이사장 역임
흥사단 민족통일운동본부 공동대표 역임
(사) 팍스코리아나연구소 이사장(현)

한국행정학회 회장 역임
서울행정학회 회장 역임
한국행정사연구회 회장 역임
한국정치학회 이사 역임
행정고시, 사법고시, 외무고시 출제위원 역임
한성대학교 명예교수

백두산 영봉에 통일꽃은 피는가
**-한반도 완충지역화와 동북아 비핵화가
한민족 평화 · 번영의 길이다-**

펴낸날 제1판 제1쇄 2018년 11월 10일
지은이 이종수
펴낸이 임춘환
펴낸곳 도서출판 대영문화사
주소 서울특별시 용산구 청파로 61길 5(청파동 1가)
제일빌딩 2층 (우)04308)
등록 1975년 12월 26일 제3-16호
전화 (02)716-3883, (02)714-3062
팩스 (02)703-3839
홈페이지 http://www.dymbook.co.kr

ISBN 978-89-7644-721-0
값 15,000원